Number Bond Practice

Number Bonds

Number bond is a method used to help students remember the sum of an addition or subtraction problem almost immediately. It's like multiplication where students remember the sum instantly by looking at it. This is a great method to learn before starting with double digit adding and subtracting. This is an extra practice workbook also great for beginners ready to learn number bonds.

Examples

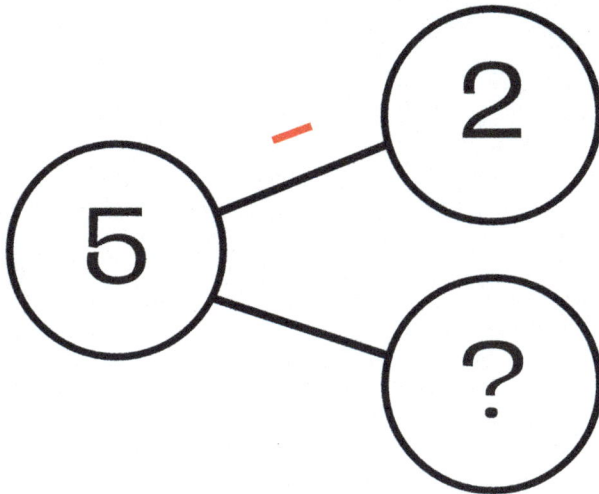

Subtract when the numbers are side by side

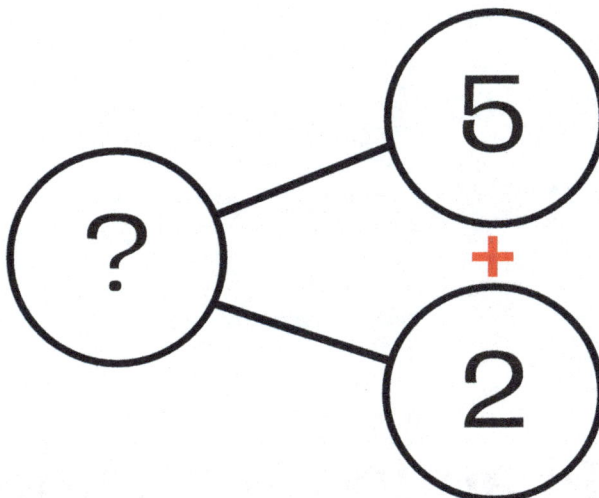

Add when the numbers are across from one another

Number Bond Practice Problems

Number Bonds Adding Activity

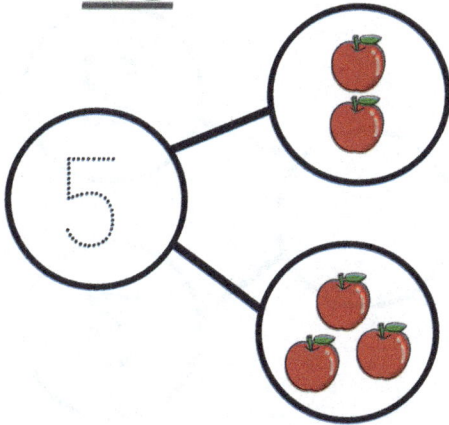

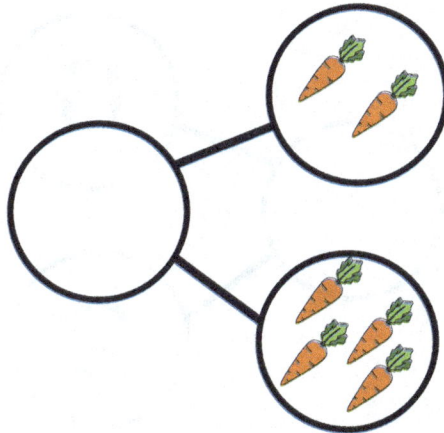

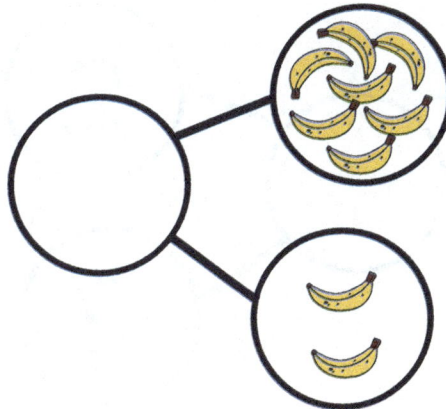

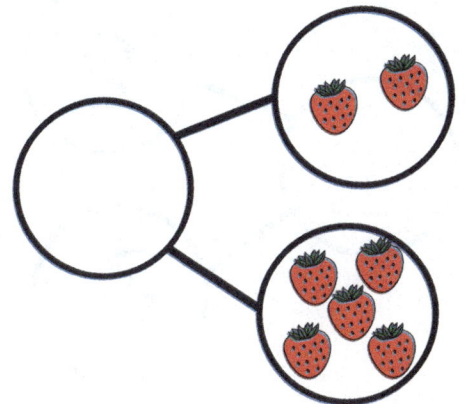

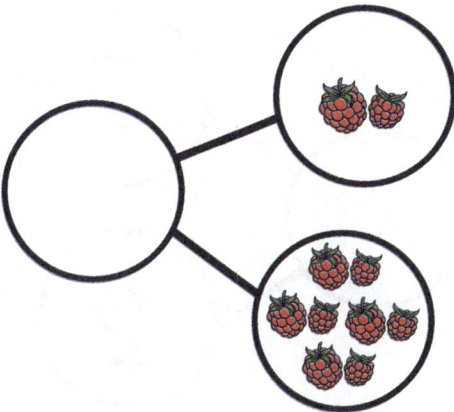

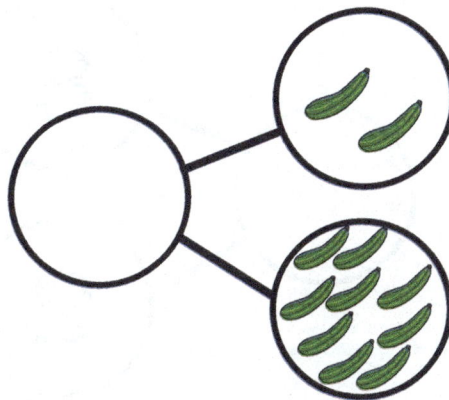

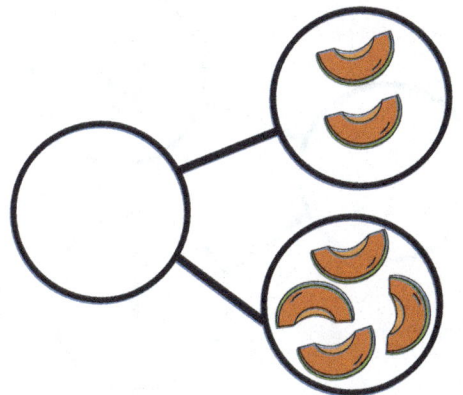

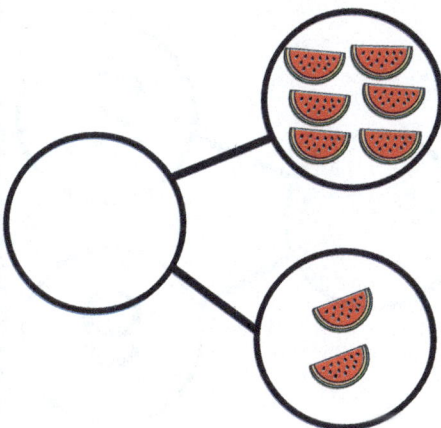

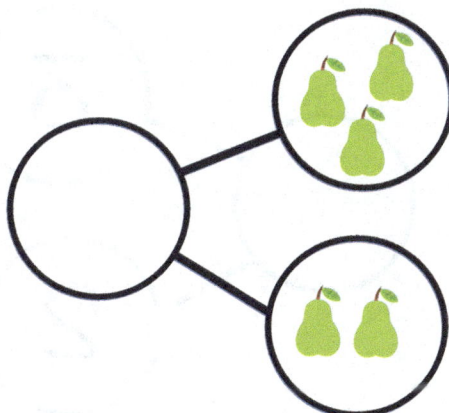

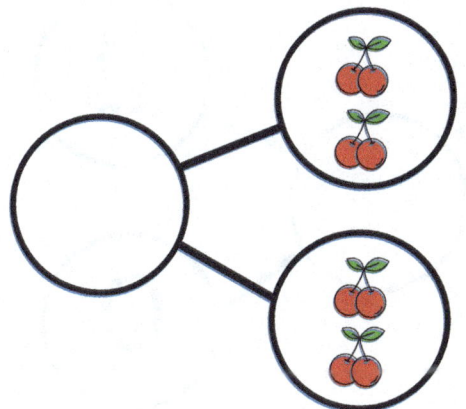

2s

Number Bonds Adding

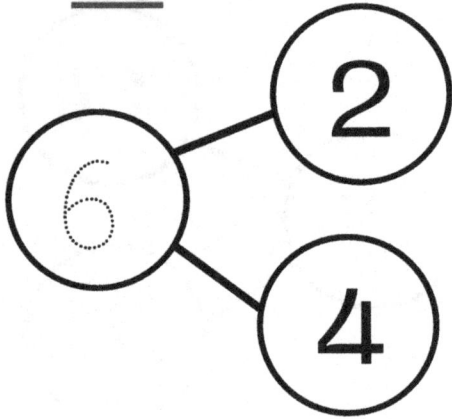

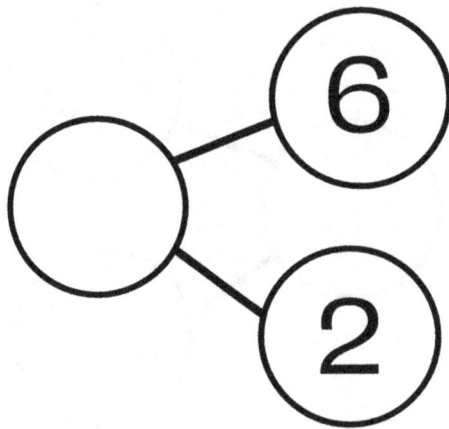

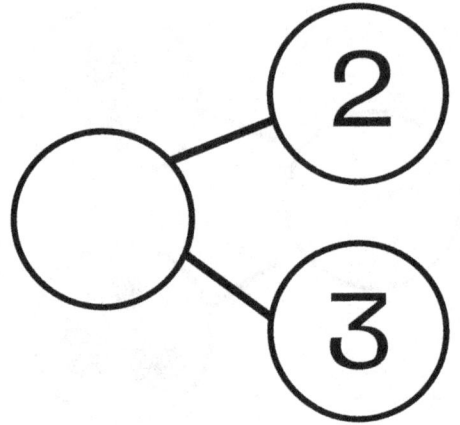

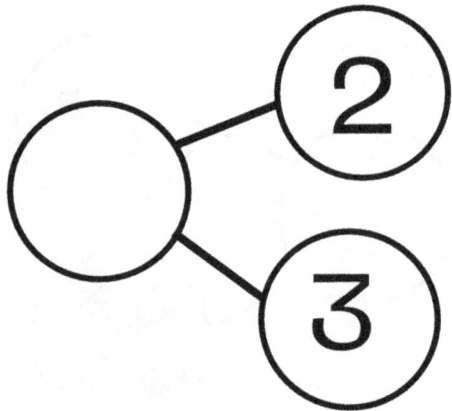

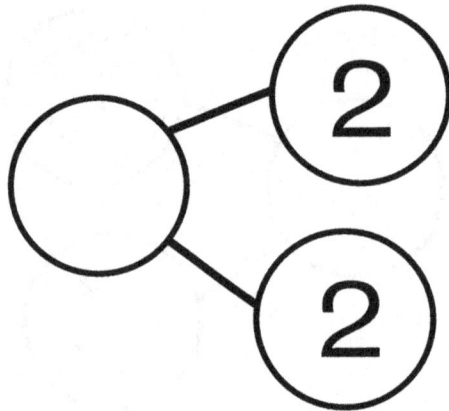

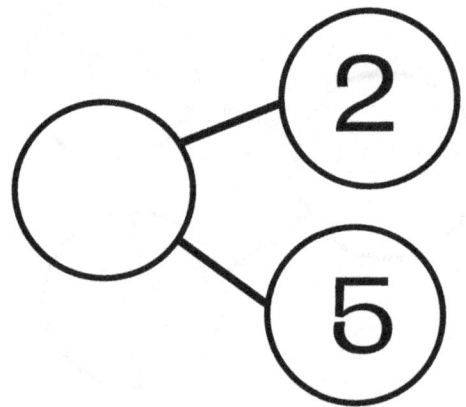

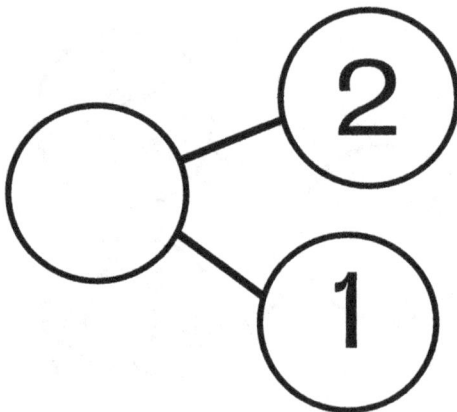

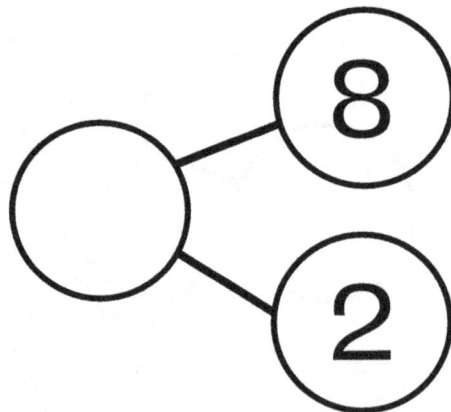

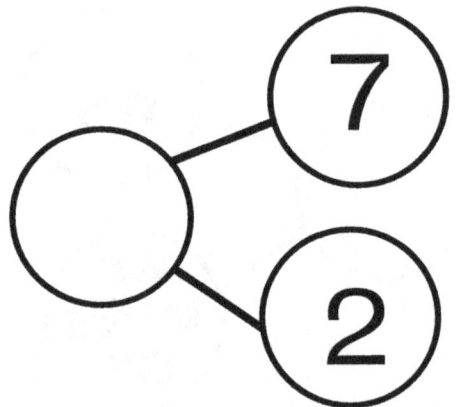

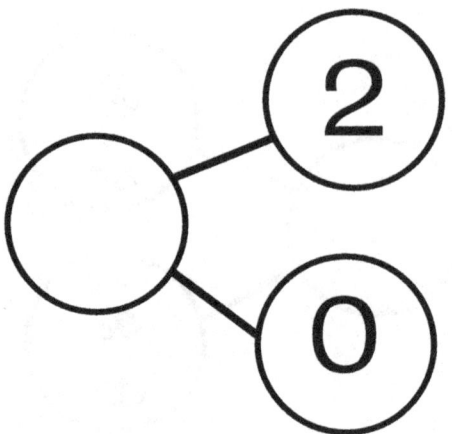

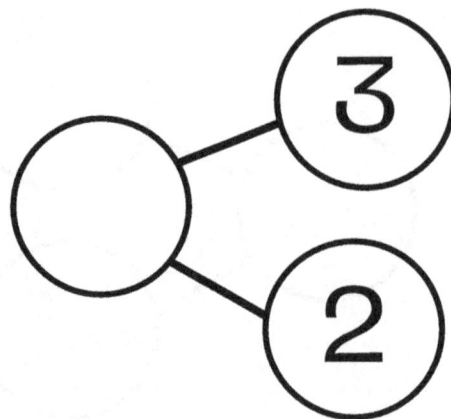

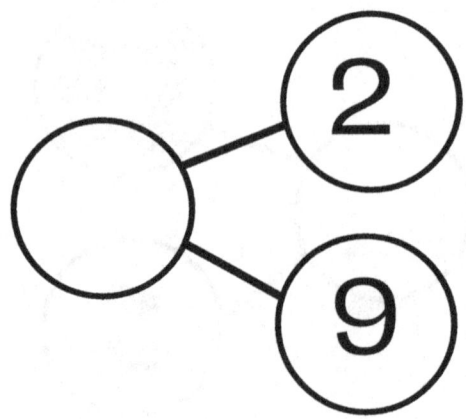

2s

6 — 2, 4

◯ — 6, 2

◯ — 2, 3

◯ — 2, 3

◯ — 2, 2

◯ — 2, 5

◯ — 2, 1

◯ — 8, 2

◯ — 7, 2

◯ — 2, 0

◯ — 3, 2

◯ — 2, 9

Number Bonds Adding

2s

( ) — 2 / 8

( ) — 7 / 2

( ) — 2 / 5

( ) — 2 / 5

( ) — 0 / 2

( ) — 2 / 1

( ) — 2 / 3

( ) — 6 / 2

( ) — 2 / 9

( ) — 2 / 10

( ) — 2 / 2

( ) — 2 / 3

Number Bonds Adding

2s

( ) — 2 / 6

( ) — 3 / 2

( ) — 2 / 1

( ) — 2 / 4

( ) — 9 / 2

( ) — 2 / 0

( ) — 2 / 5

( ) — 10 / 2

( ) — 2 / 7

( ) — 2 / 8

( ) — 5 / 2

( ) — 2 / 2

Number Bonds Subtracting Activity

2s

Number Bonds Subtracting

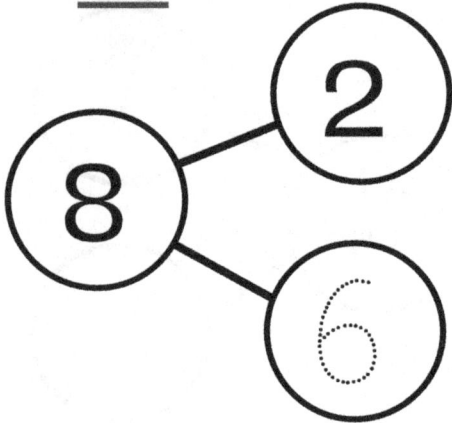

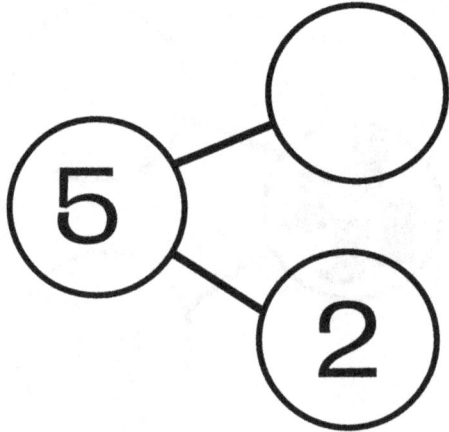

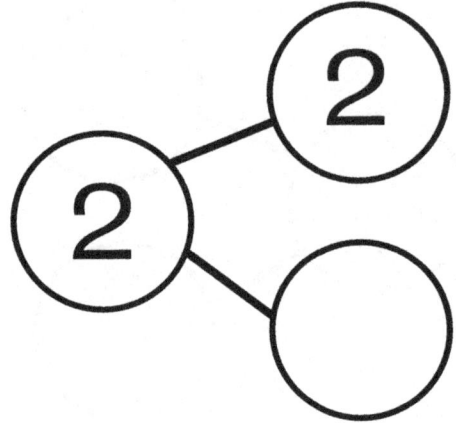

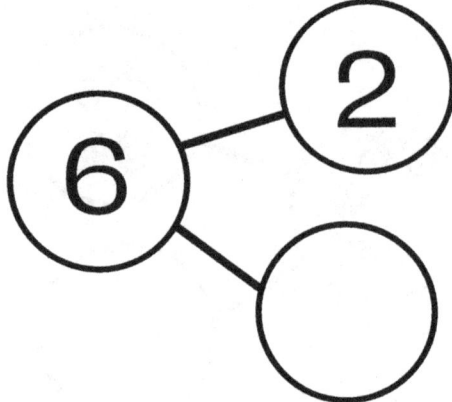

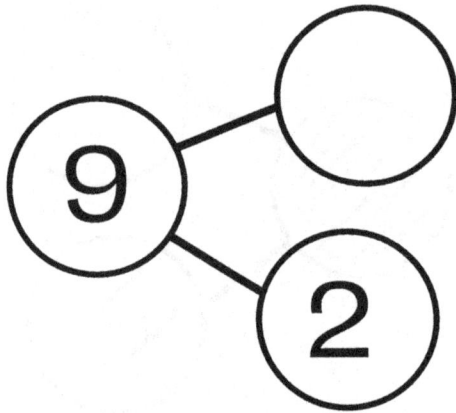

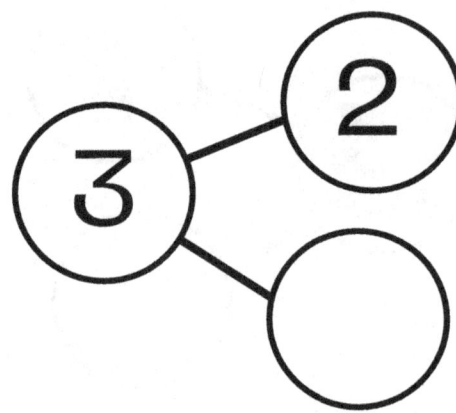

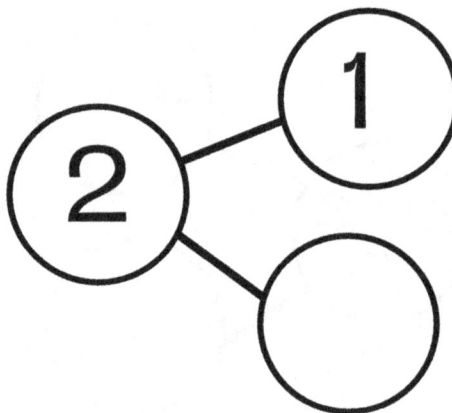

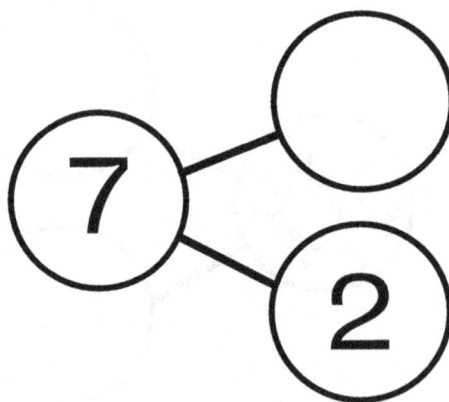

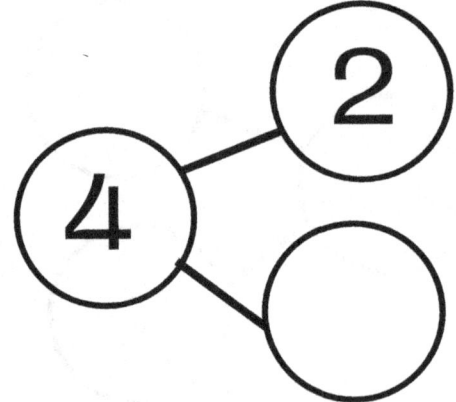

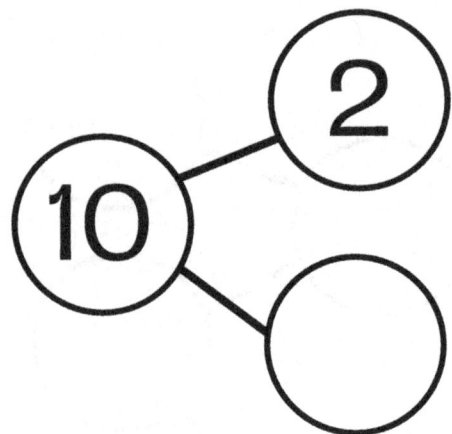

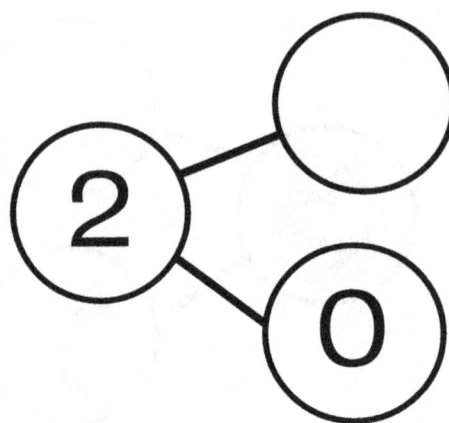

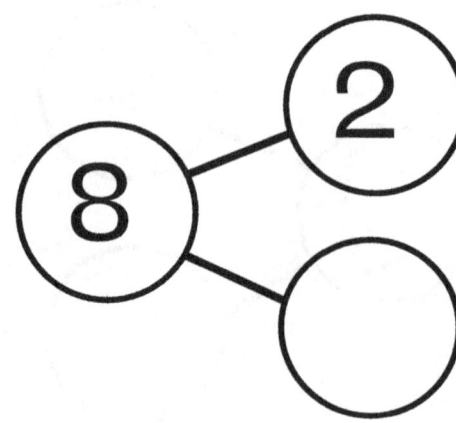

2s

8 — 2 / 6

5 — ◯ / 2

2 — 2 / ◯

6 — 2 / ◯

9 — ◯ / 2

3 — 2 / ◯

2 — 1 / ◯

7 — ◯ / 2

4 — 2 / ◯

10 — 2 / ◯

2 — ◯ / 0

8 — 2 / ◯

Number Bonds Subtracting

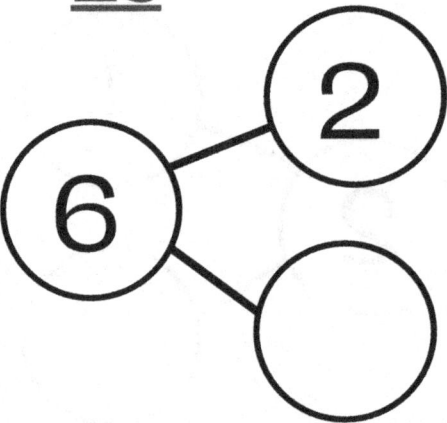

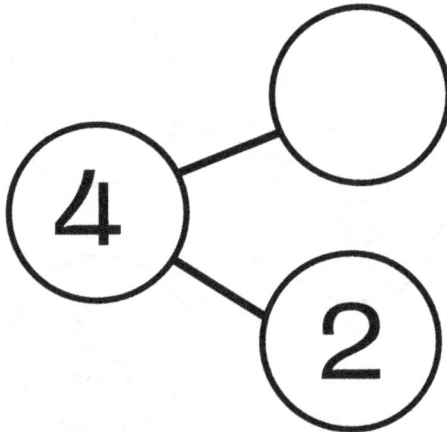

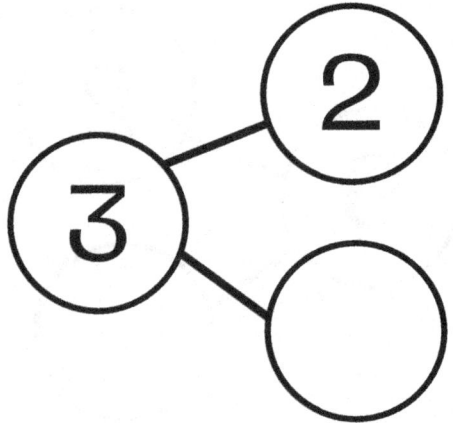

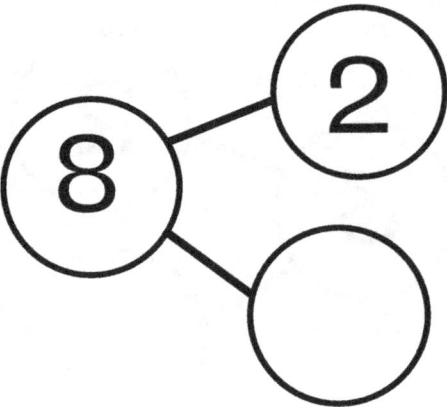

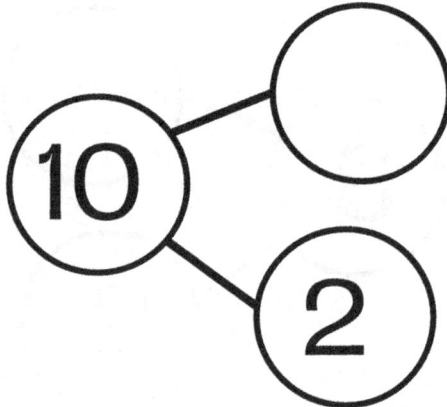

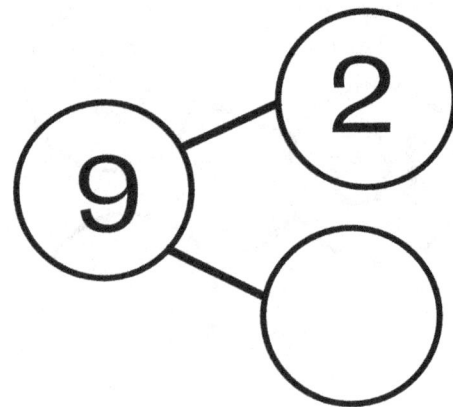

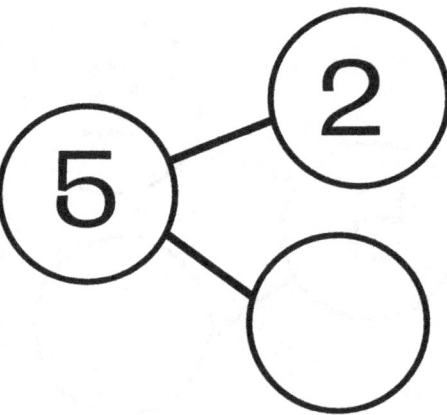

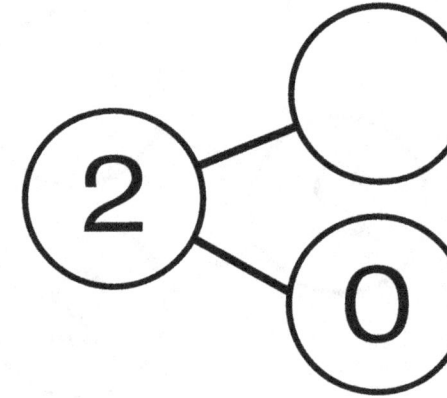

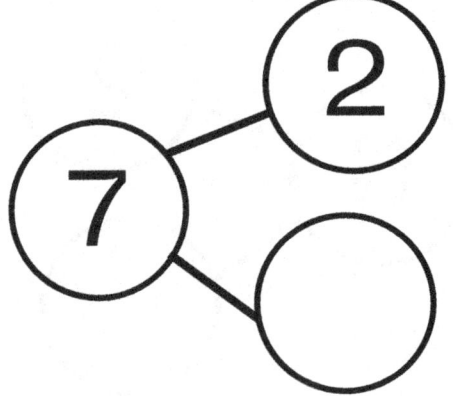

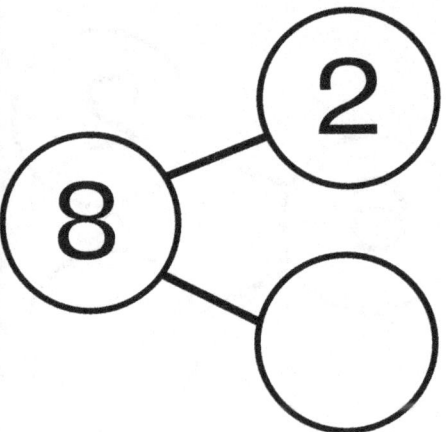

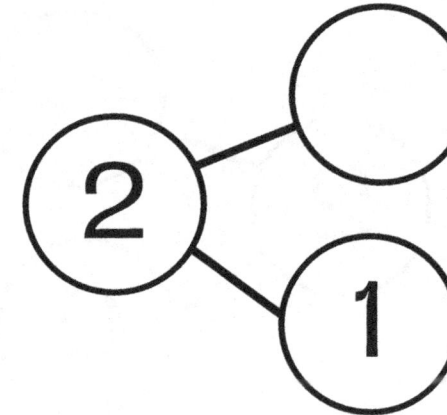

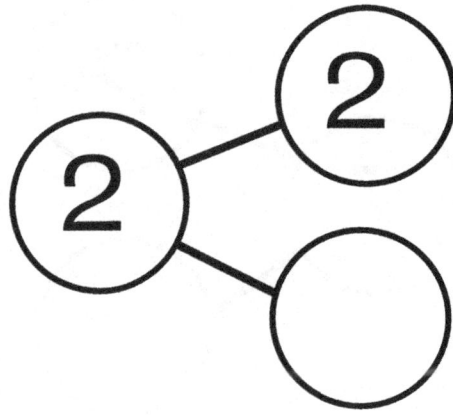

2s

6 — 2, ◯

4 — ◯, 2

3 — 2, ◯

8 — 2, ◯

10 — ◯, 2

9 — 2, ◯

5 — 2, ◯

2 — ◯, 0

7 — 2, ◯

8 — 2, ◯

2 — ◯, 1

2 — 2, ◯

Number Bonds Subtracting

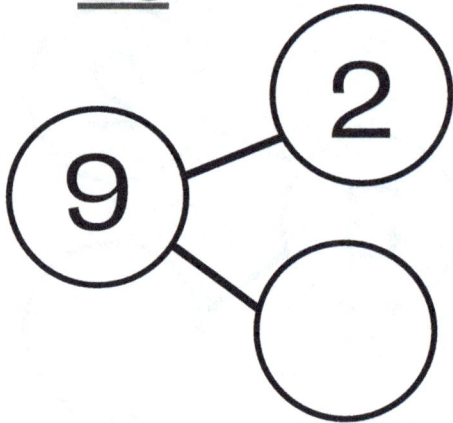

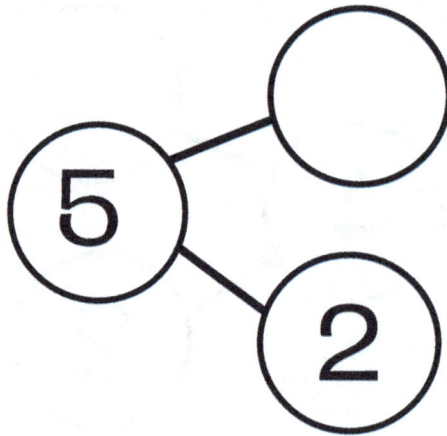

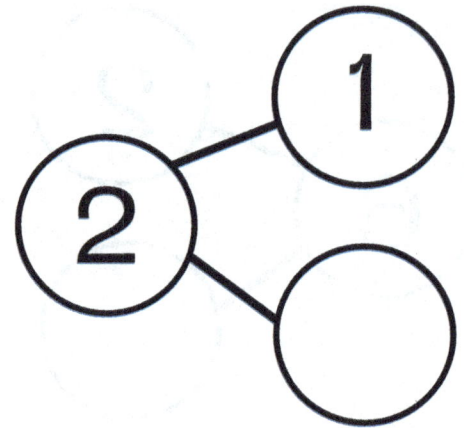

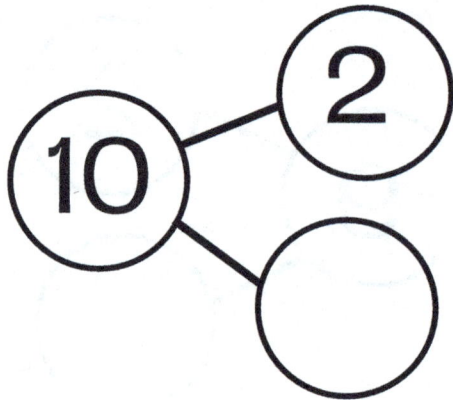

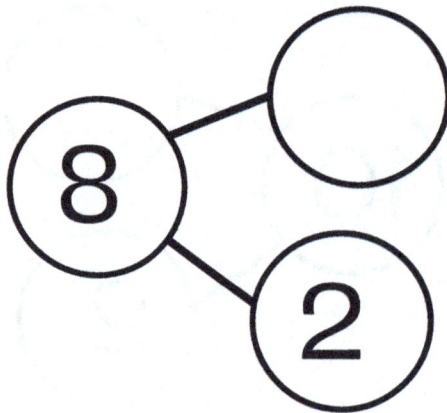

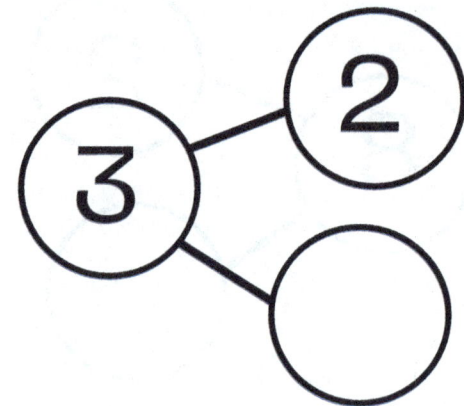

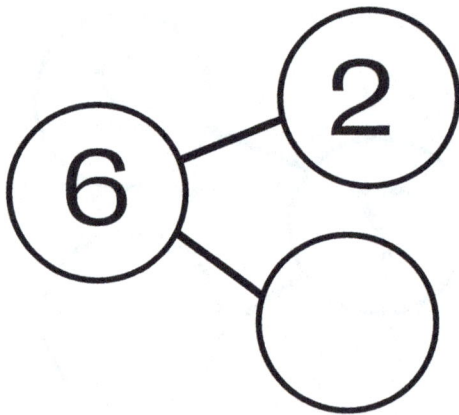

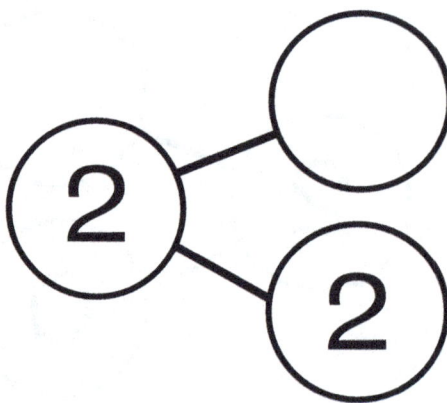

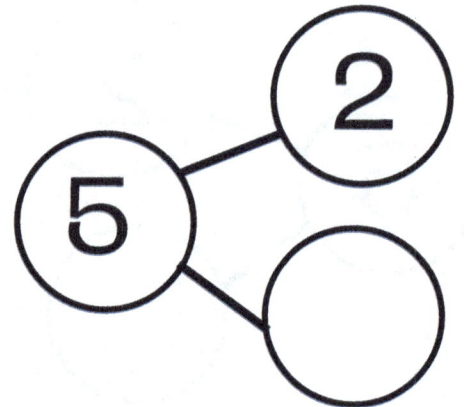

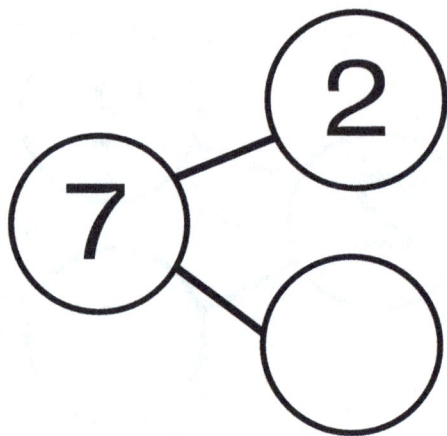

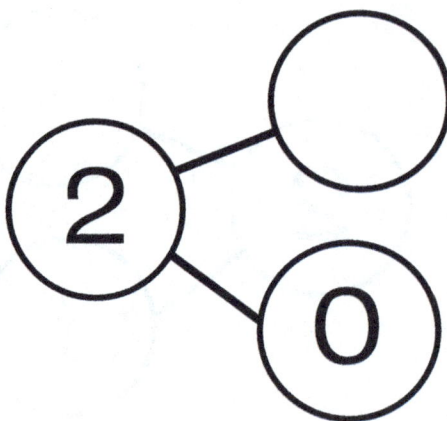

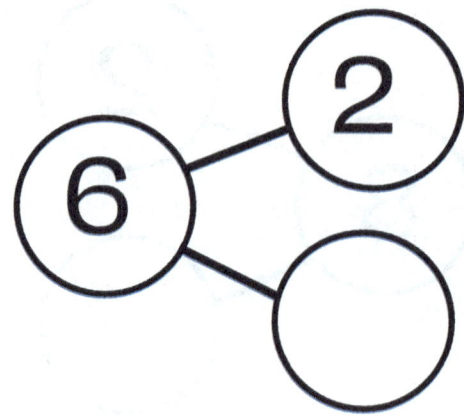

2s

9 — 2, ( )

5 — ( ), 2

2 — 1, ( )

10 — 2, ( )

8 — ( ), 2

3 — 2, ( )

6 — 2, ( )

2 — ( ), 2

5 — 2, ( )

7 — 2, ( )

2 — ( ), 0

6 — 2, ( )

Number Bonds Adding Activity

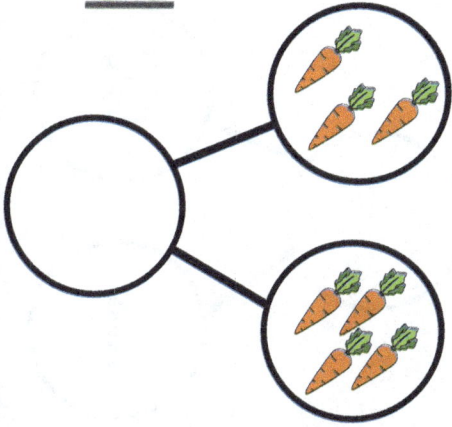

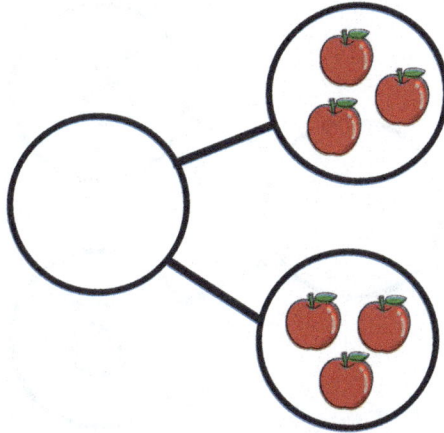

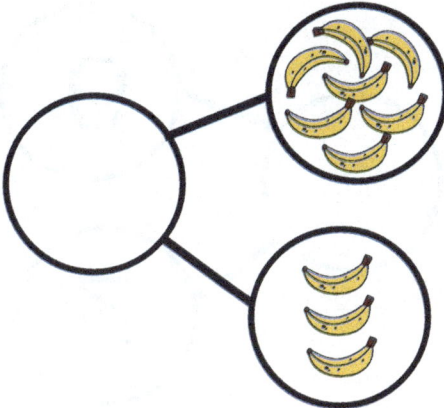

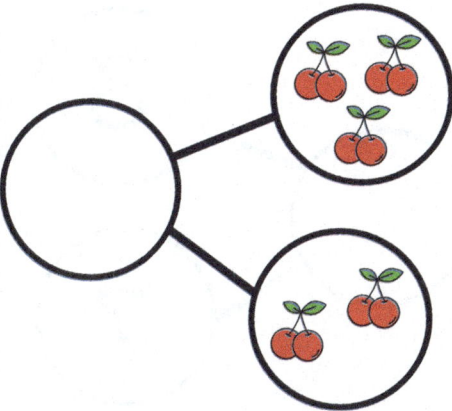

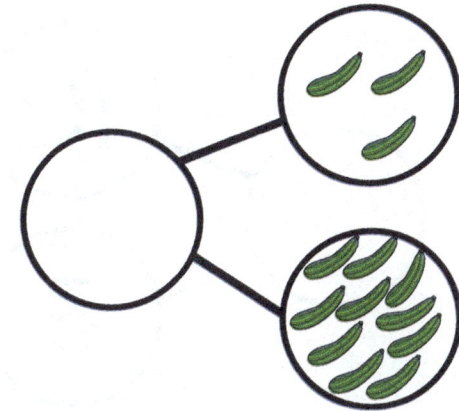

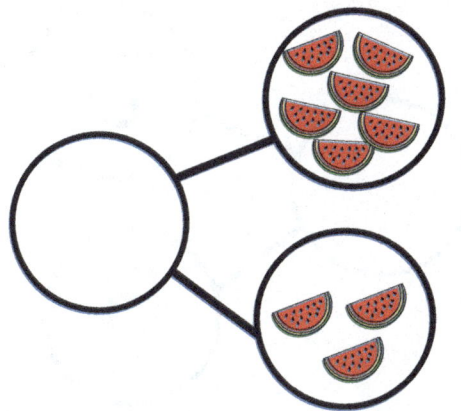

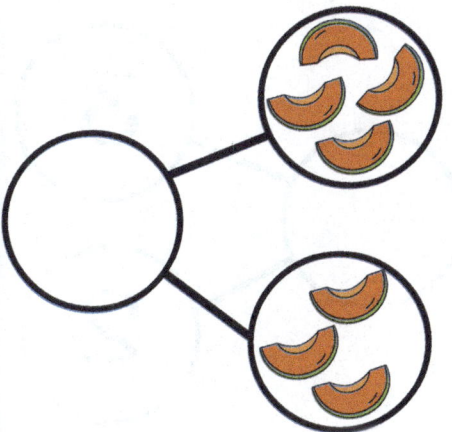

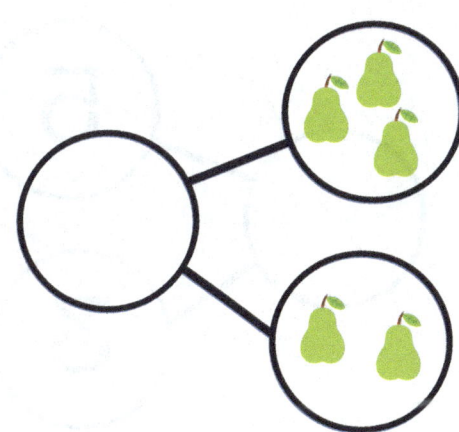

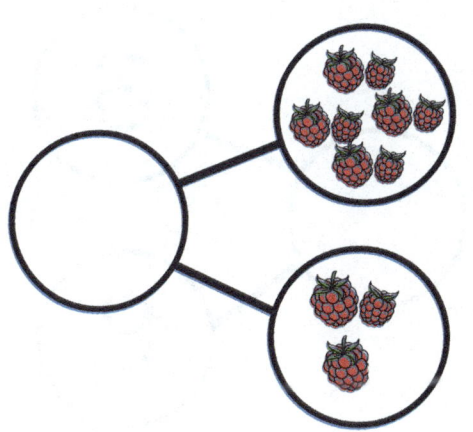

3s

Number Bonds Adding

3s

◯ — 3, 6	◯ — 3, 3
◯ — 3, 4	◯ — 9, 3
◯ — 3, 5	◯ — 10, 3
◯ — 3, 8	◯ — 5, 3

◯ — 3, 1

◯ — 3, 0

◯ — 3, 7

◯ — 3, 2

Number Bonds Adding

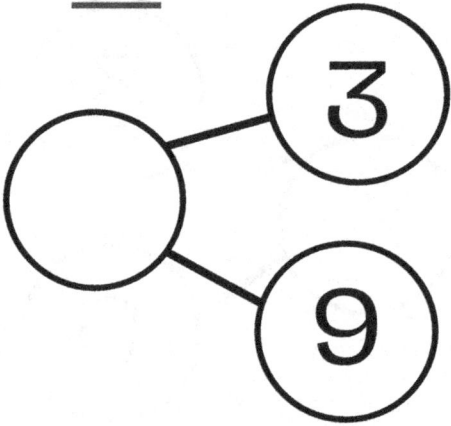

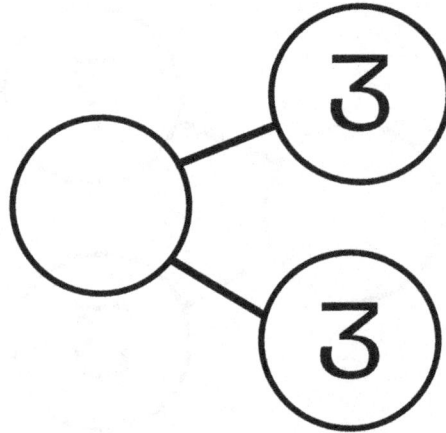

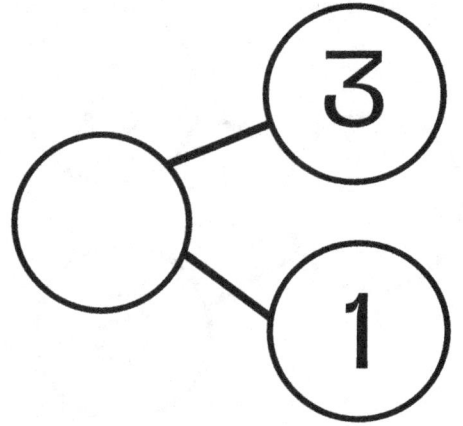

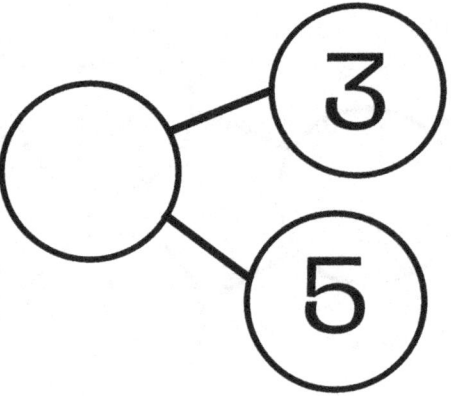

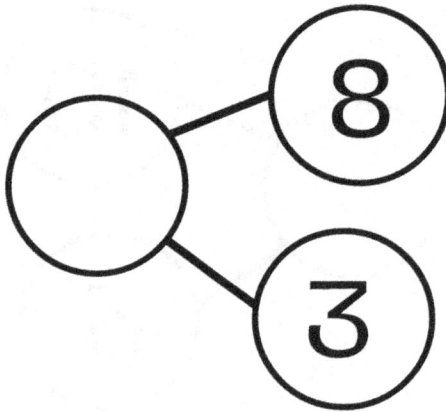

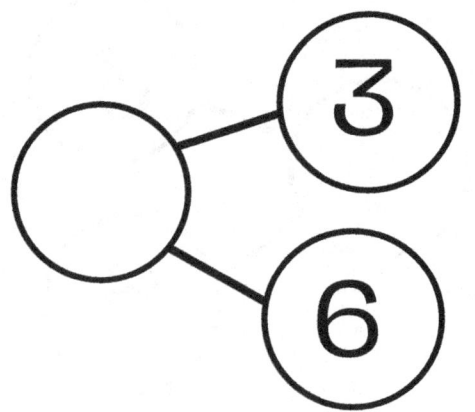

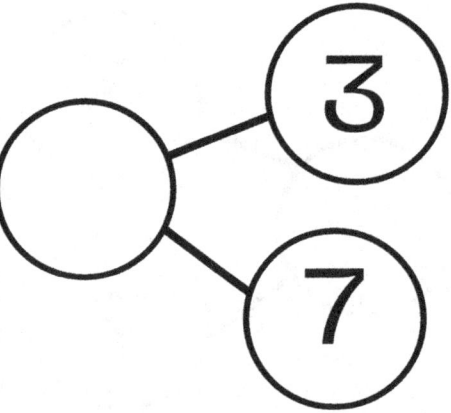

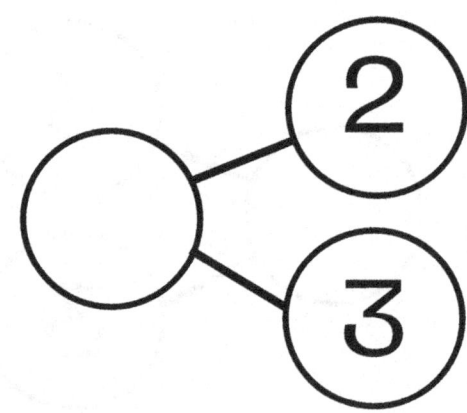

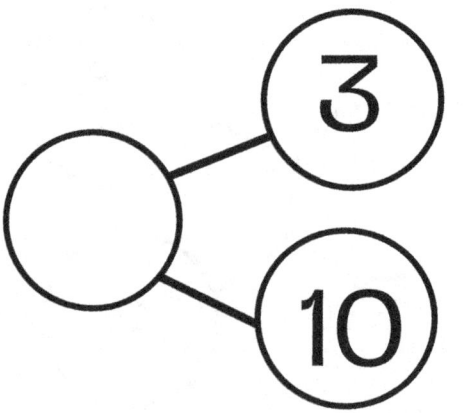

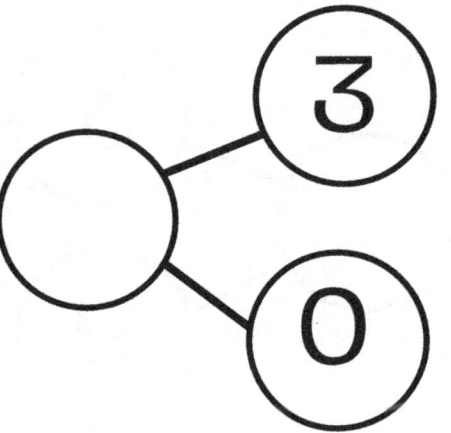

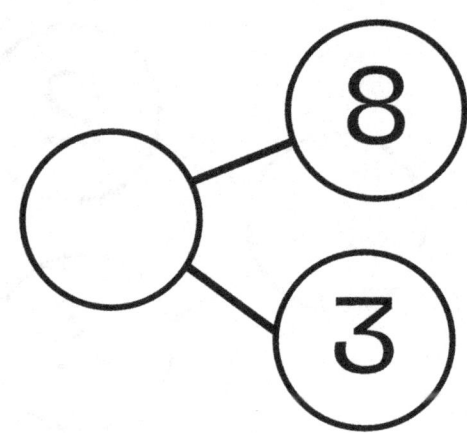

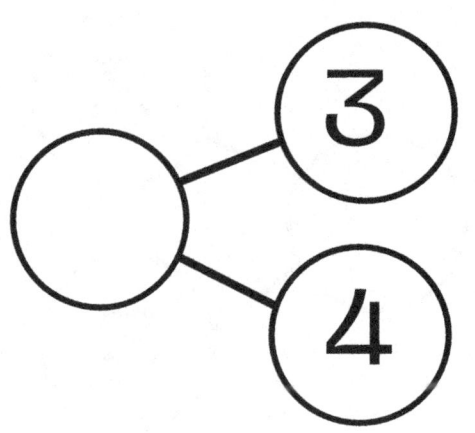

3s

( ) — 3 / 9	( ) — 3 / 3

◯ 3 9

◯ 3 3

◯ 3 1

◯ 3 5

◯ 8 3

◯ 3 6

◯ 3 7

◯ 2 3

◯ 3 10

◯ 3 0

◯ 8 3

◯ 3 4

Number Bonds Adding

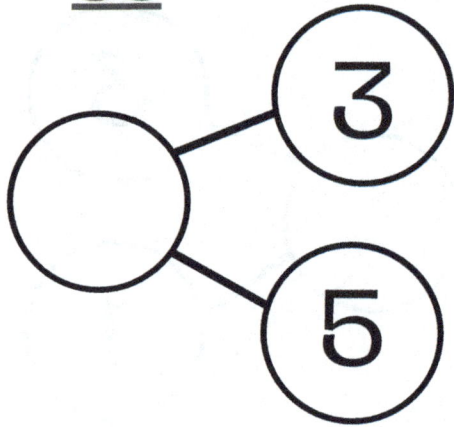

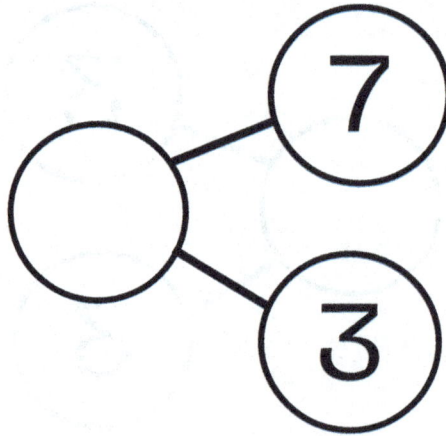

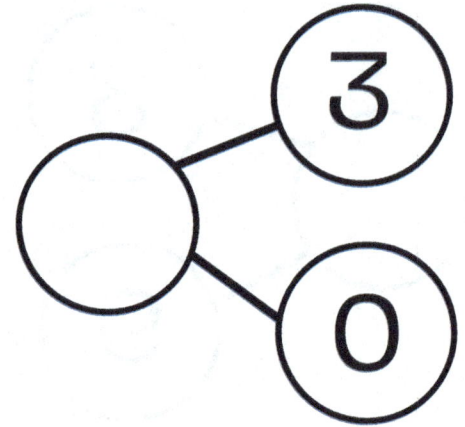

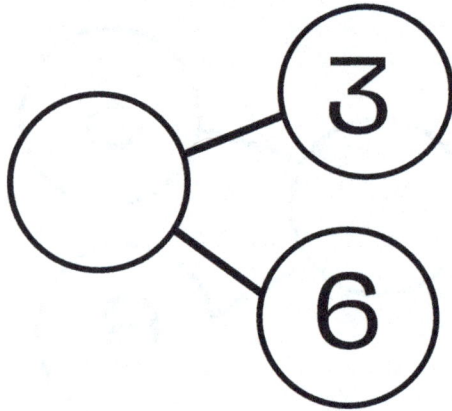

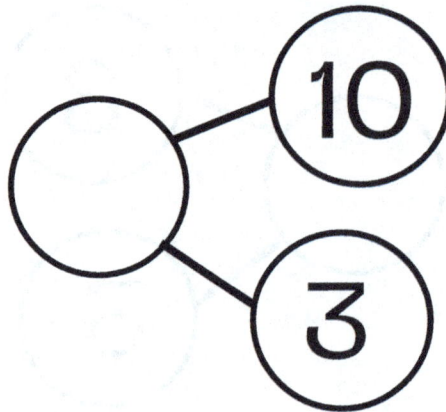

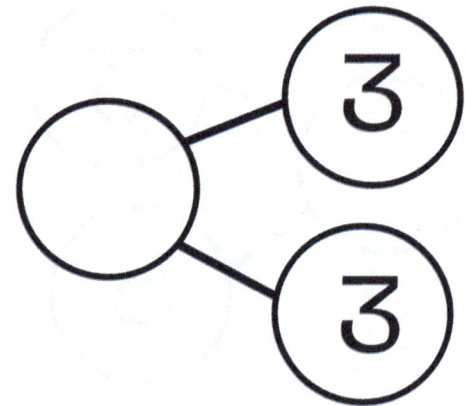

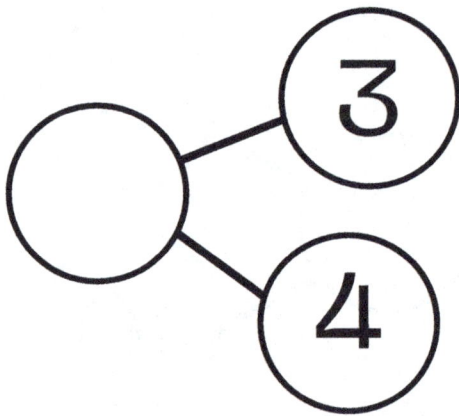

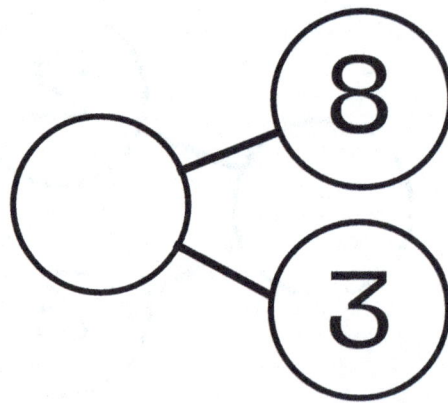

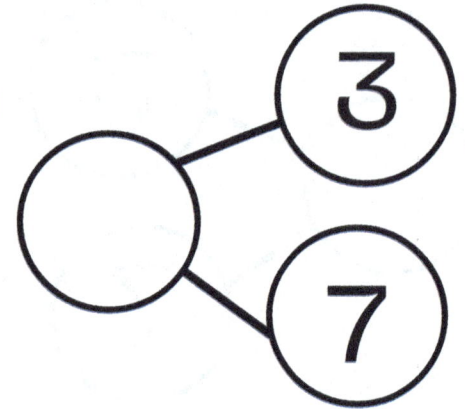

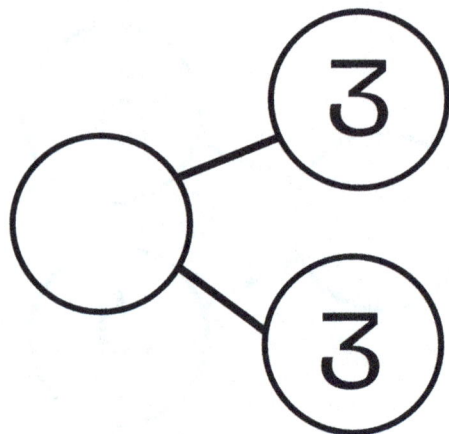

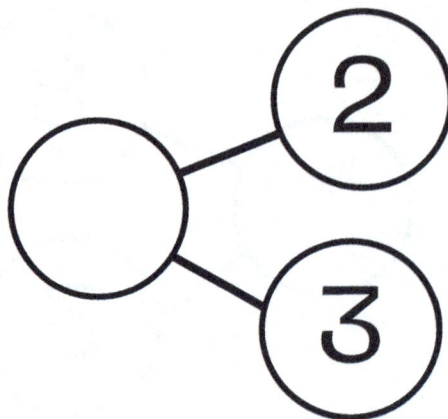

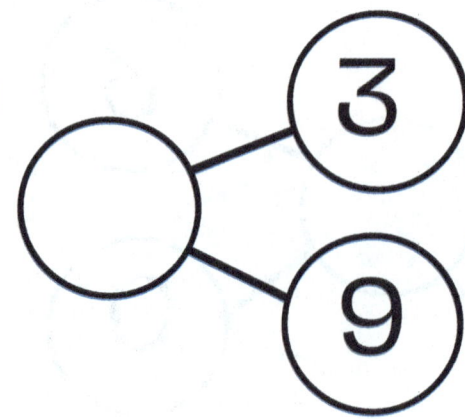

3s

( ) — 3 / 5

( ) — 7 / 3

( ) — 3 / 0

( ) — 3 / 6

( ) — 10 / 3

( ) — 3 / 3

( ) — 3 / 4

( ) — 8 / 3

( ) — 3 / 7

( ) — 3 / 3

( ) — 2 / 3

( ) — 3 / 9

Number Bonds Subtracting Activity

3s

Number Bonds Subtracting

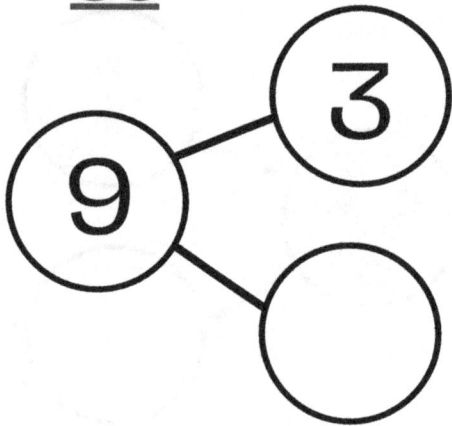

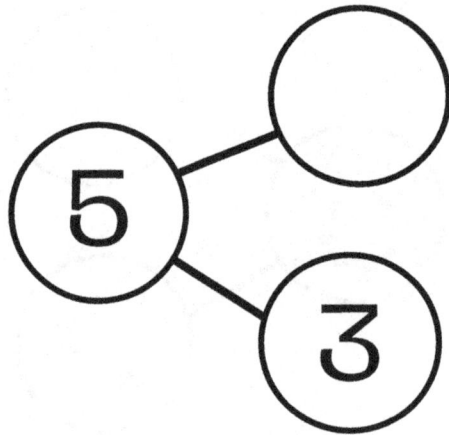

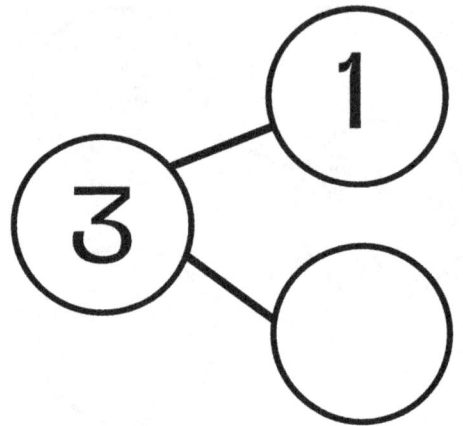

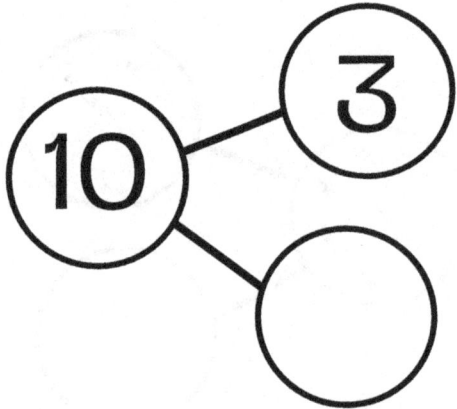

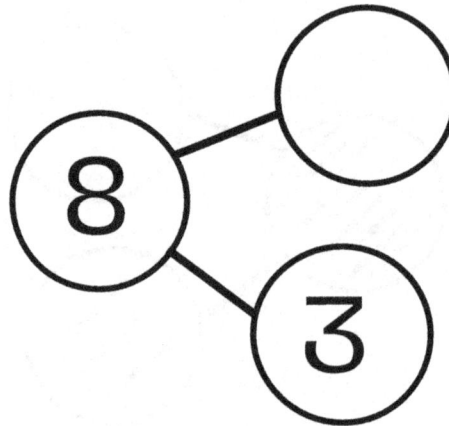

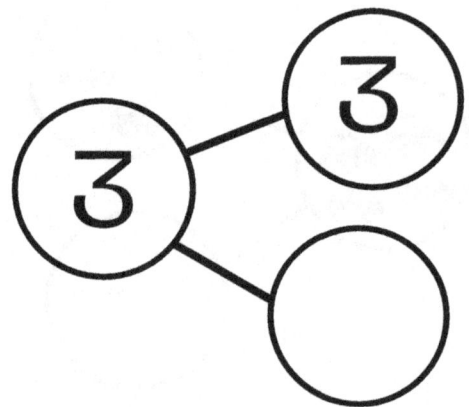

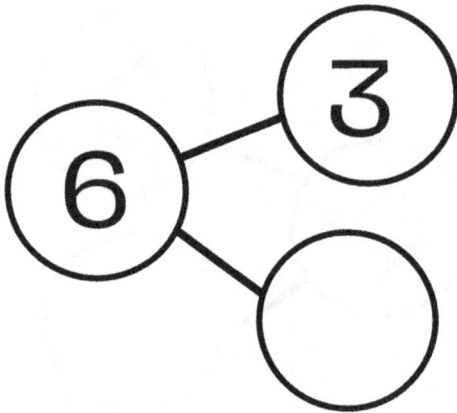

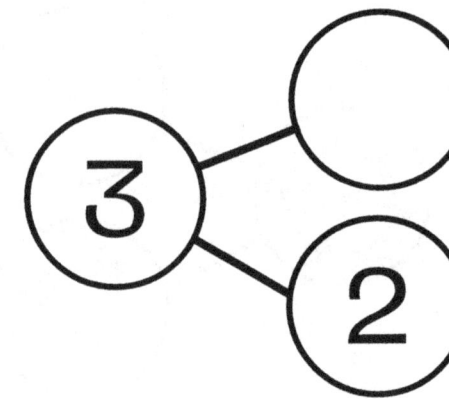

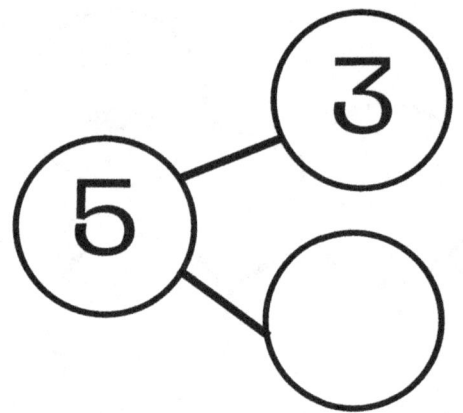

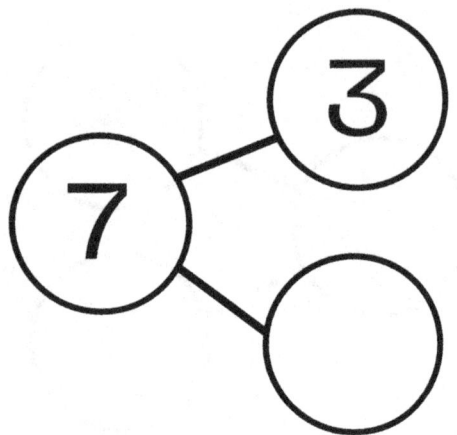

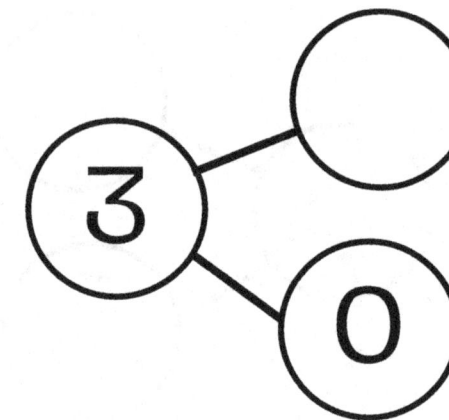

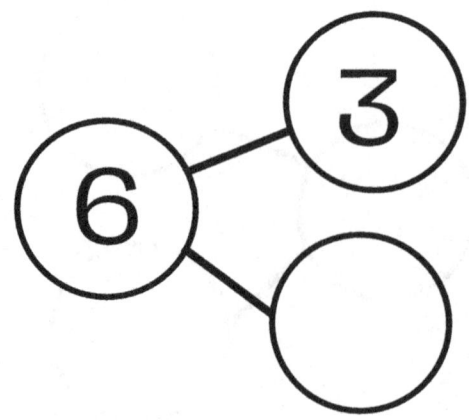

3s

9 — 3, ( )

5 — ( ), 3

3 — 1, ( )

10 — 3, ( )

8 — ( ), 3

3 — ( ), 3

6 — 3, ( )

3 — ( ), 2

5 — 3, ( )

7 — 3, ( )

3 — ( ), 0

6 — ( ), 3

Number Bonds Subtracting

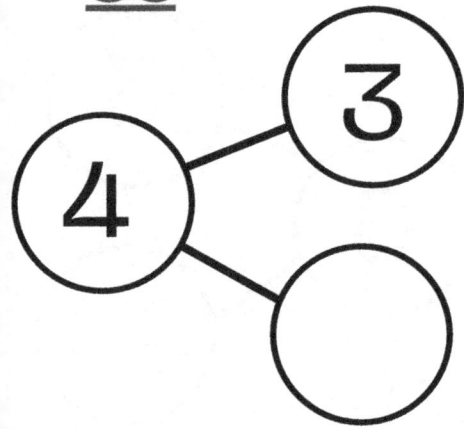

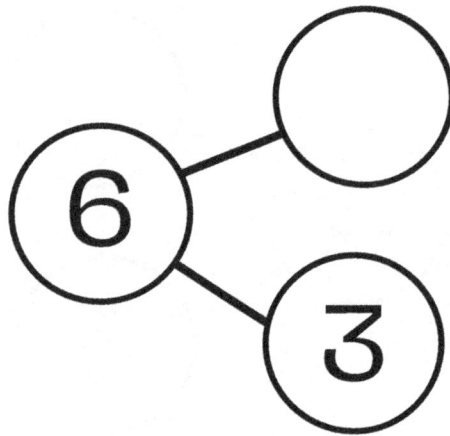

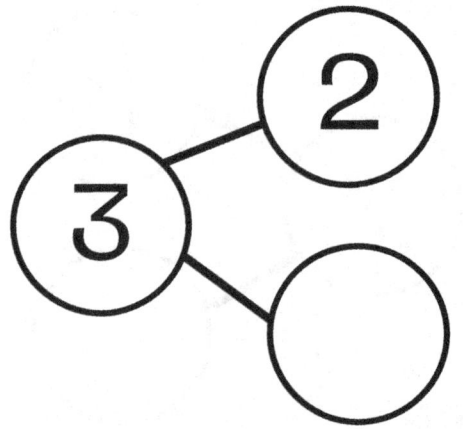

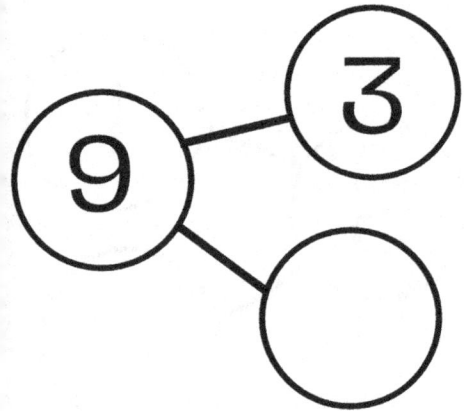

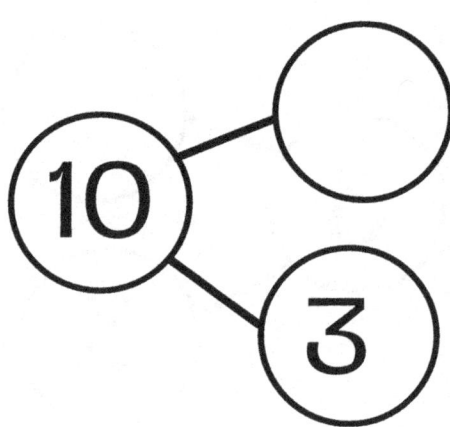

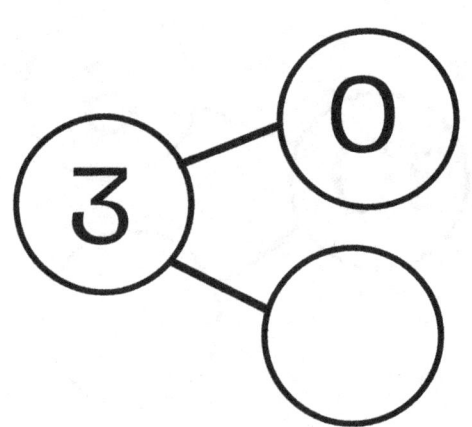

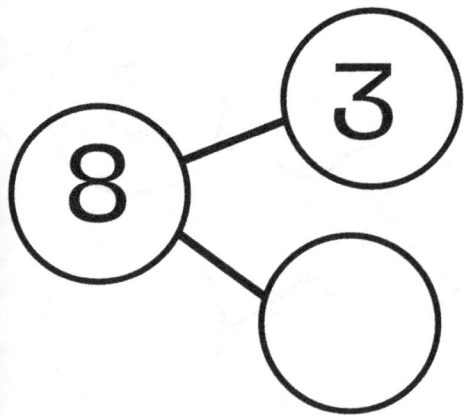

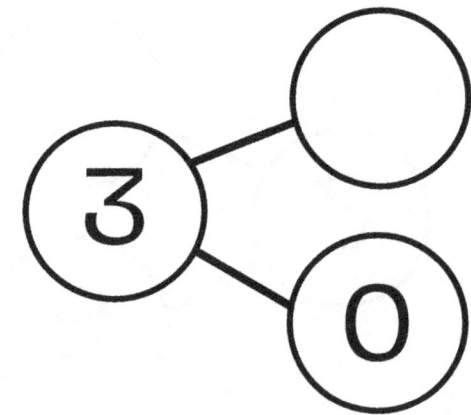

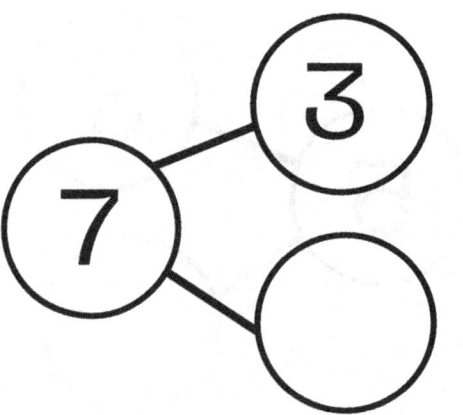

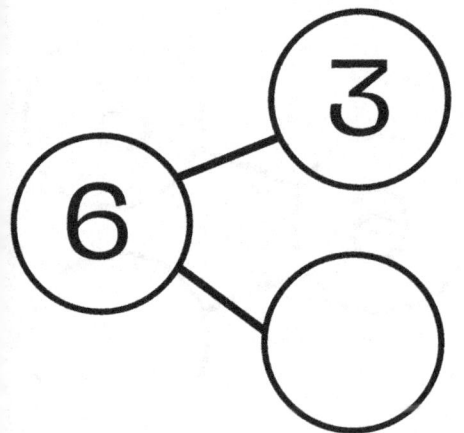

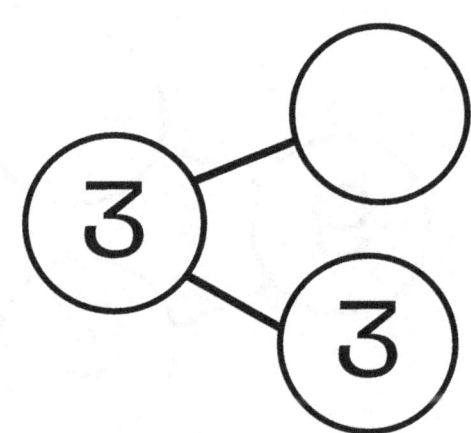

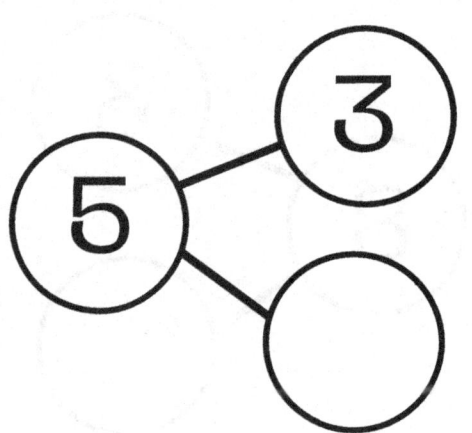

3s

4 — 3, ( )

6 — ( ), 3

3 — 2, ( )

9 — 3, ( )

10 — ( ), 3

3 — 0, ( )

8 — 3, ( )

3 — ( ), 0

7 — 3, ( )

6 — 3, ( )

3 — ( ), 3

5 — 3, ( )

Number Bonds Subtracting

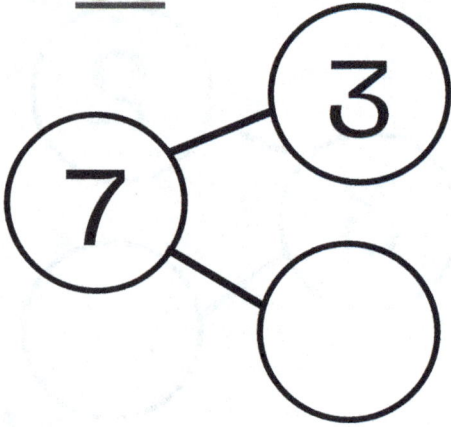

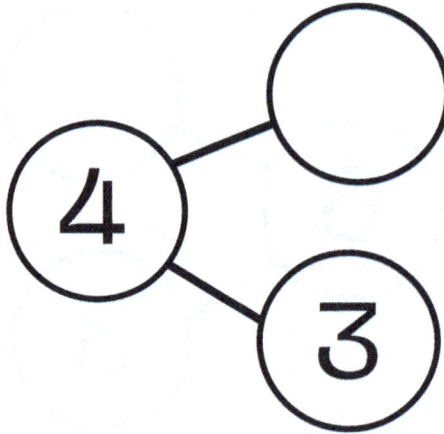

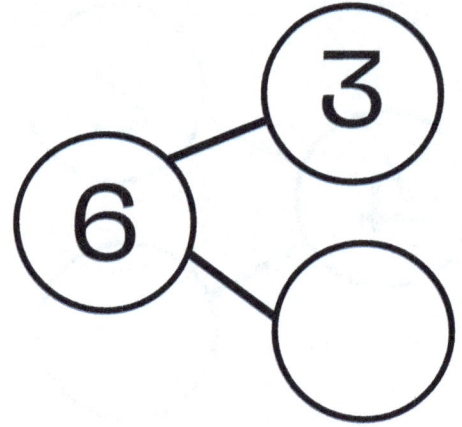

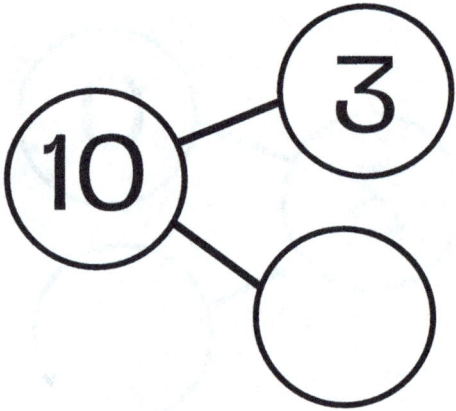

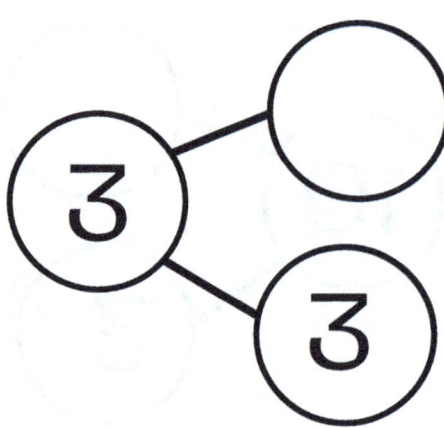

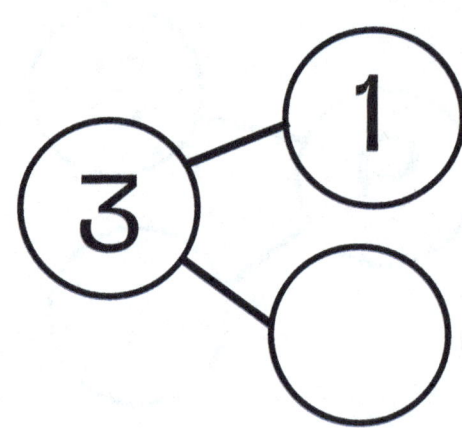

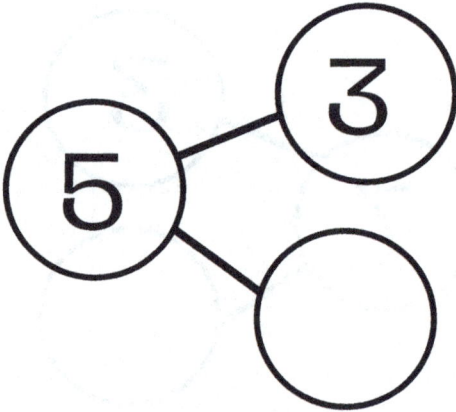

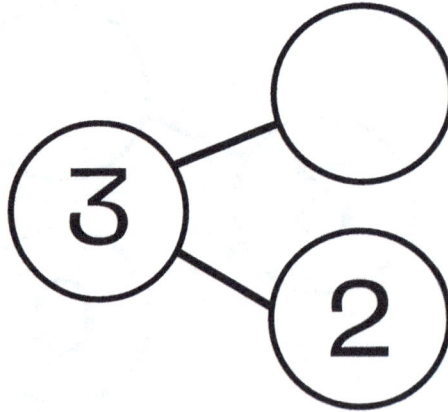

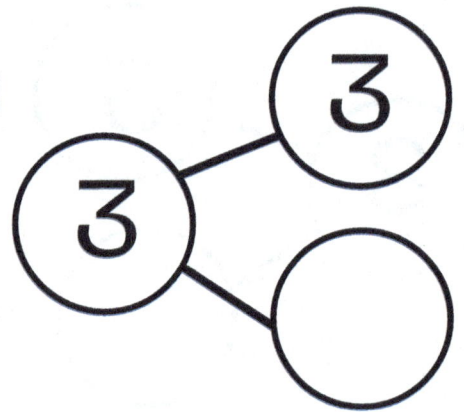

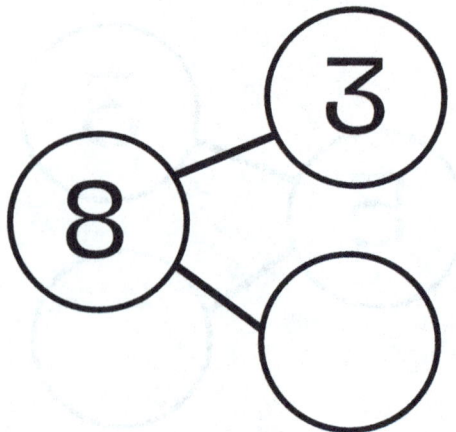

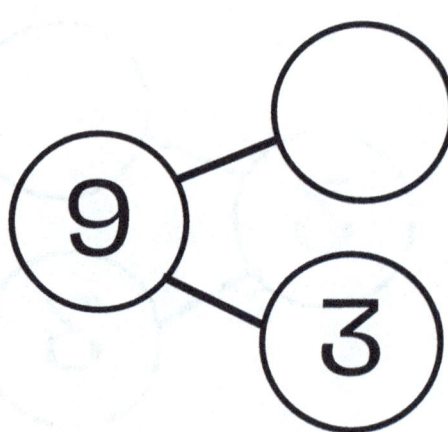

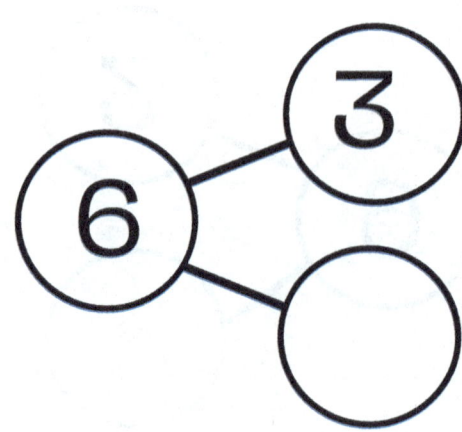

3s

7 — 3, ◯
4 — ◯, 3
6 — 3, ◯

10 — 3, ◯
3 — ◯, 3
3 — 1, ◯

5 — 3, ◯
3 — ◯, 2
3 — 3, ◯

8 — 3, ◯
9 — ◯, 3
6 — 3, ◯

Number Bonds Adding Activity

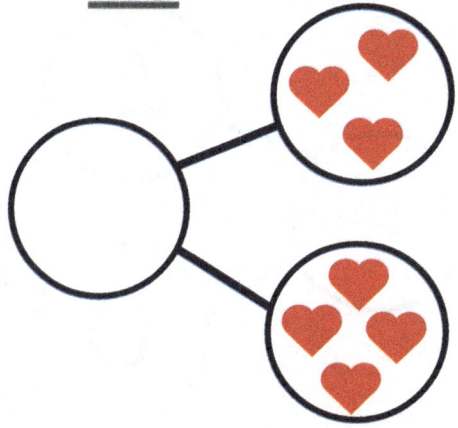

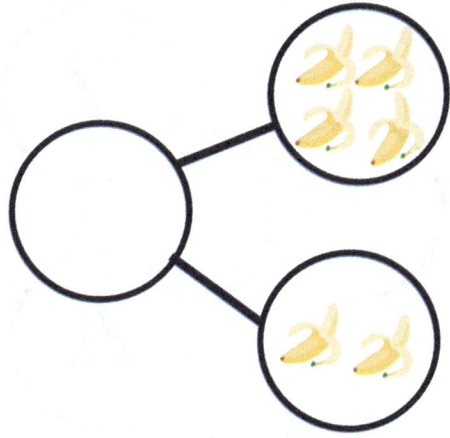

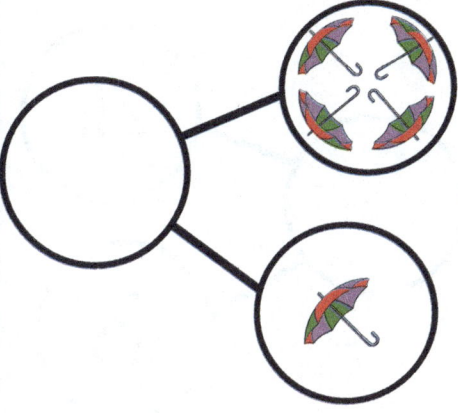

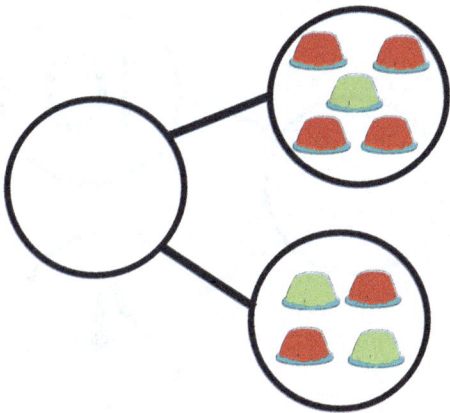

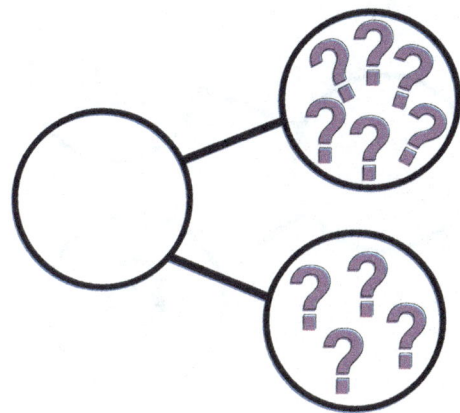

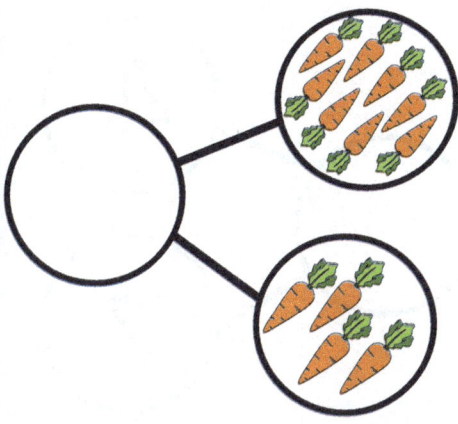

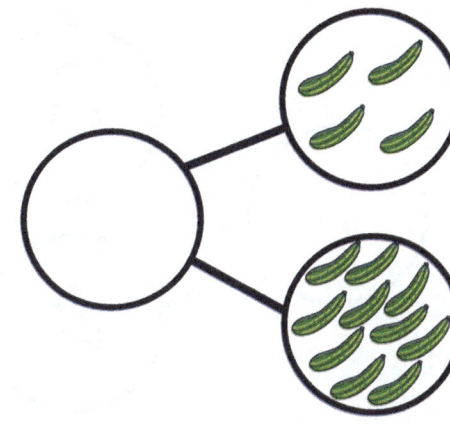

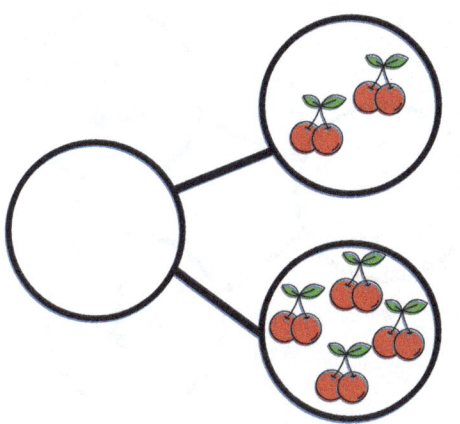

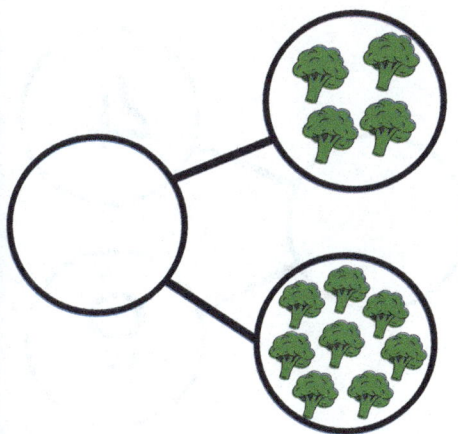

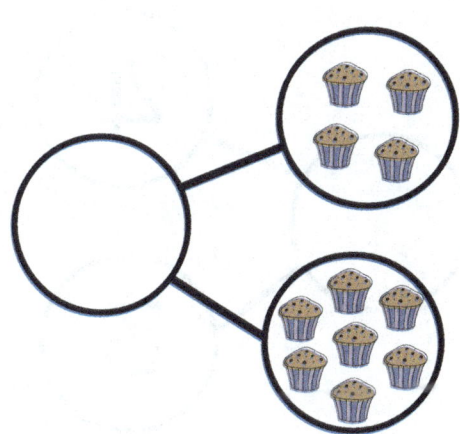

4s

Number Bonds Adding

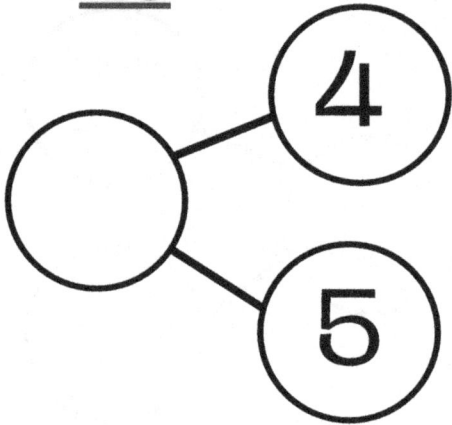

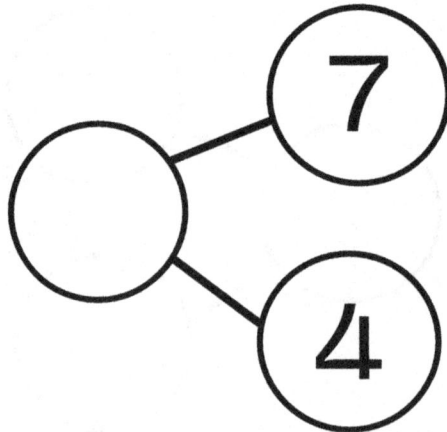

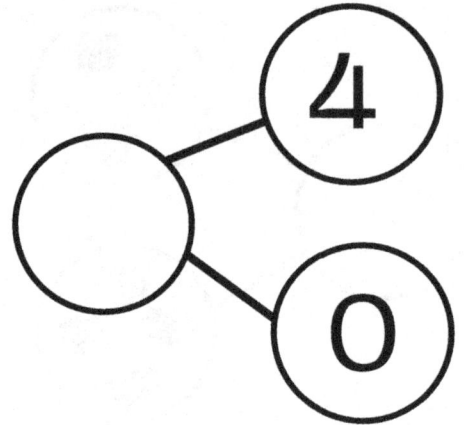

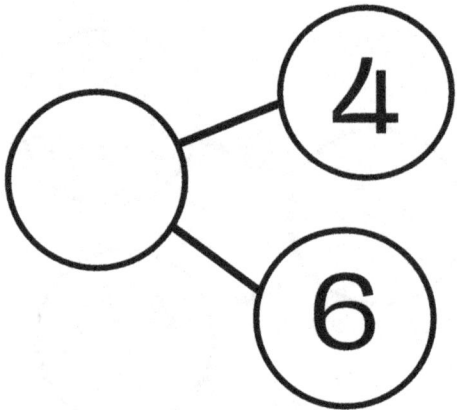

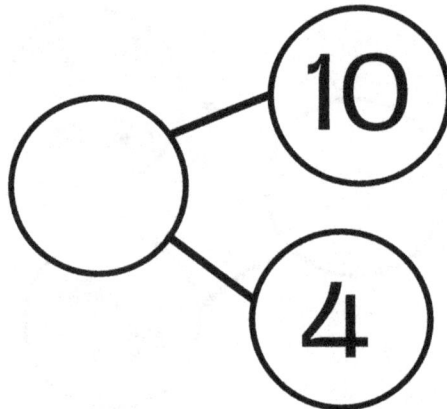

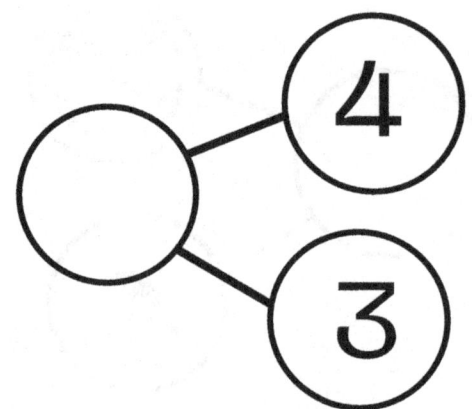

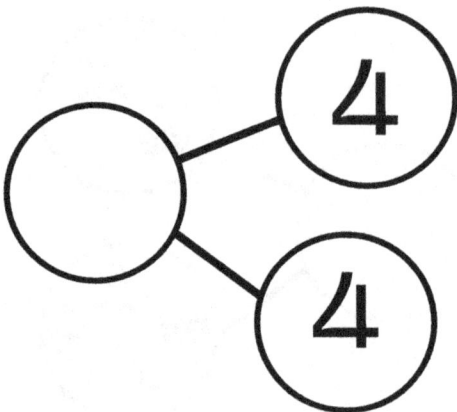

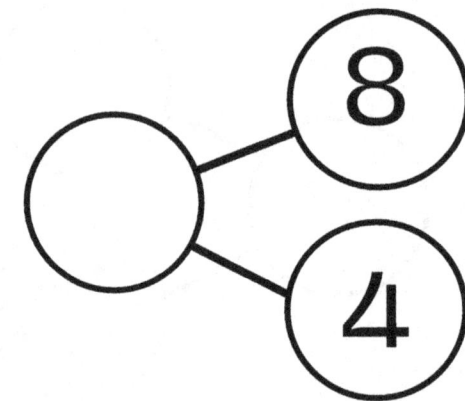

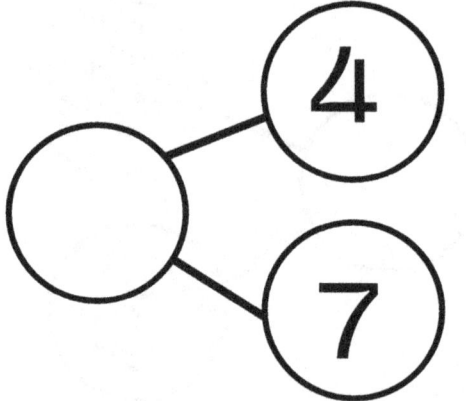

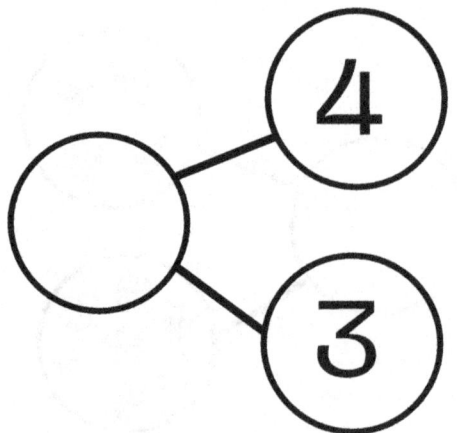

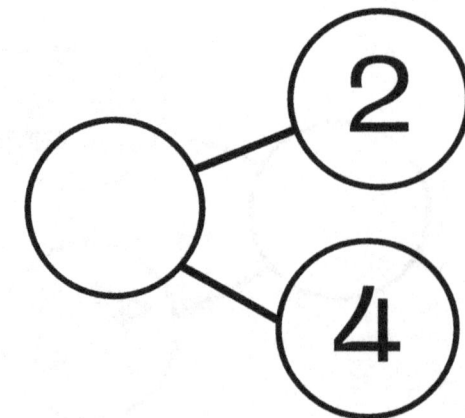

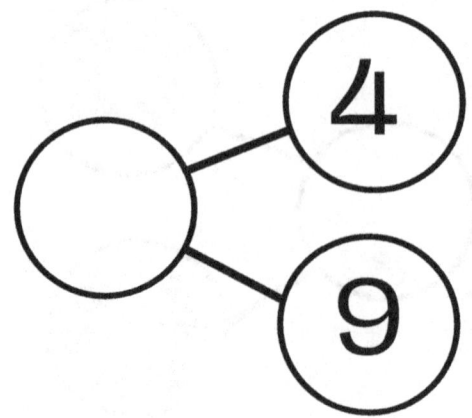

4s

( ) — 4 / 5

( ) — 7 / 4

( ) — 4 / 0

( ) — 4 / 6

( ) — 10 / 4

( ) — 4 / 3

( ) — 4 / 4

( ) — 8 / 4

( ) — 4 / 7

( ) — 4 / 3

( ) — 2 / 4

( ) — 4 / 9

Number Bonds Adding

4s

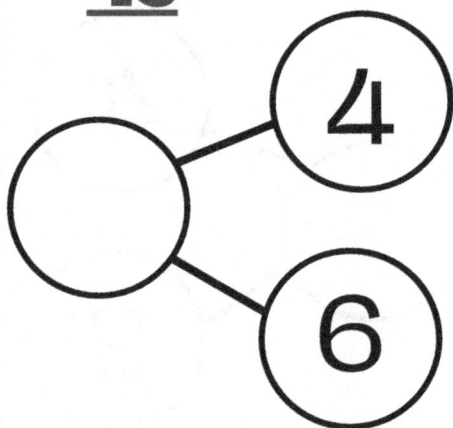
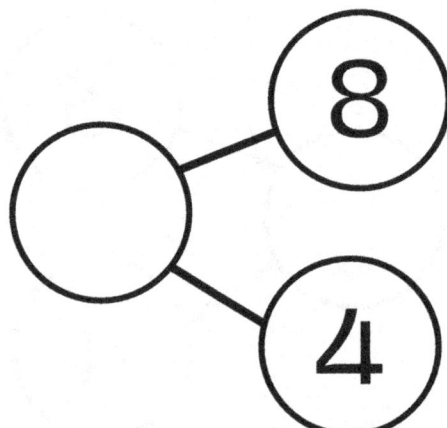
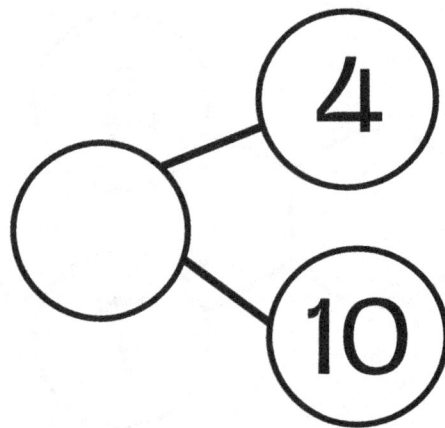

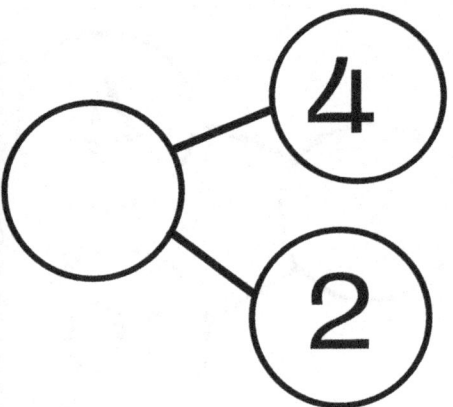
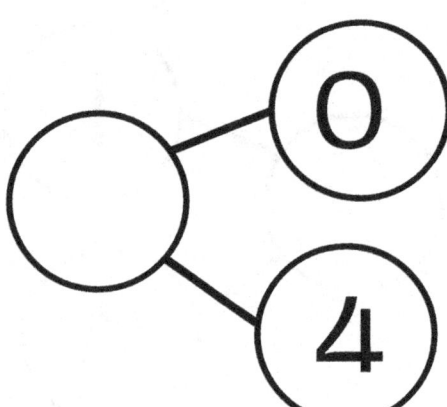
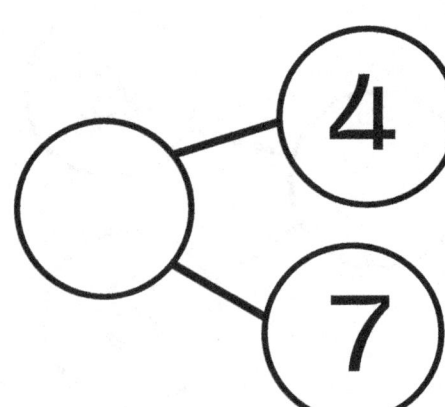

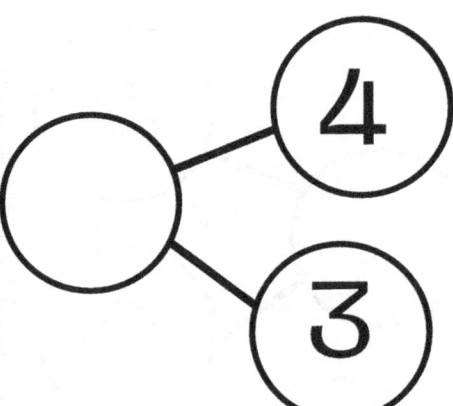
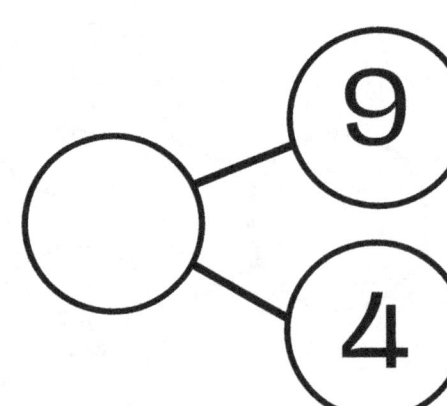
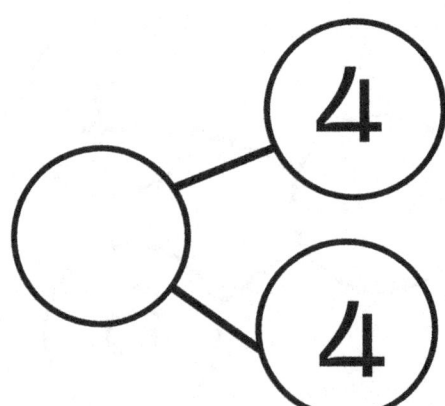

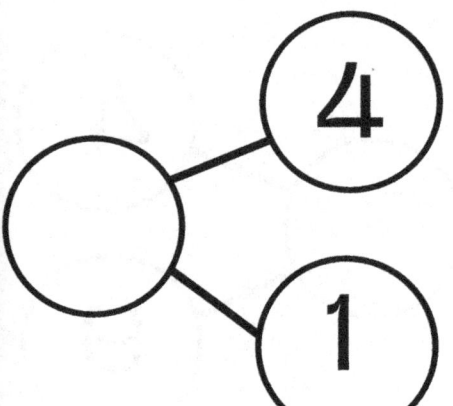
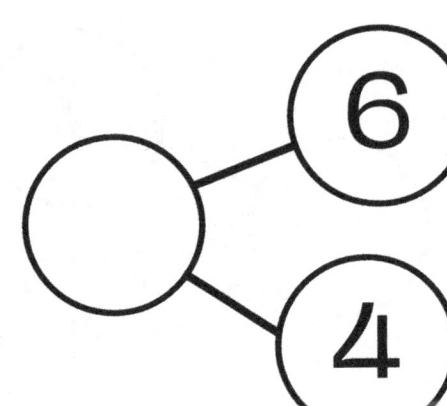
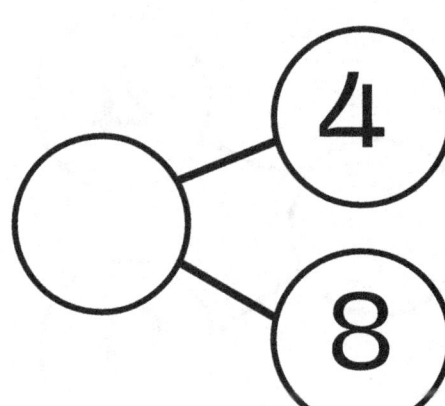

Number Bonds Adding

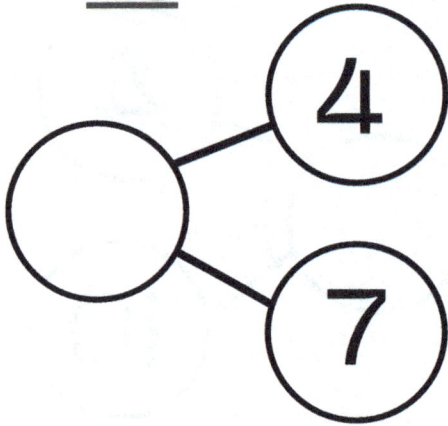

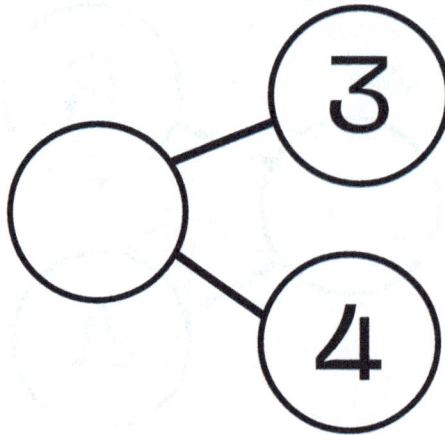

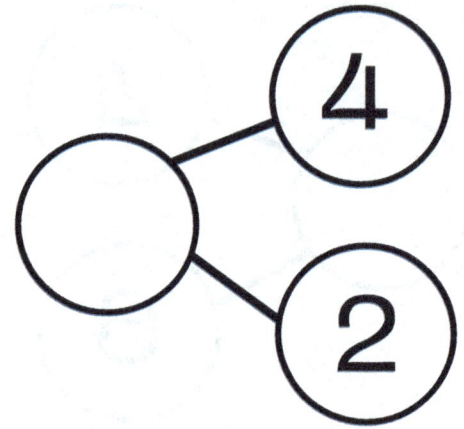

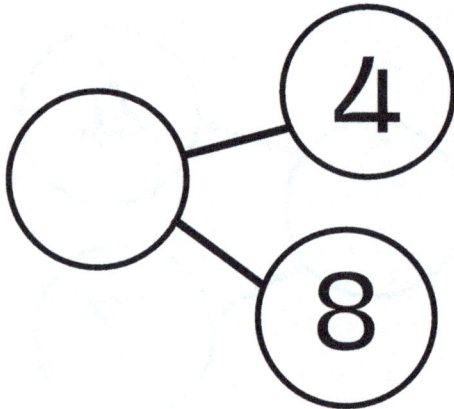

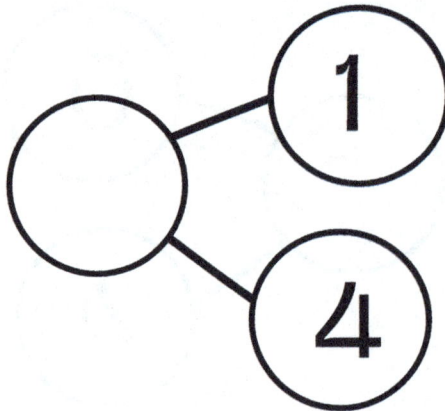

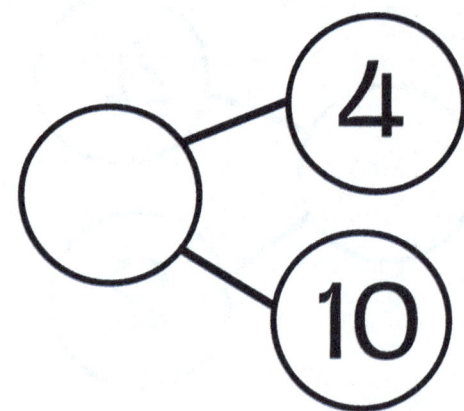

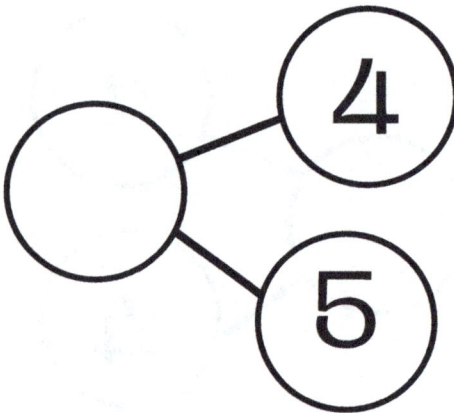

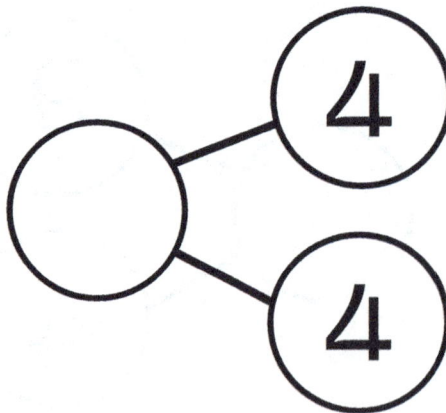

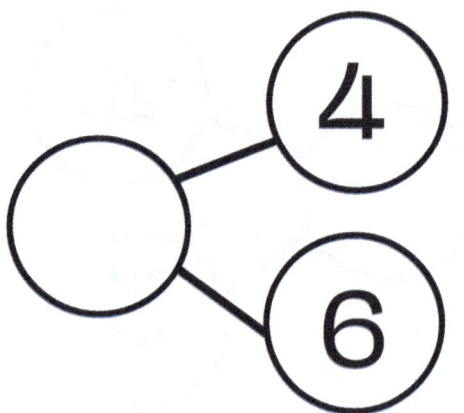

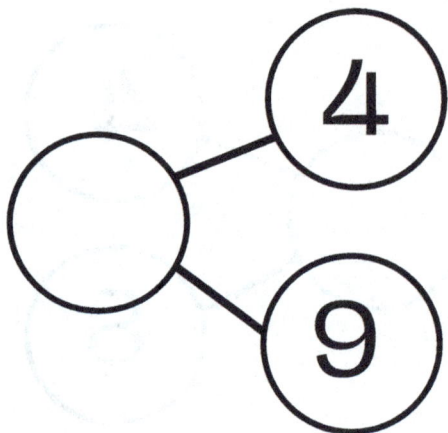

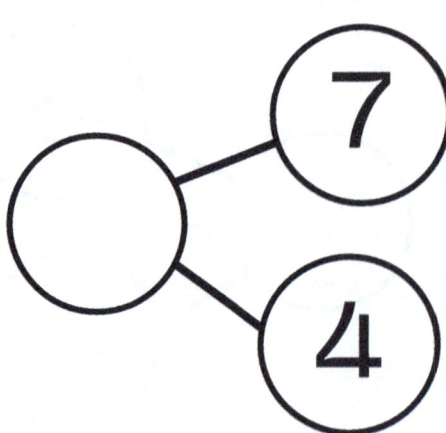

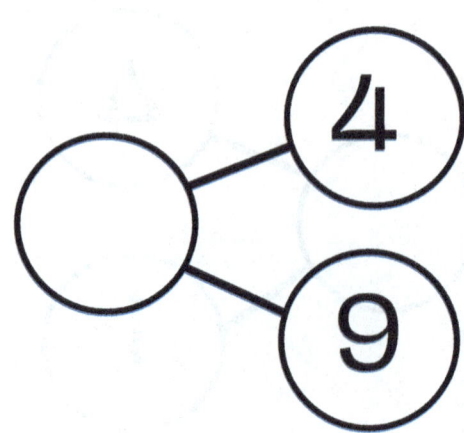

4s

( ) — 4 / 7

( ) — 3 / 4

( ) — 4 / 2

( ) — 4 / 8

( ) — 1 / 4

( ) — 4 / 10

( ) — 4 / 5

( ) — 4 / 4

( ) — 4 / 6

( ) — 4 / 9

( ) — 7 / 4

( ) — 4 / 9

Number Bonds Adding

4s

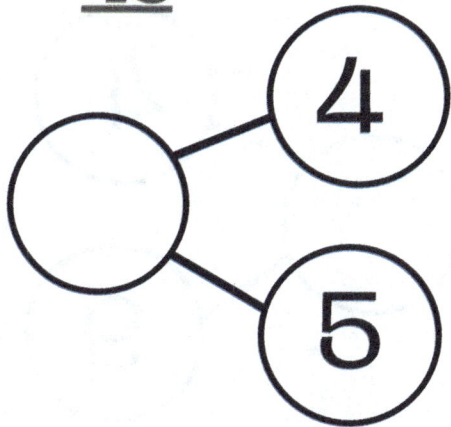
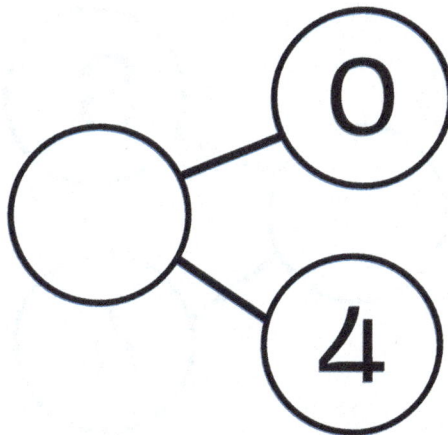
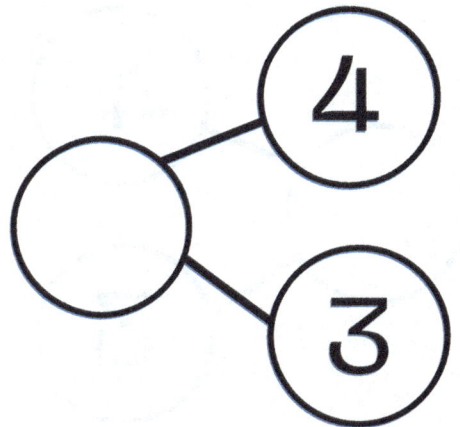

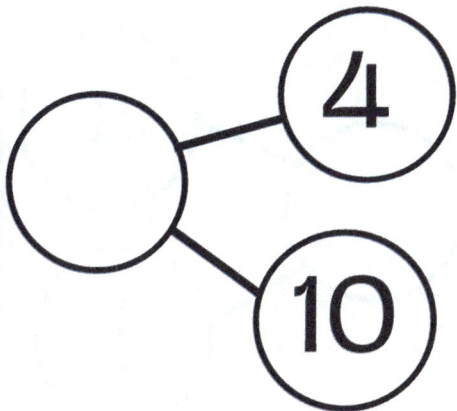
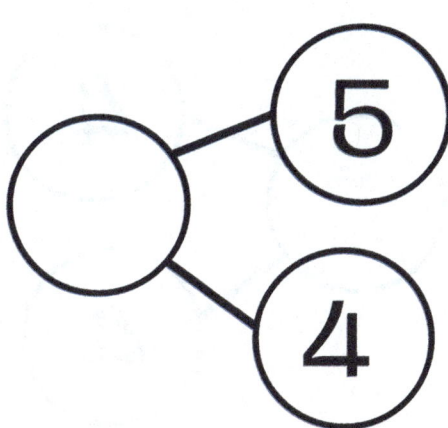
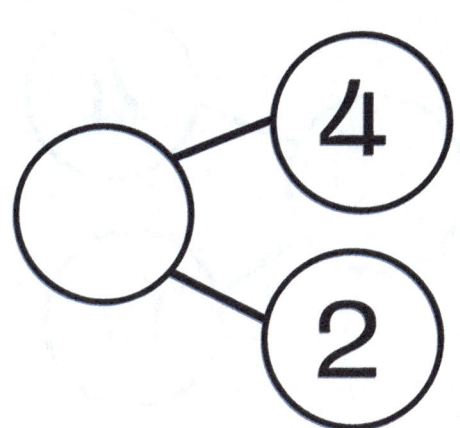

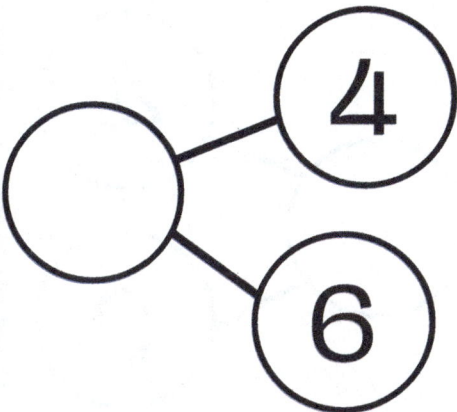
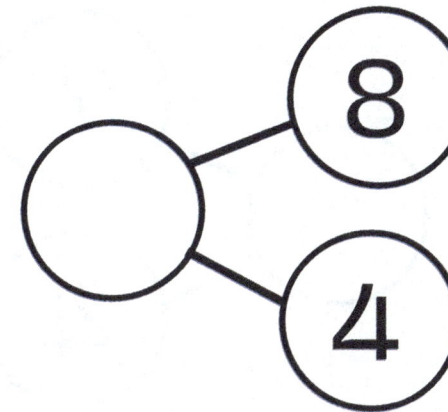
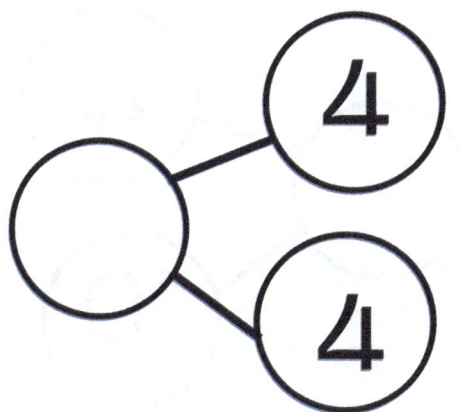

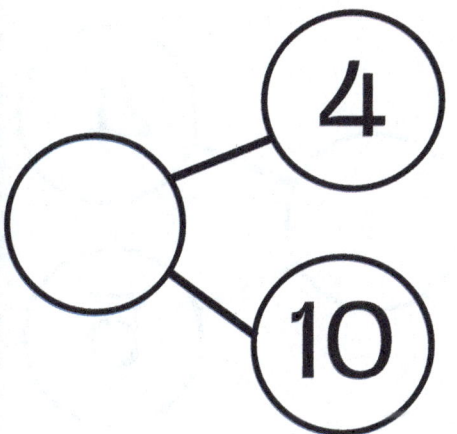
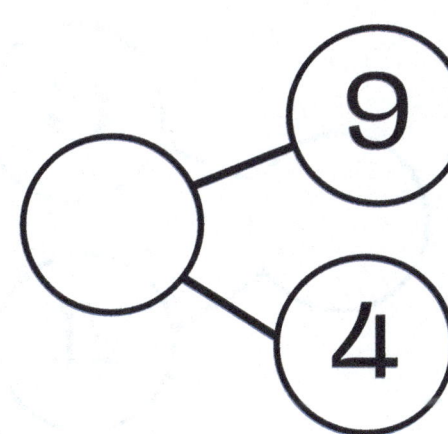
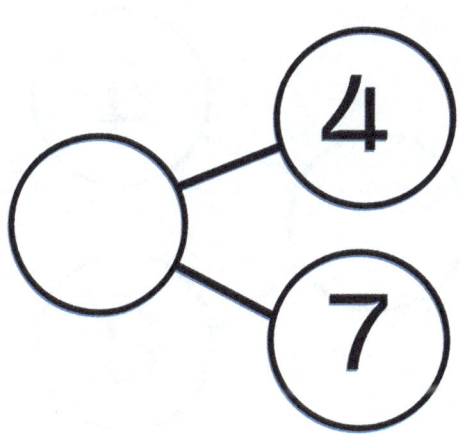

Number Bonds Adding

4s

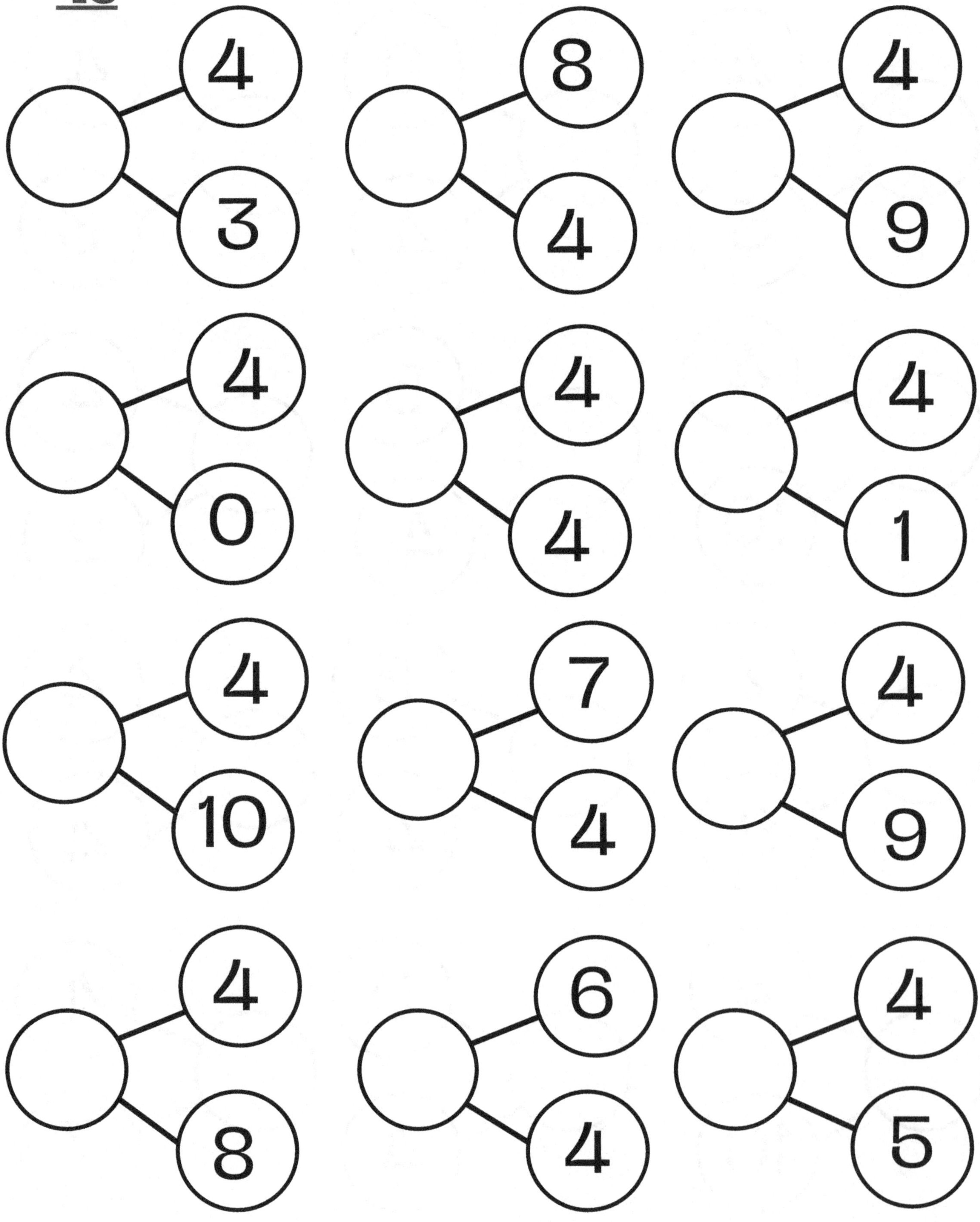

4
3

8
4

4
9

4
0

4
4

4
1

4
10

7
4

4
9

4
8

6
4

4
5

Number Bonds Subtracting Activity

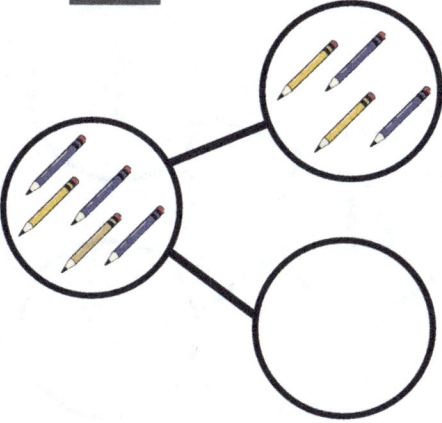

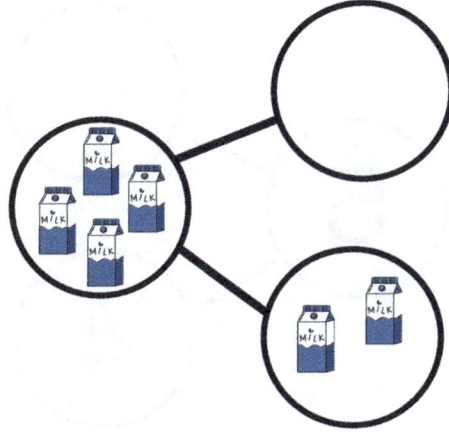

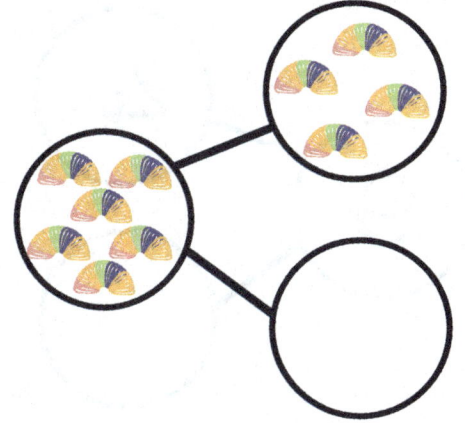

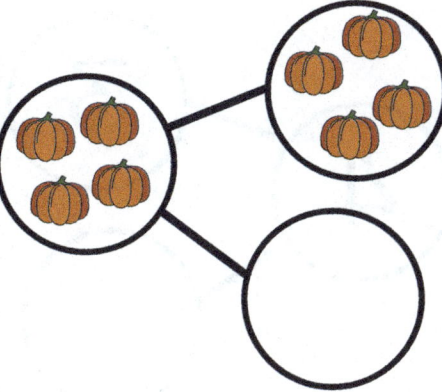

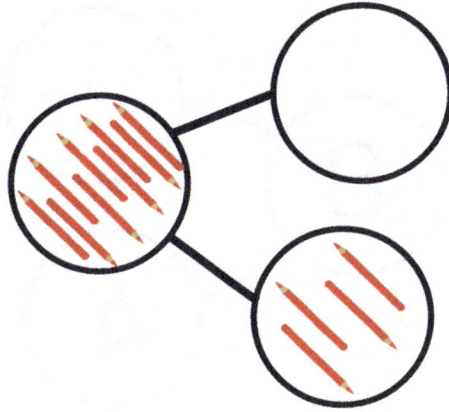

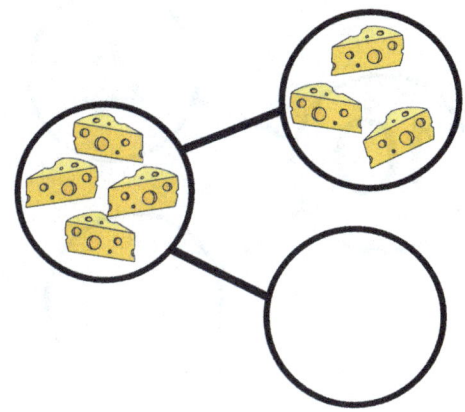

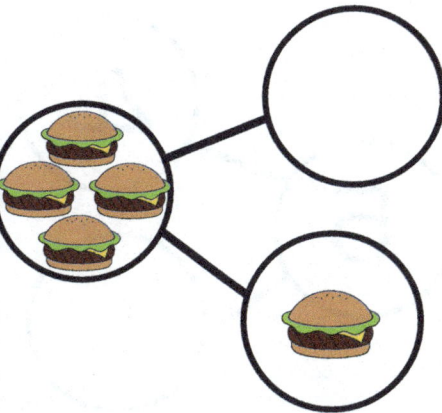

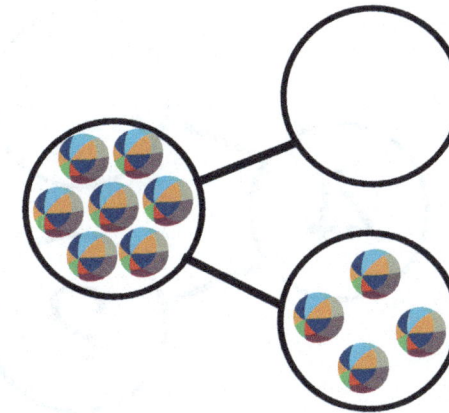

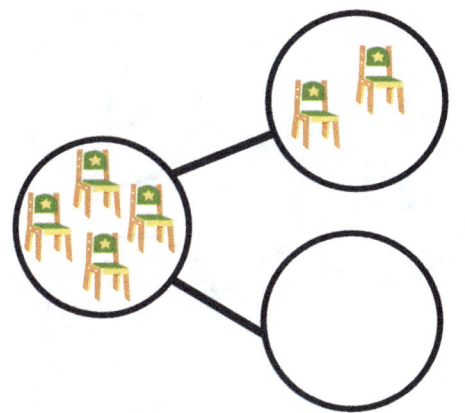

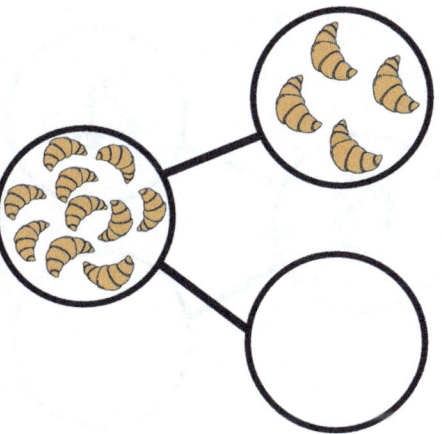

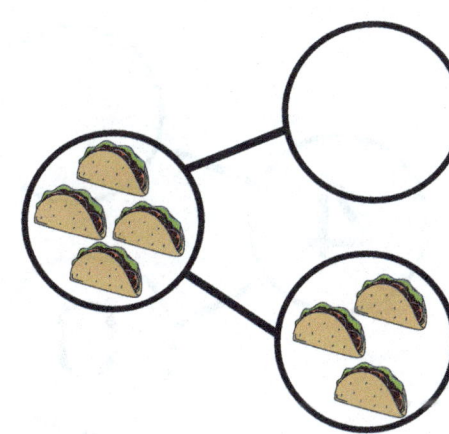

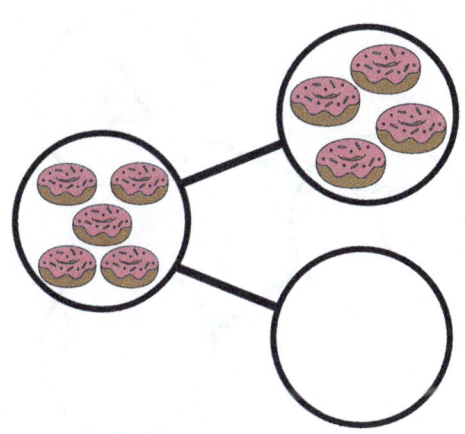

4s

Number Bonds Subtracting

4s

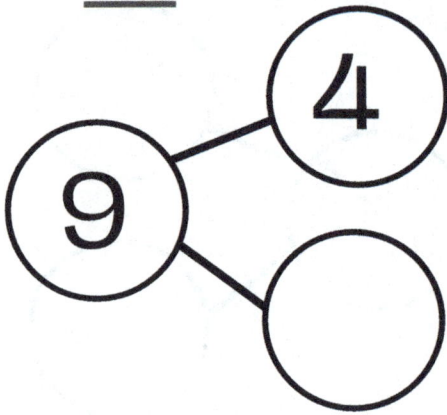

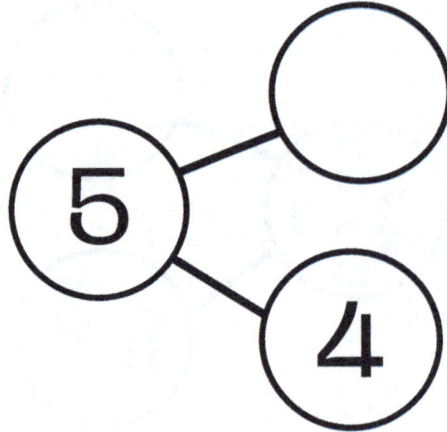

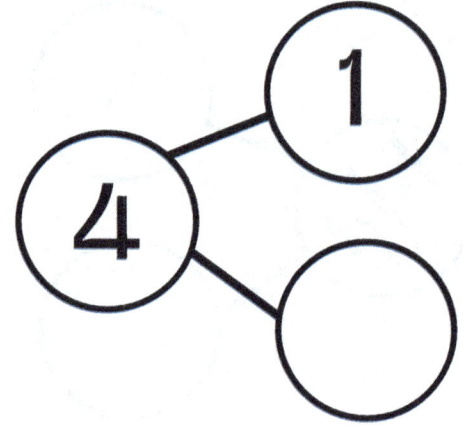

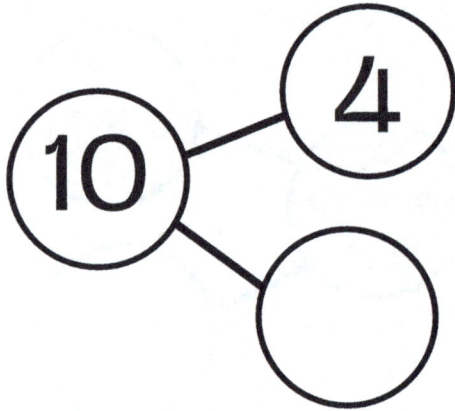

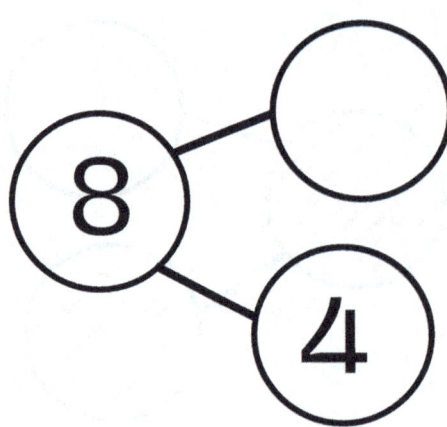

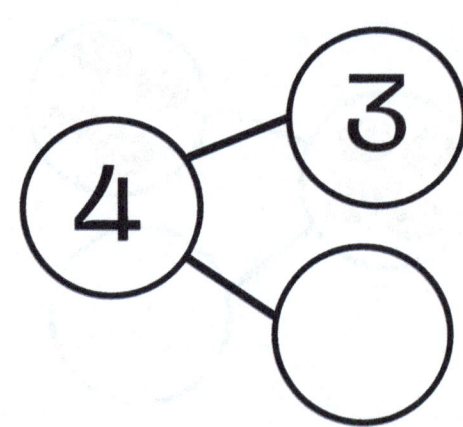

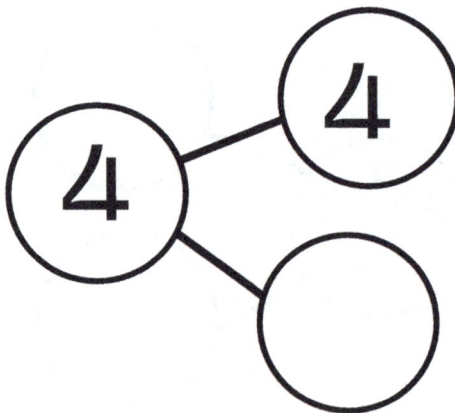

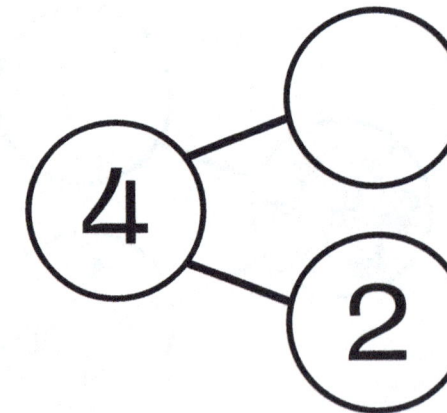

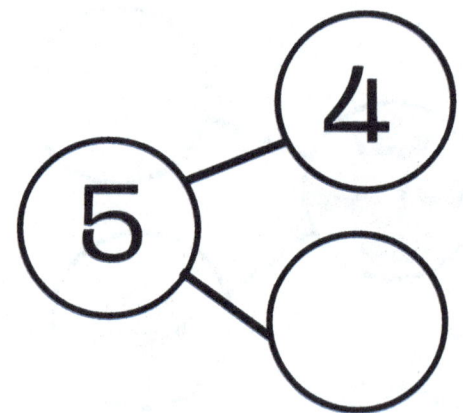

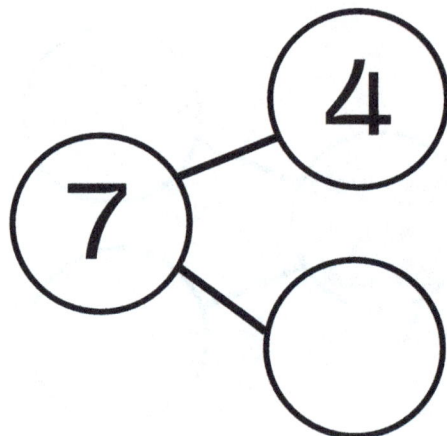

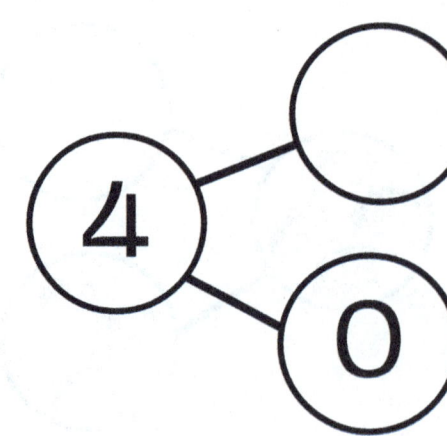

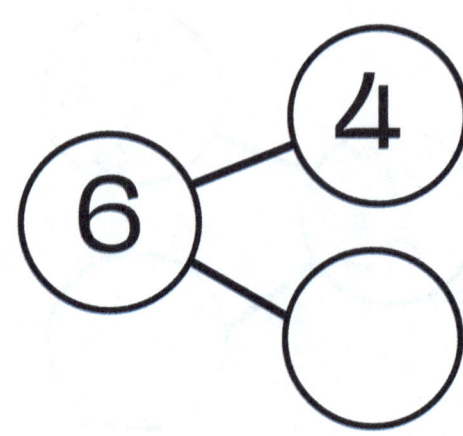

Number Bonds Subtracting

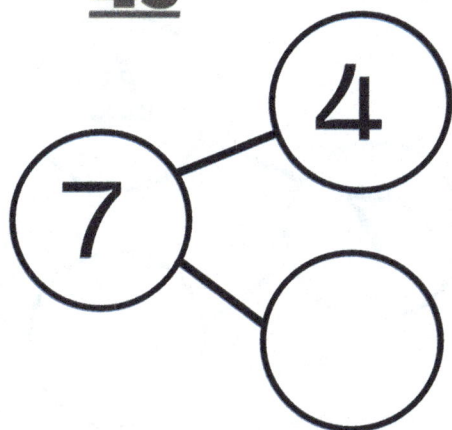

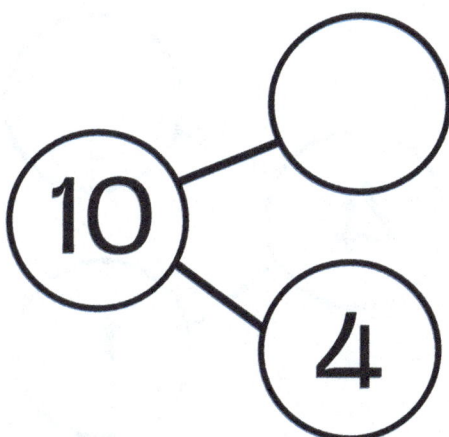

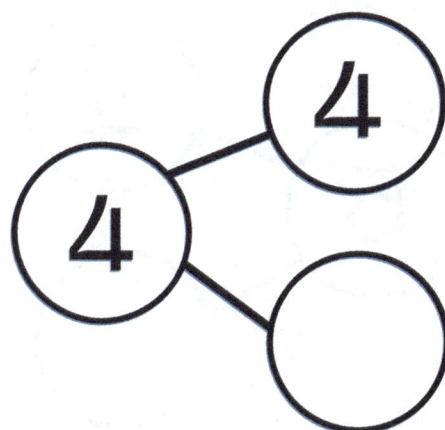

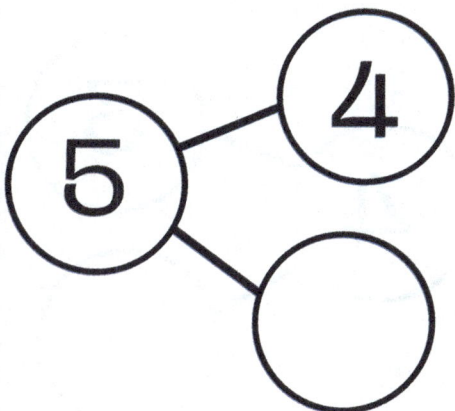

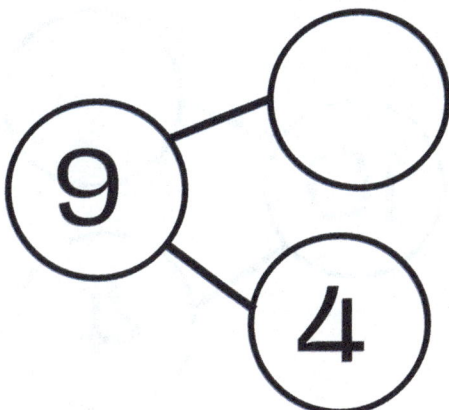

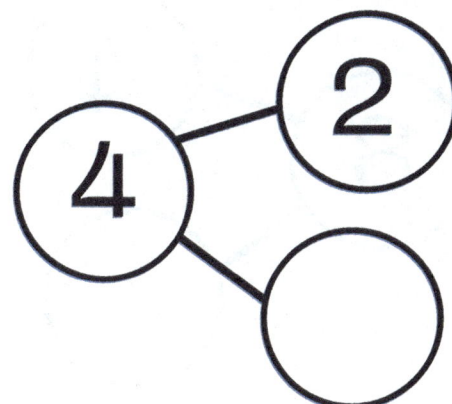

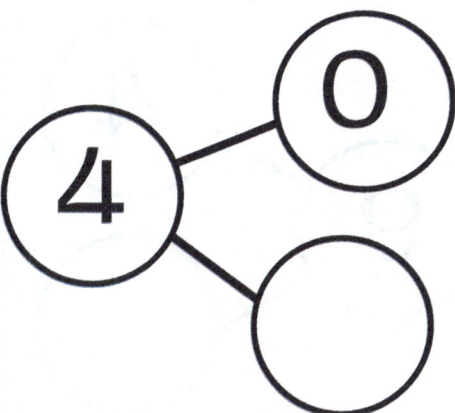

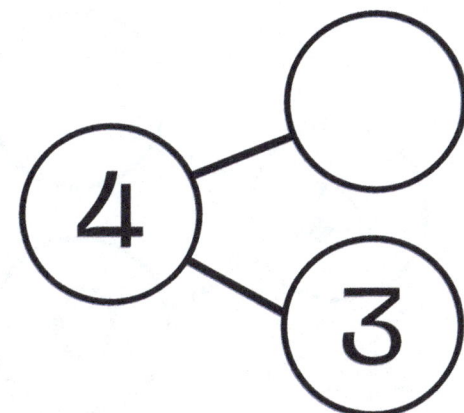

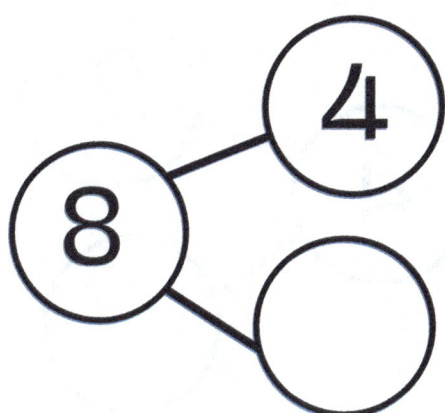

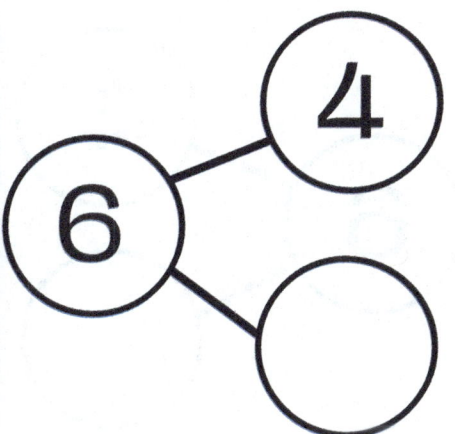

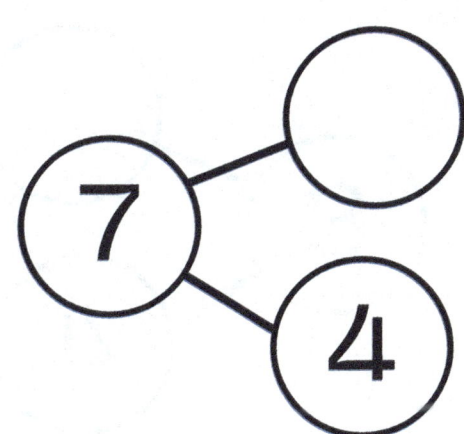

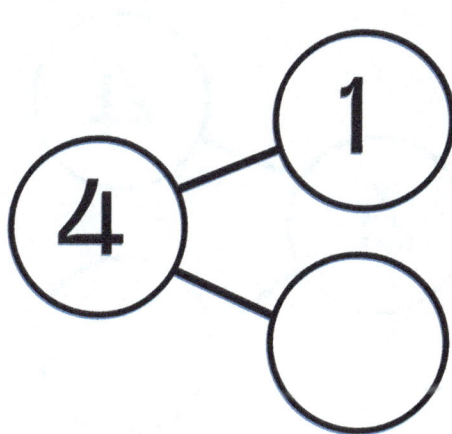

4s

7 — 4, ☐

10 — ☐, 4

4 — 4, ☐

5 — 4, ☐

9 — ☐, 4

4 — 2, ☐

4 — 0, ☐

4 — ☐, 3

8 — 4, ☐

6 — 4, ☐

7 — ☐, 4

4 — 1, ☐

Number Bonds Subtracting

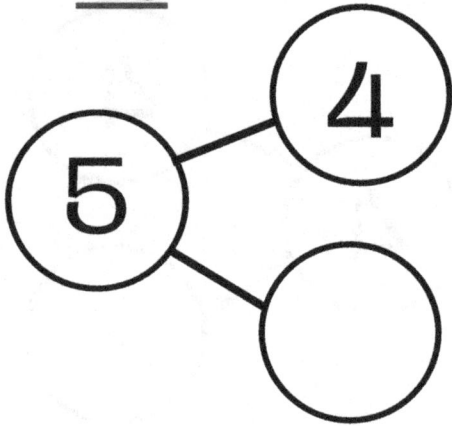

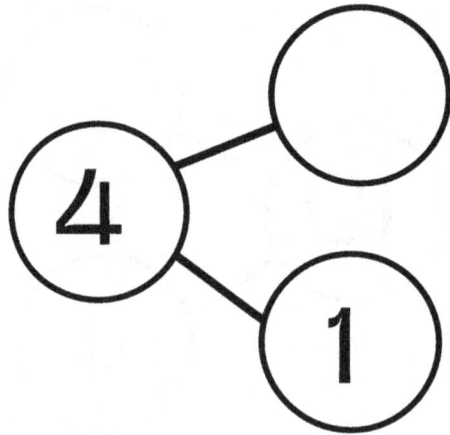

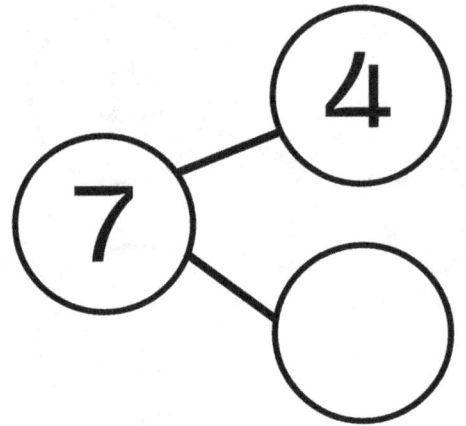

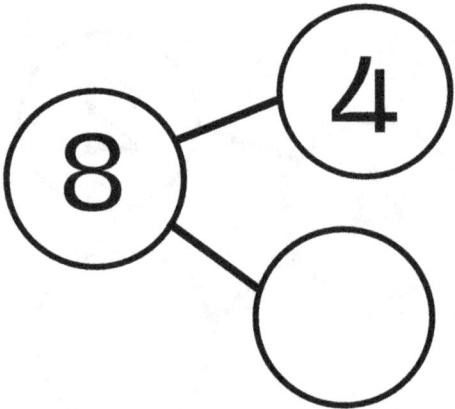

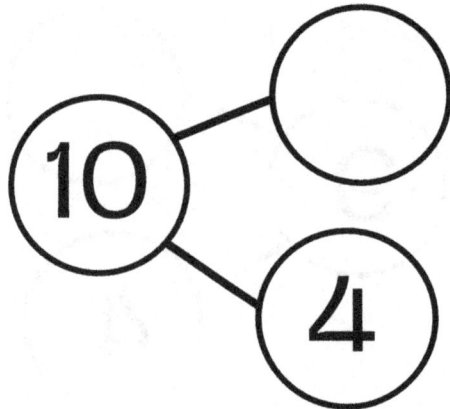

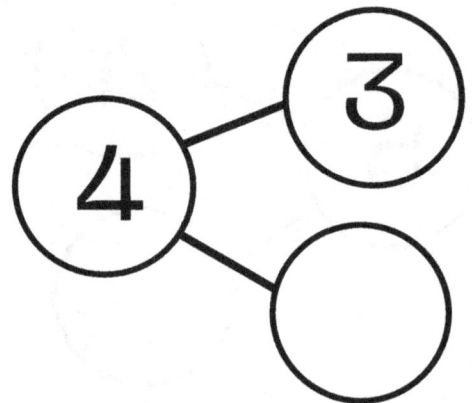

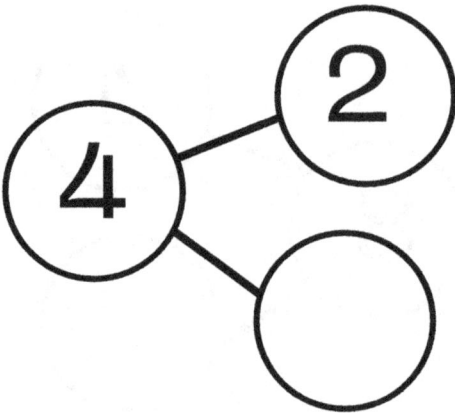

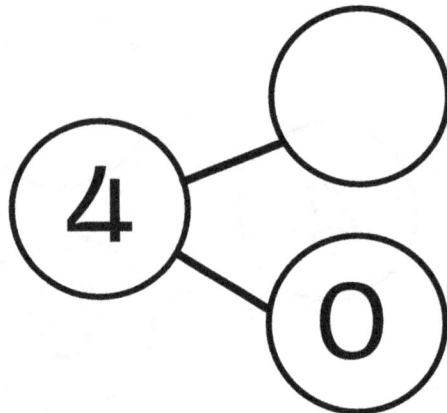

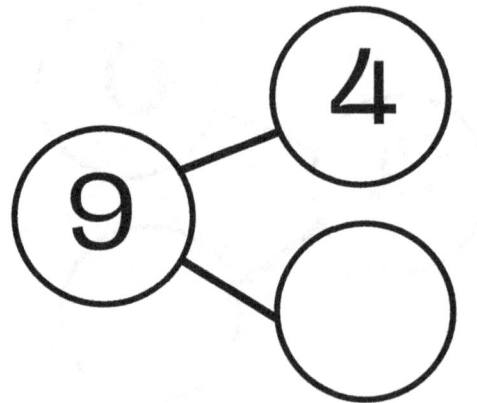

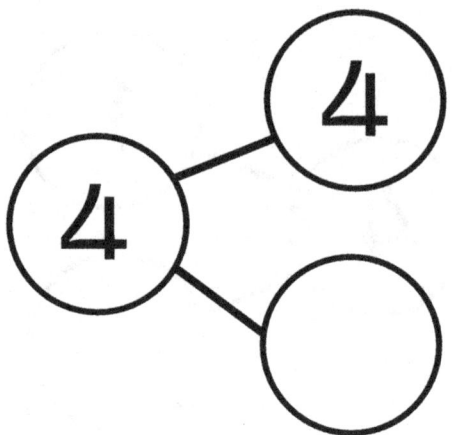

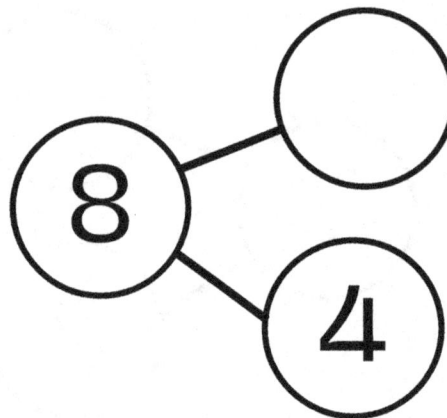

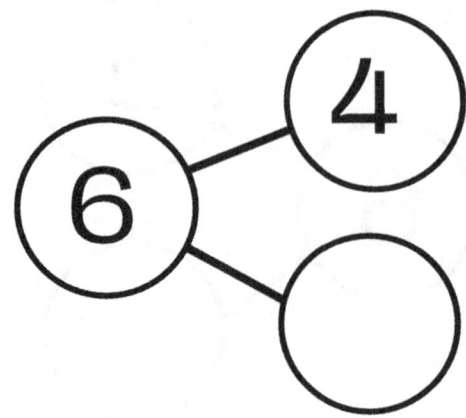

4s

5 — 4, ◯

4 — ◯, 1

7 — 4, ◯

8 — 4, ◯

10 — ◯, 4

4 — 3, ◯

4 — 2, ◯

4 — ◯, 0

9 — 4, ◯

4 — 4, ◯

8 — ◯, 4

6 — 4, ◯

Number Bonds Subtracting

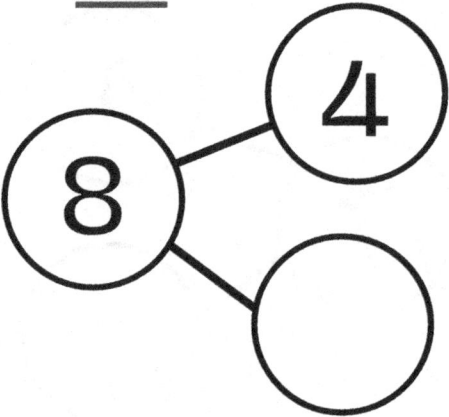

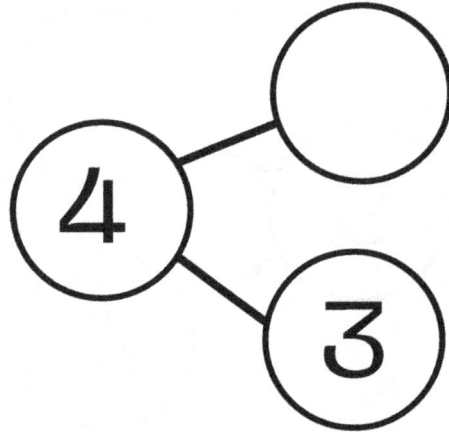

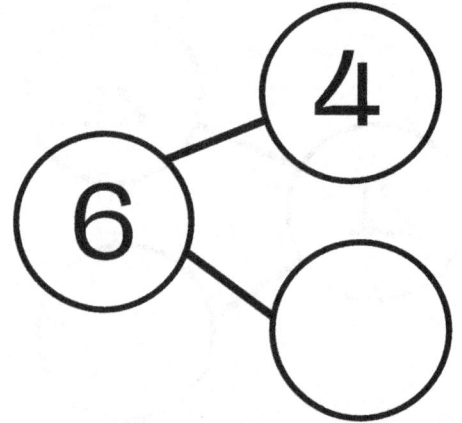

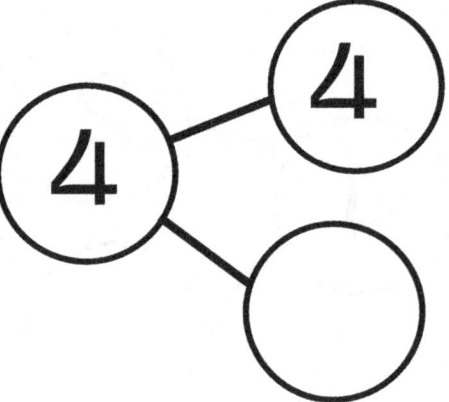

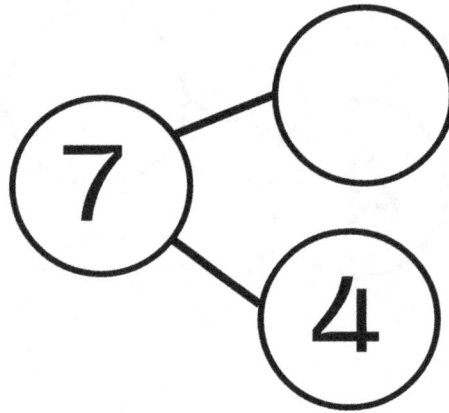

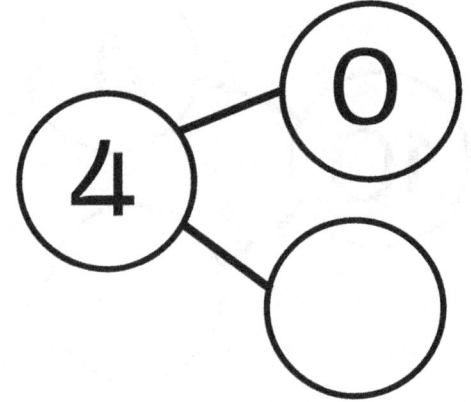

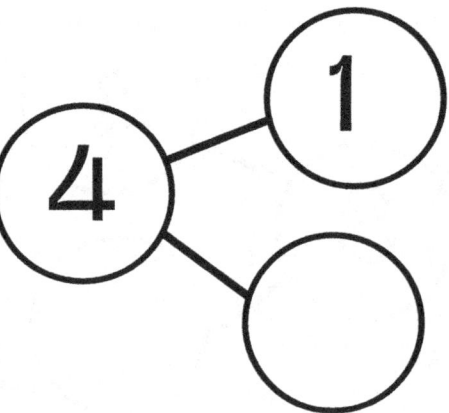

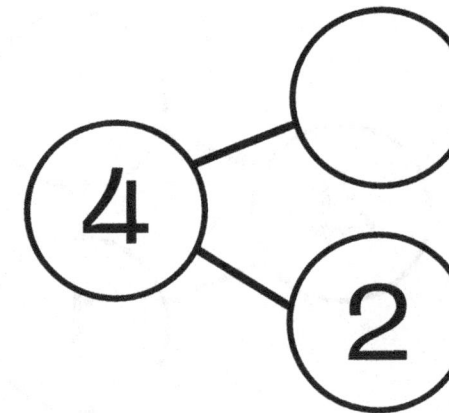

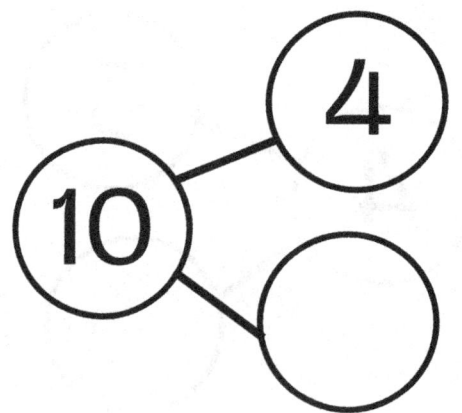

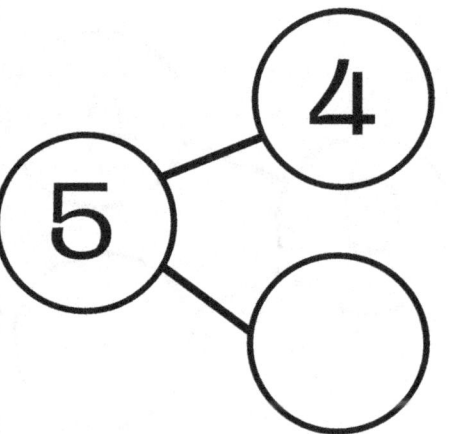

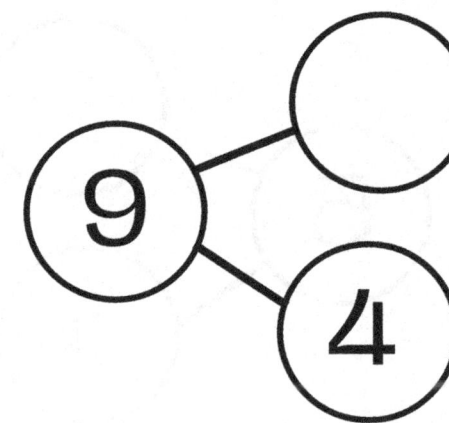

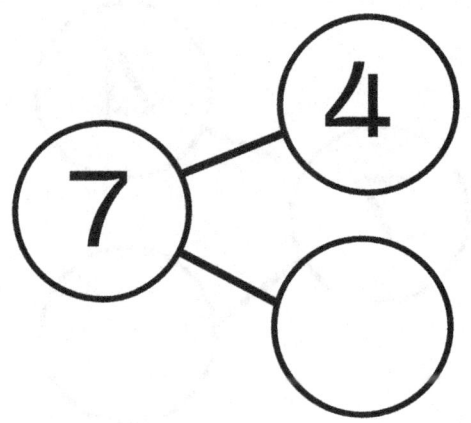

4s

8 — 4, ___

4 — ___, 3

6 — 4, ___

4 — 4, ___

7 — ___, 4

4 — 0, ___

4 — 1, ___

4 — ___, 2

10 — 4, ___

5 — 4, ___

9 — ___, 4

7 — 4, ___

Number Bonds Subtracting

4s

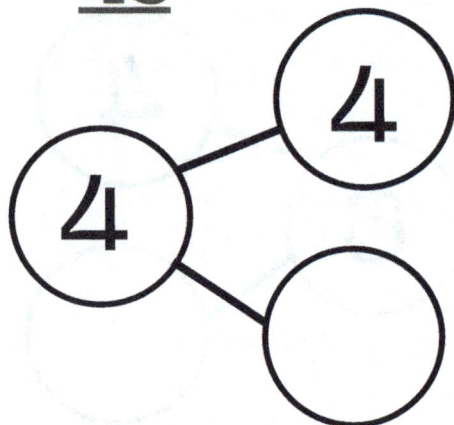
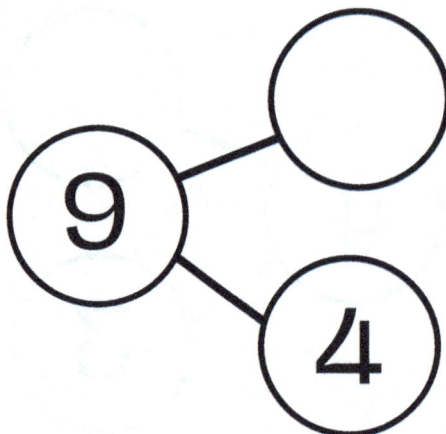
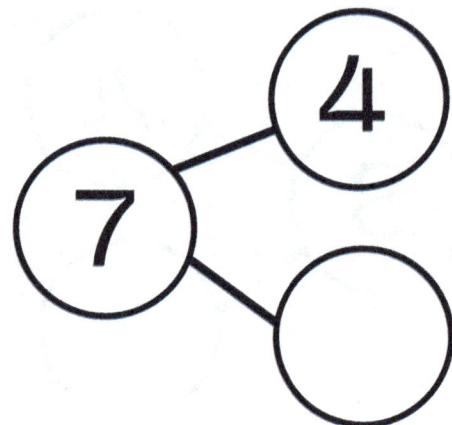

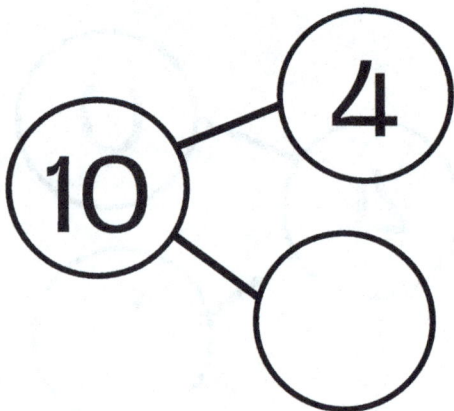
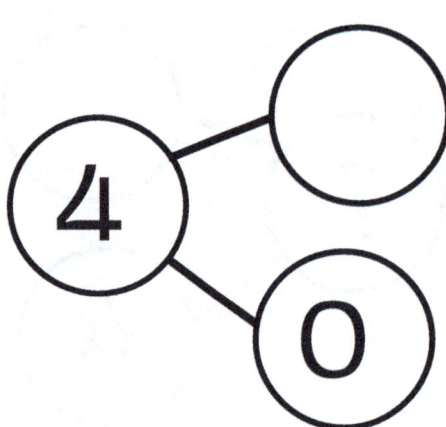
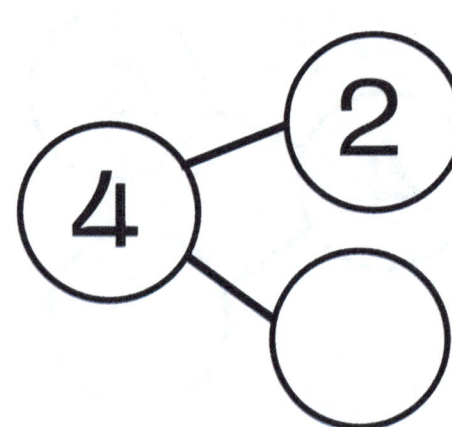

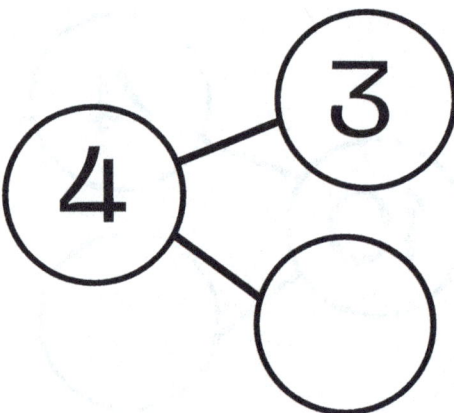
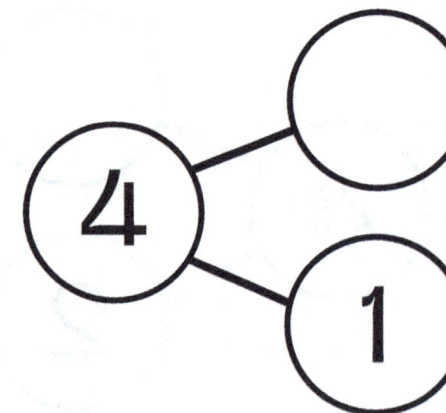
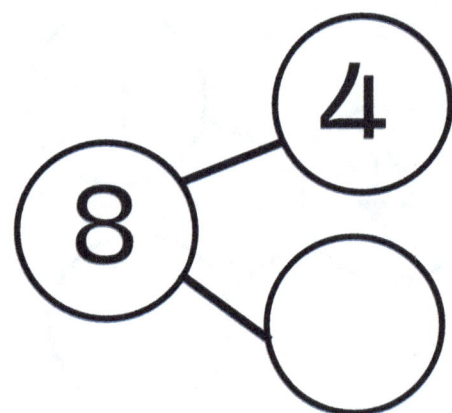

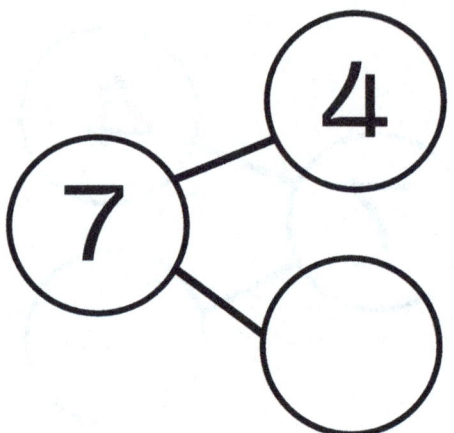
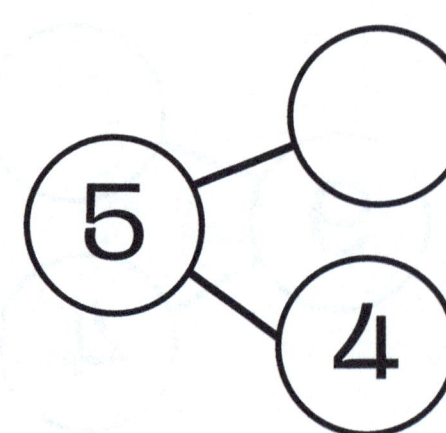
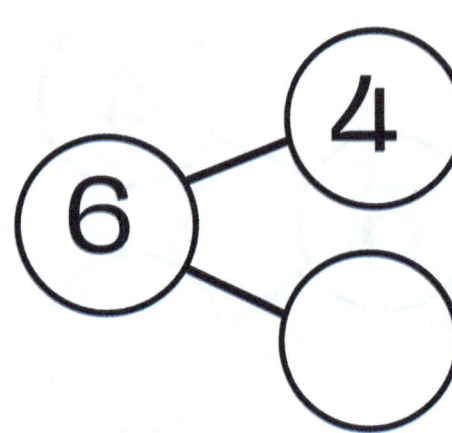

Number Bonds Adding Activity

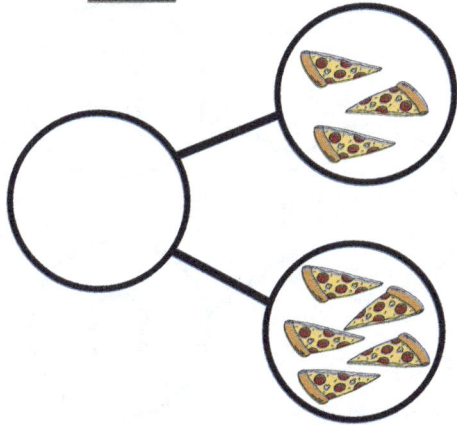

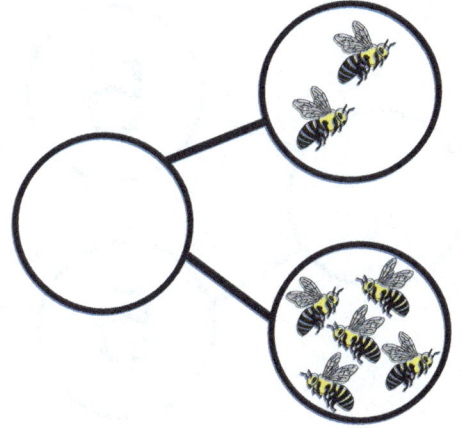

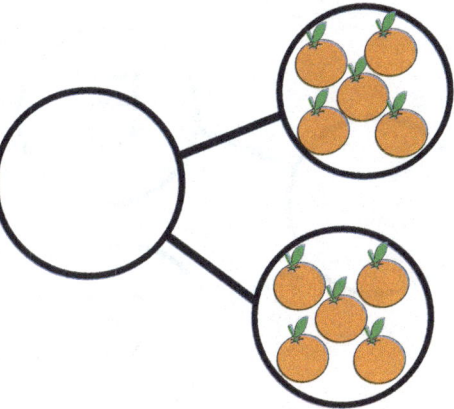

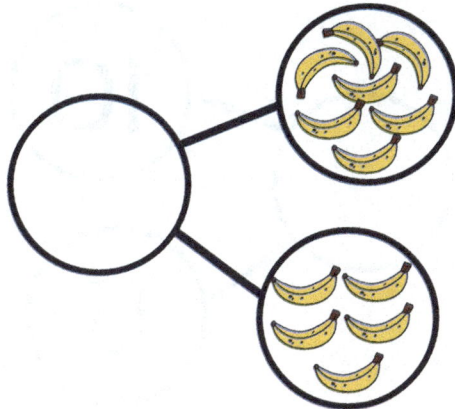

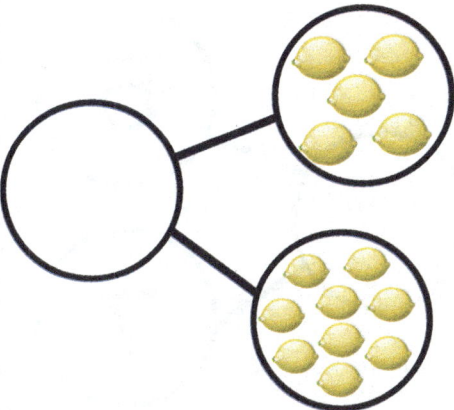

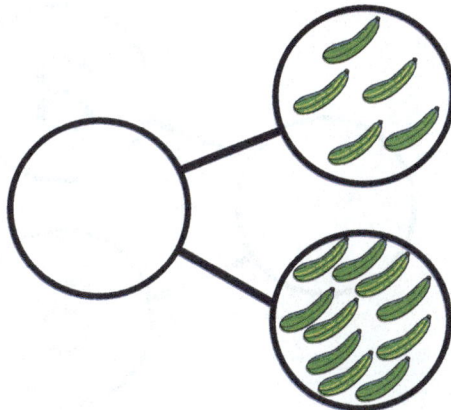

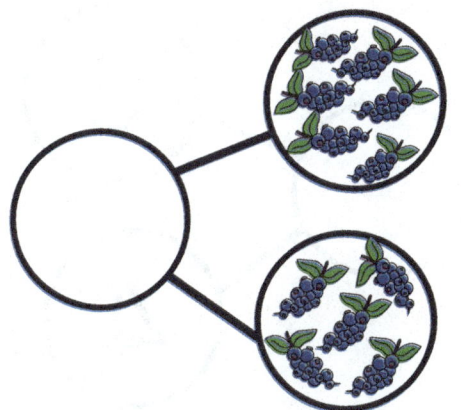

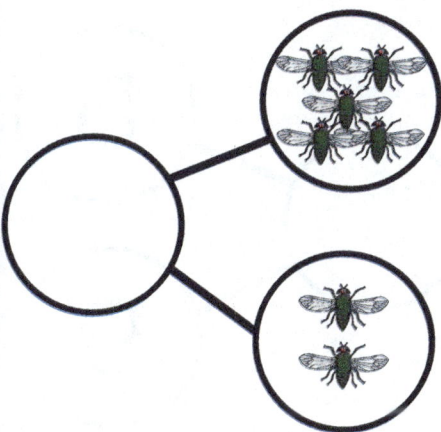

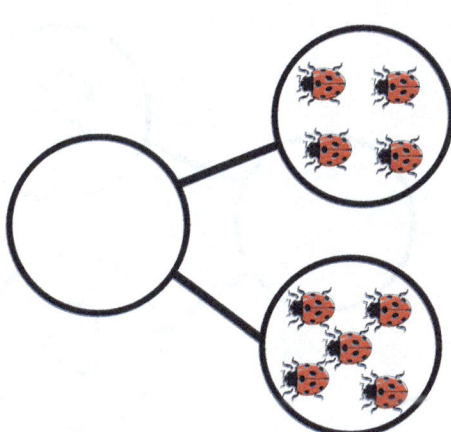

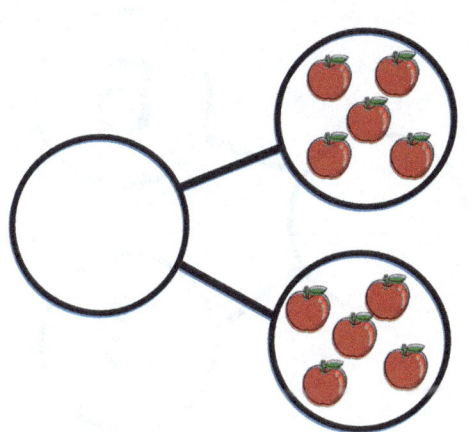

5s

Number Bonds Adding

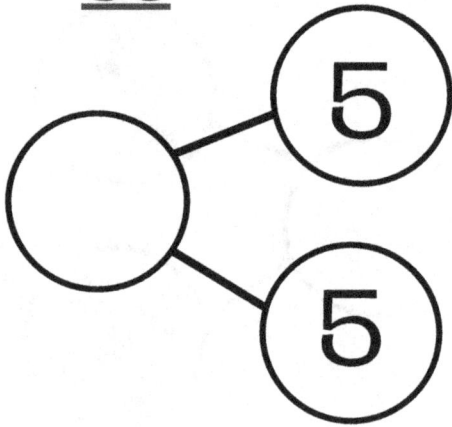

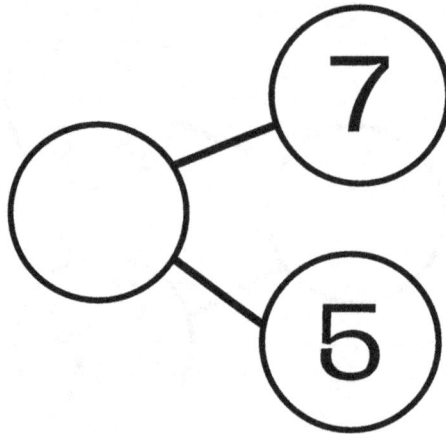

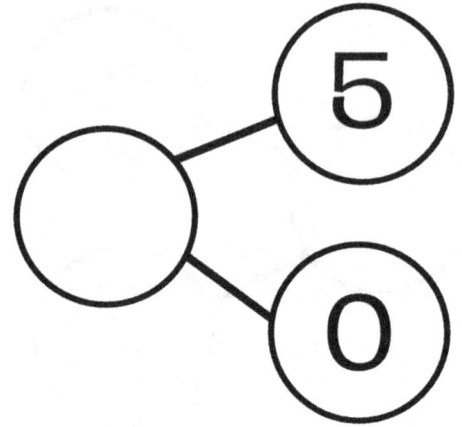

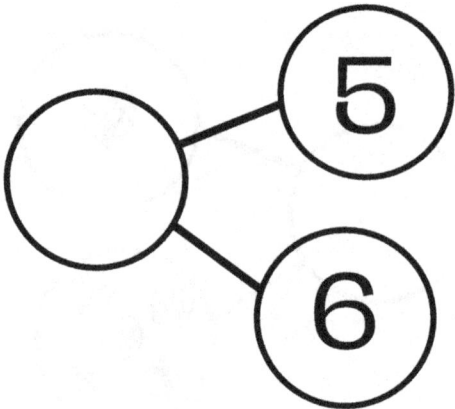

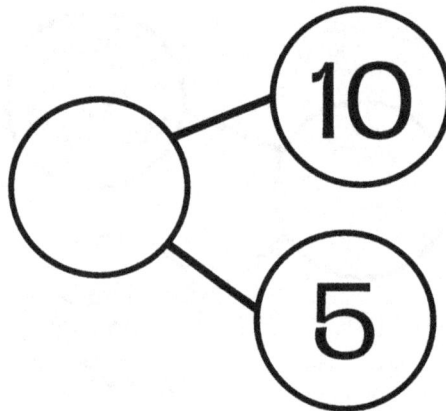

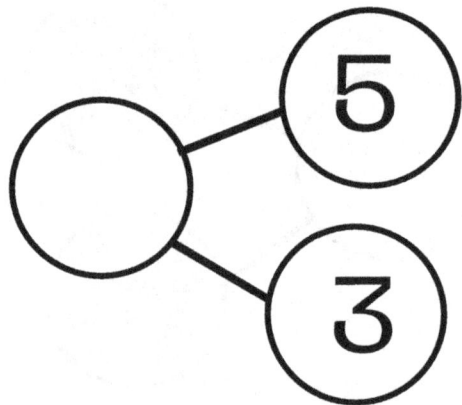

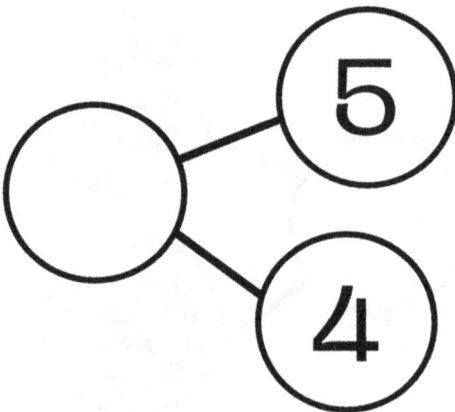

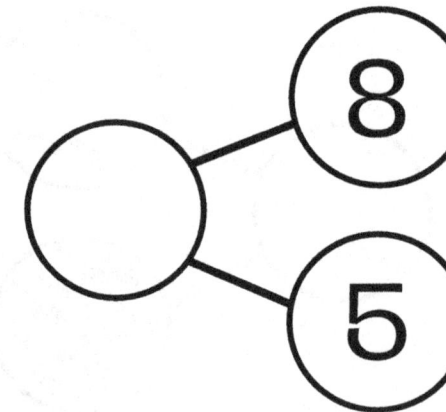

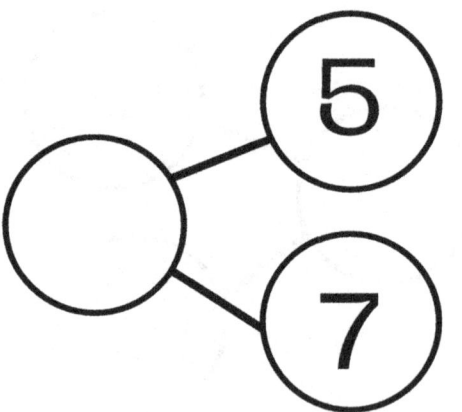

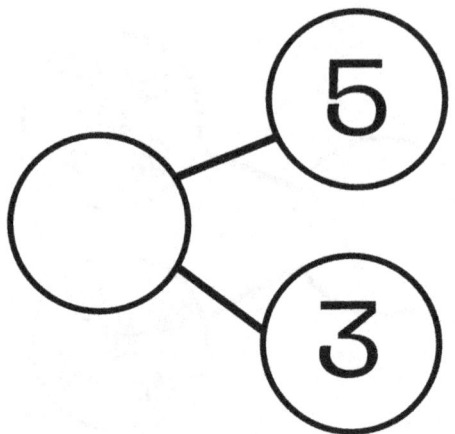

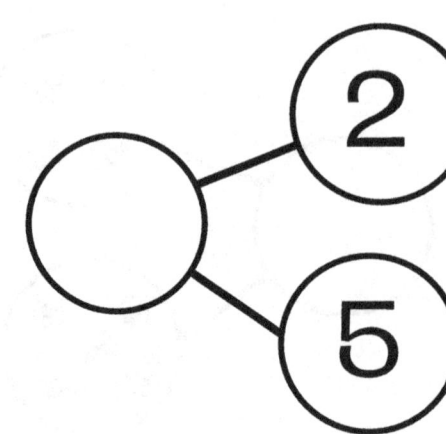

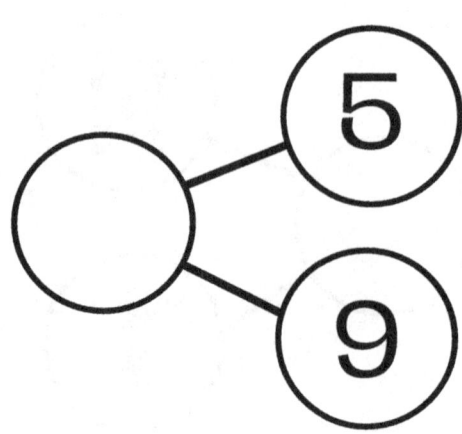

5s

( ) — 5 / 5

( ) — 7 / 5

( ) — 5 / 0

( ) — 5 / 6

( ) — 10 / 5

( ) — 5 / 3

( ) — 5 / 4

( ) — 8 / 5

( ) — 5 / 7

( ) — 5 / 3

( ) — 2 / 5

( ) — 5 / 9

Number Bonds Adding

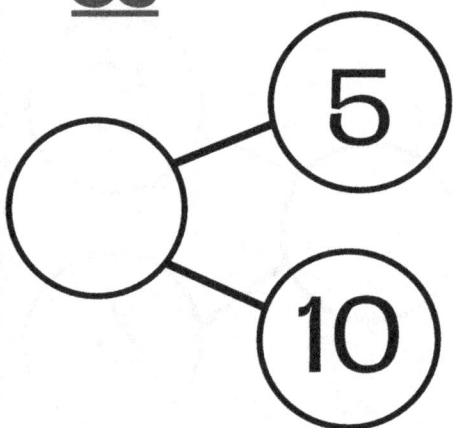

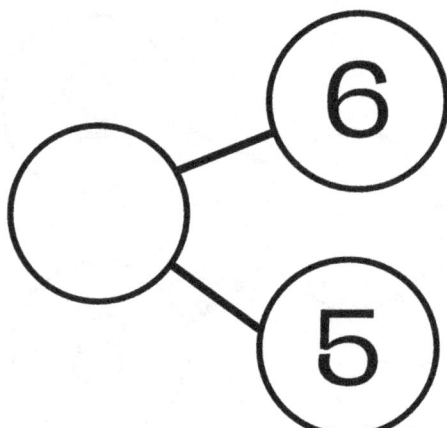

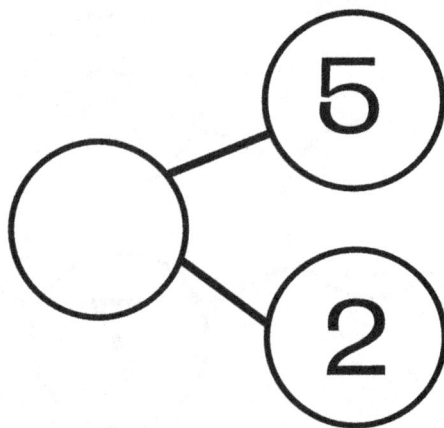

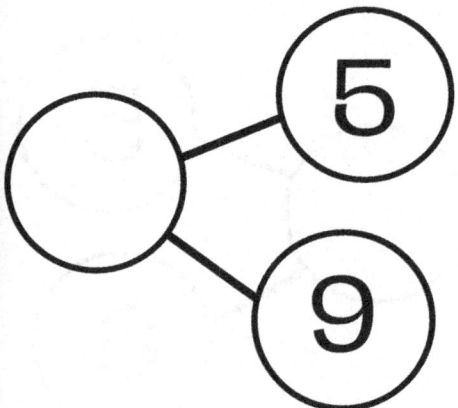

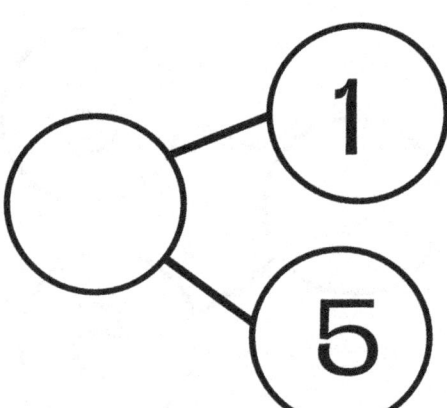

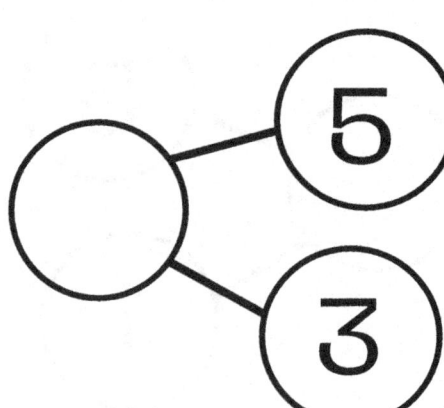

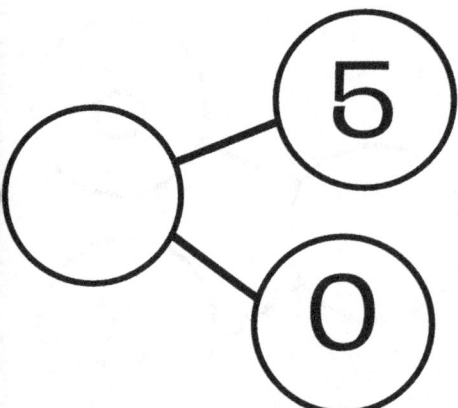

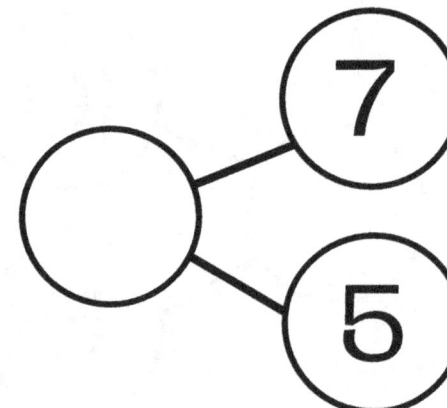

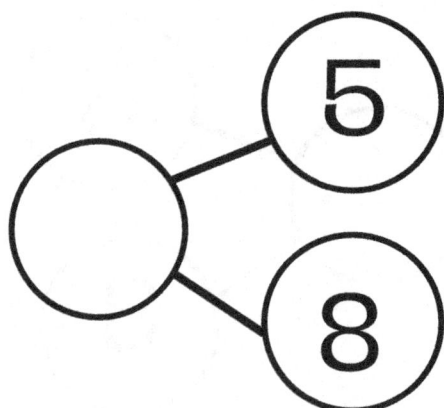

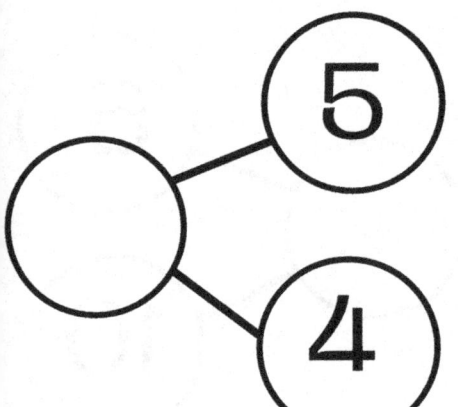

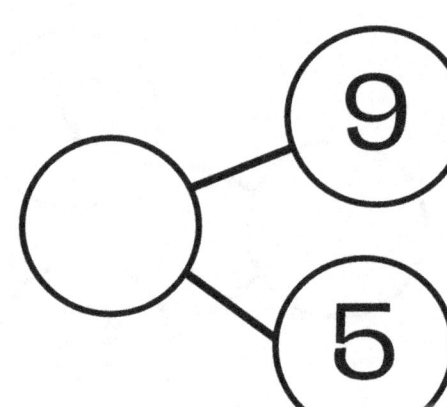

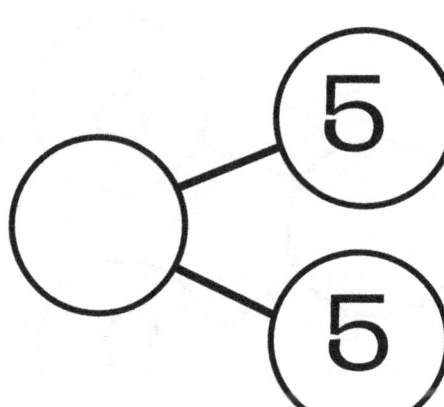

5s

( ) — 5 / 10

( ) — 6 / 5

( ) — 5 / 2

( ) — 5 / 9

( ) — 1 / 5

( ) — 5 / 3

( ) — 5 / 0

( ) — 7 / 5

( ) — 5 / 8

( ) — 5 / 4

( ) — 9 / 5

( ) — 5 / 5

Number Bonds Adding

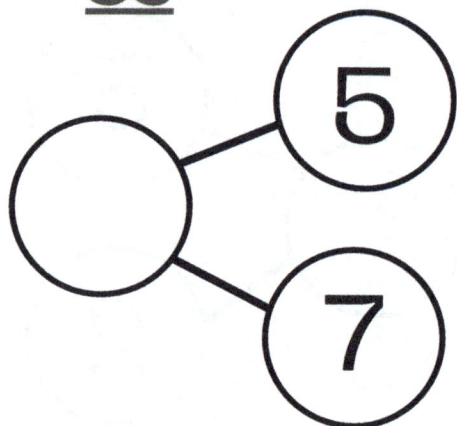

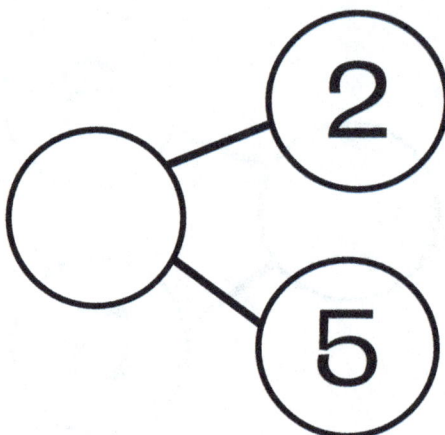

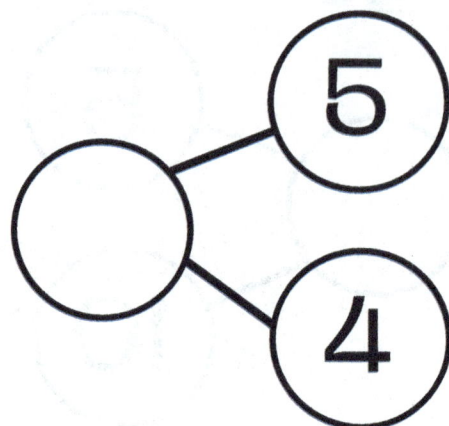

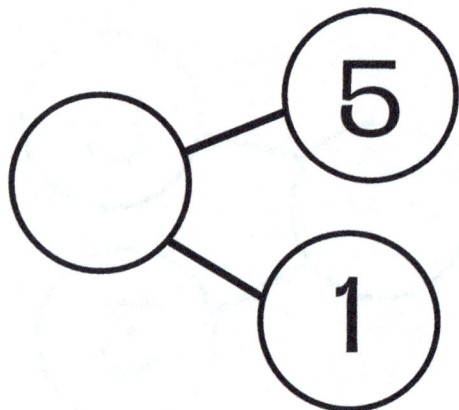

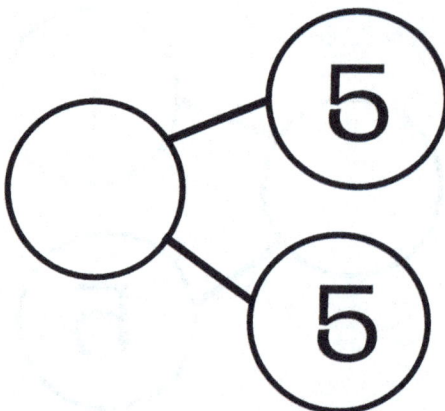

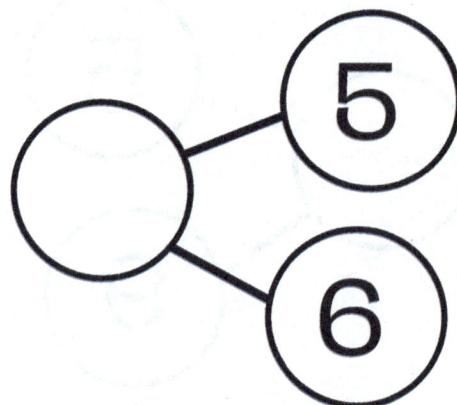

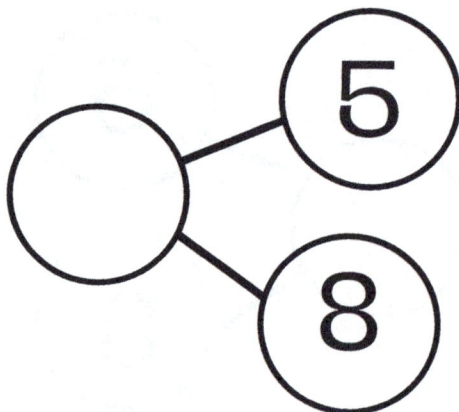

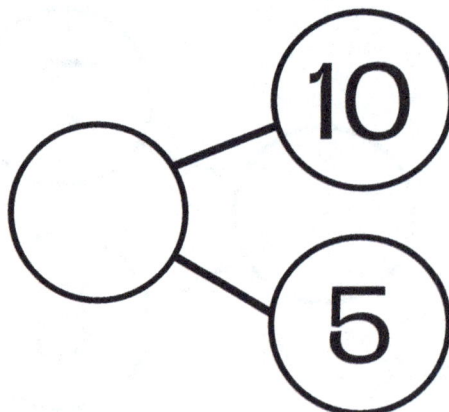

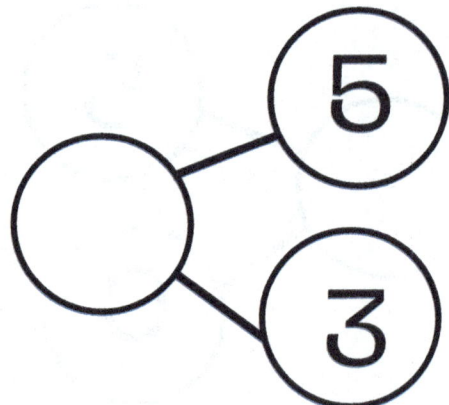

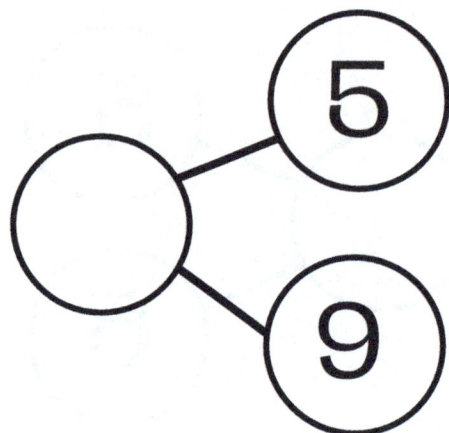

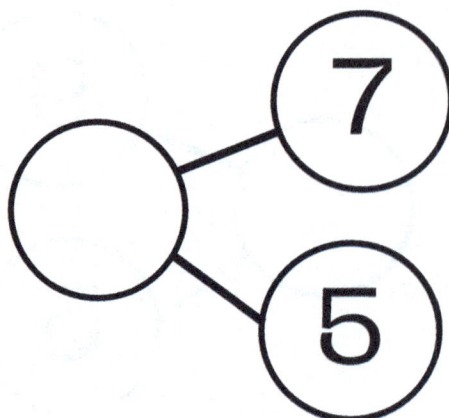

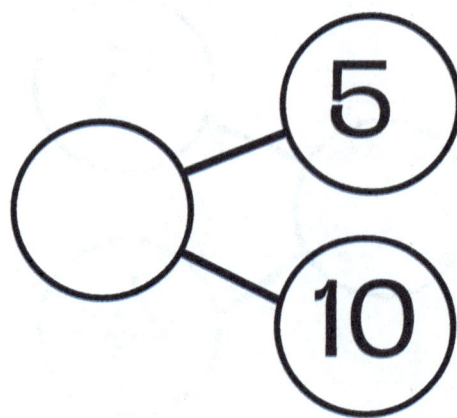

5s

5
7

2
5

5
4

5
1

5
5

5
6

5
8

10
5

5
3

5
9

7
5

5
10

Number Bonds Adding

5s

◯ — 5 / 8	◯ — 5 / 5

Row 1: ( ) with 5 and 8; ( ) with 5 and 5; ( ) with 5 and 0

Row 2: ( ) with 5 and 3; ( ) with 6 and 5; ( ) with 5 and 8

Row 3: ( ) with 5 and 10; ( ) with 7 and 5; ( ) with 5 and 9

Row 4: ( ) with 5 and 4; ( ) with 5 and 5; ( ) with 6 and 5

Number Bonds Adding

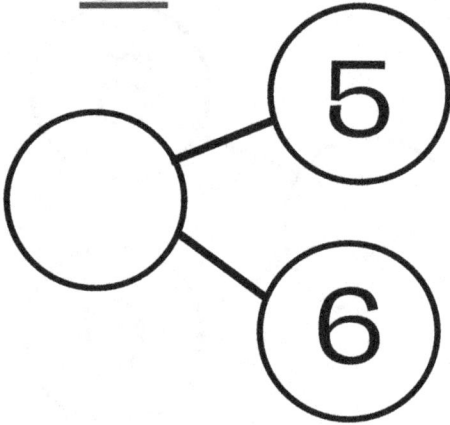

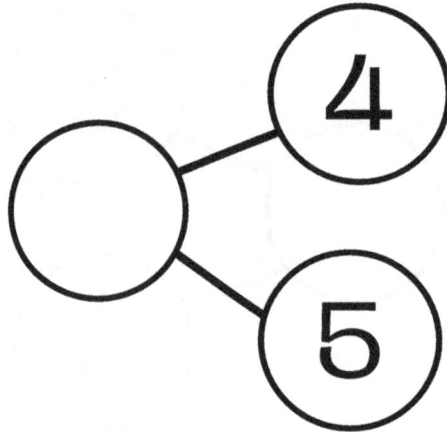

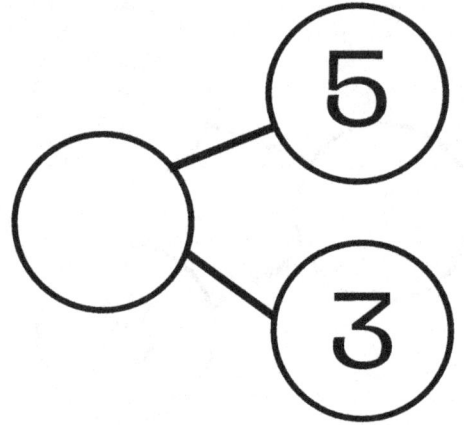

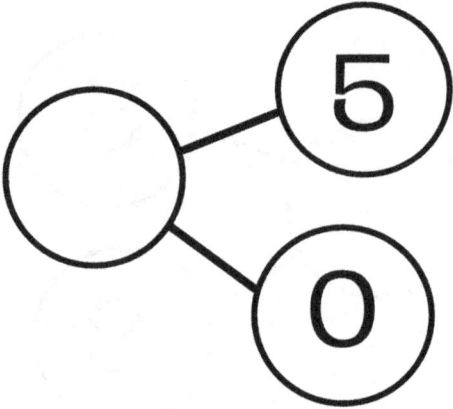

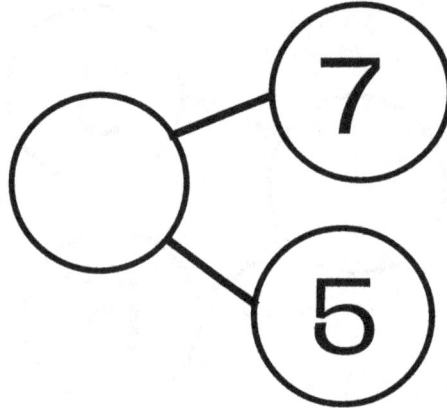

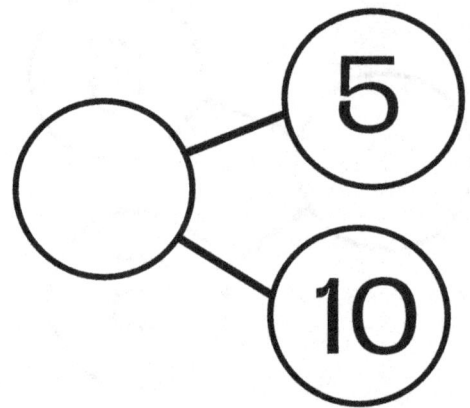

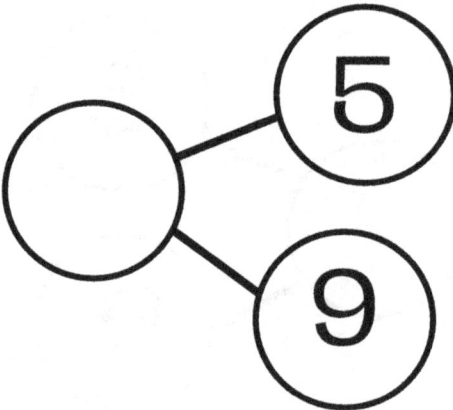

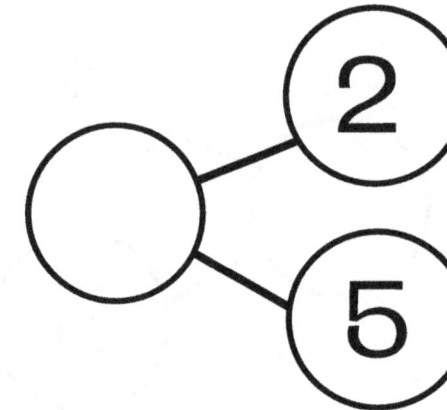

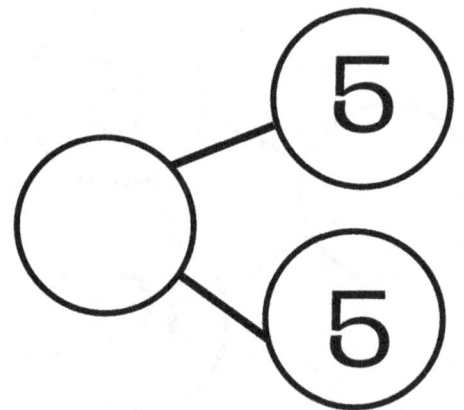

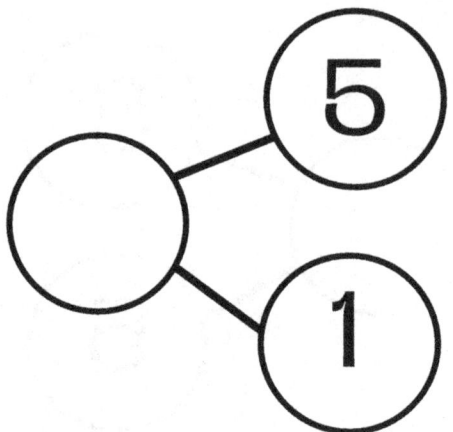

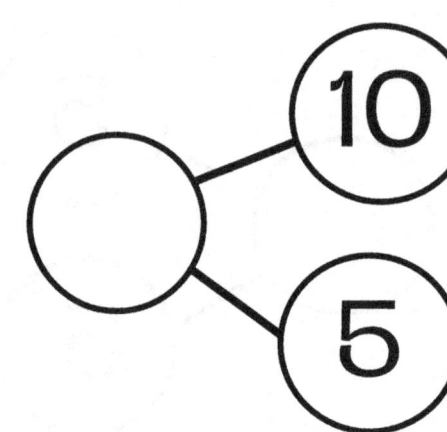

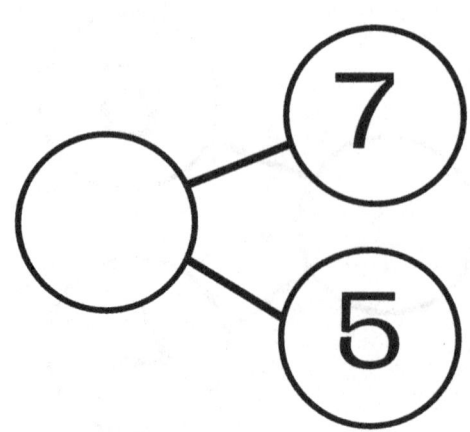

5s

( ) — 5, 6	( ) — 4, 5	( ) — 5, 3
( ) — 5, 0	( ) — 7, 5	( ) — 5, 10
( ) — 5, 9	( ) — 2, 5	( ) — 5, 5
( ) — 5, 1	( ) — 10, 5	( ) — 7, 5

Number Bonds Subtracting Activity

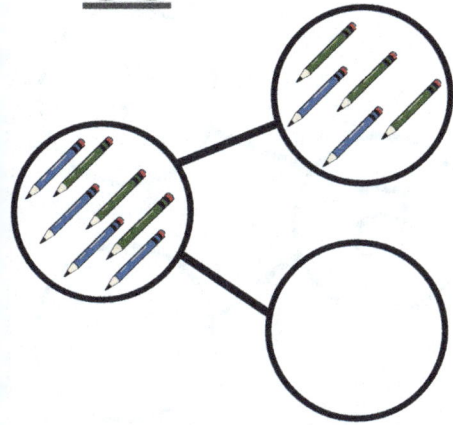

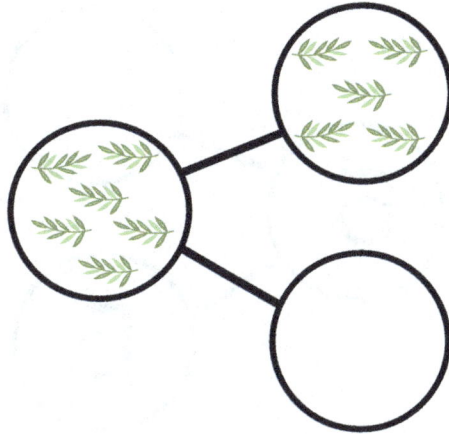

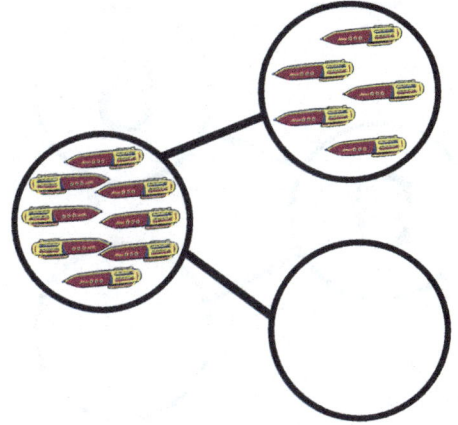

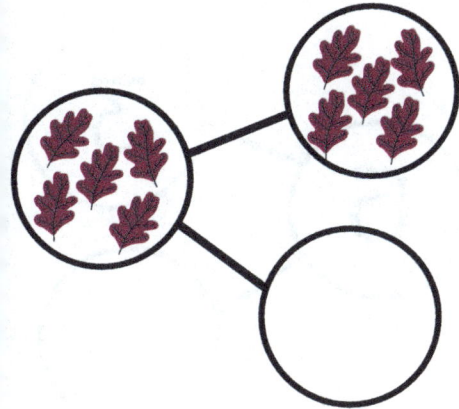

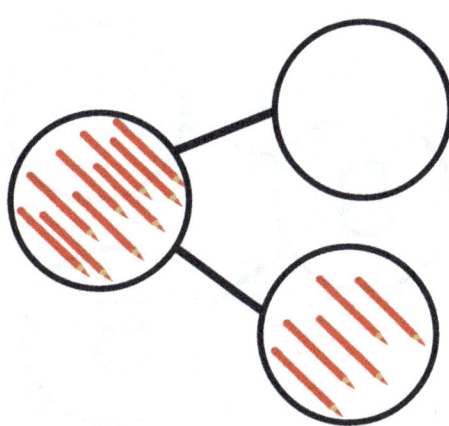

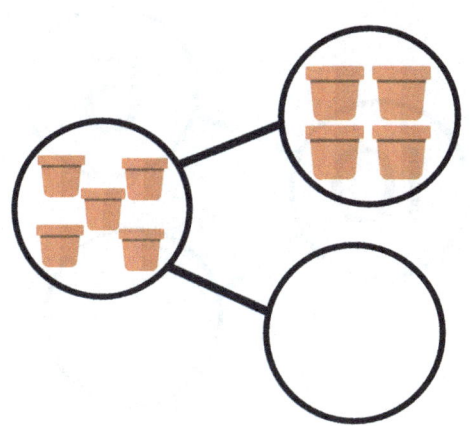

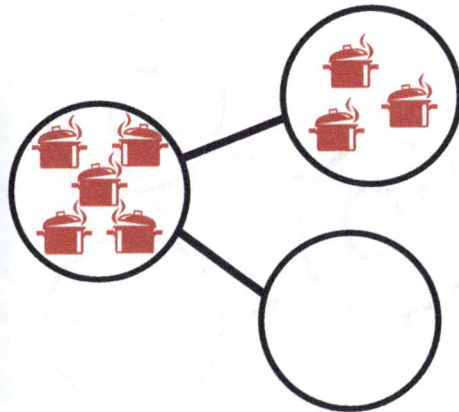

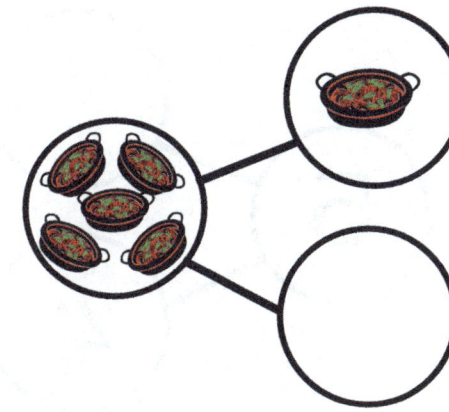

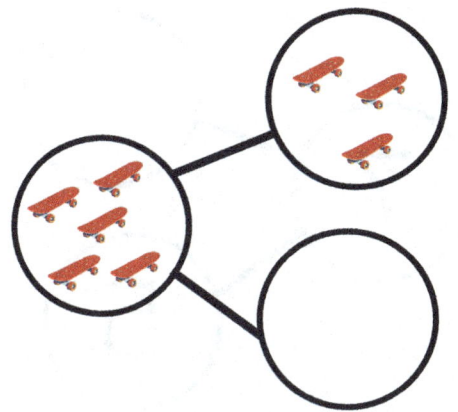

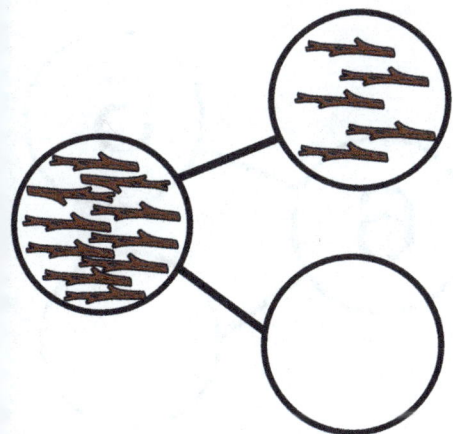

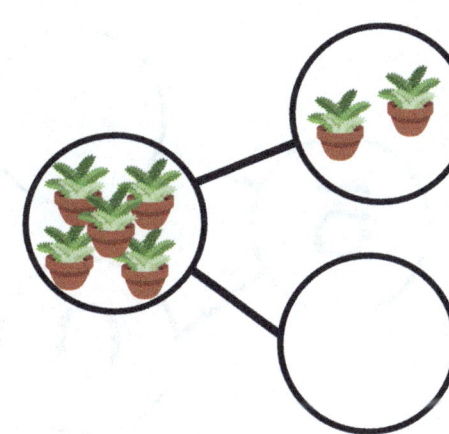

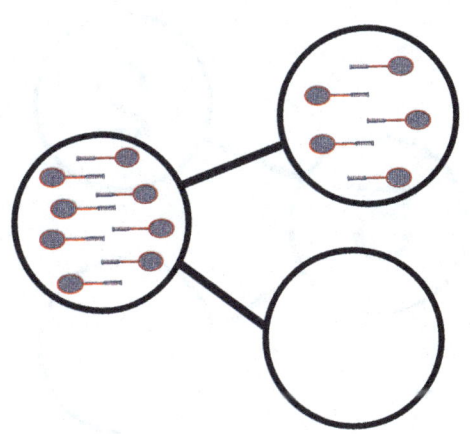

5s

Number Bonds Subtracting

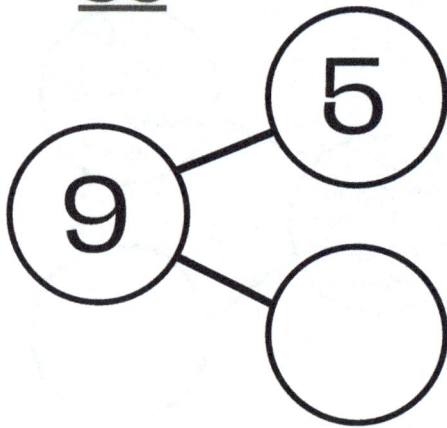

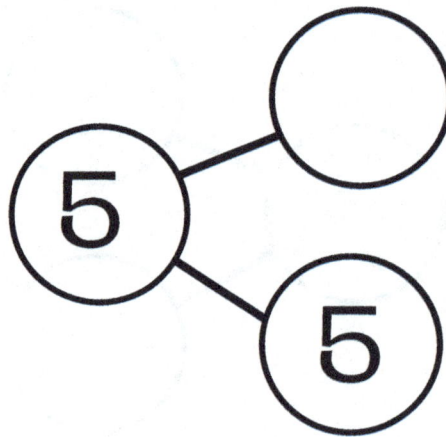

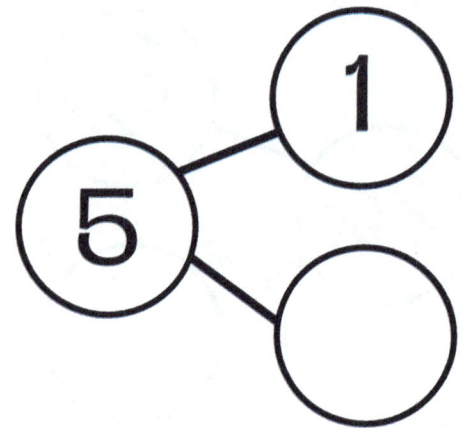

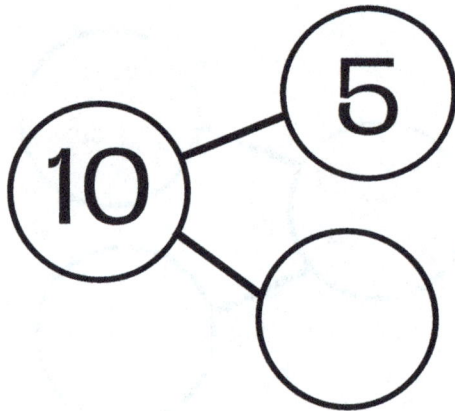

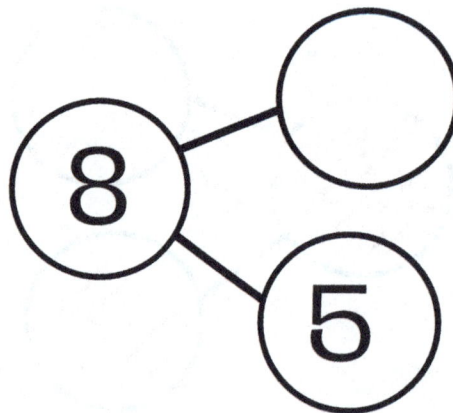

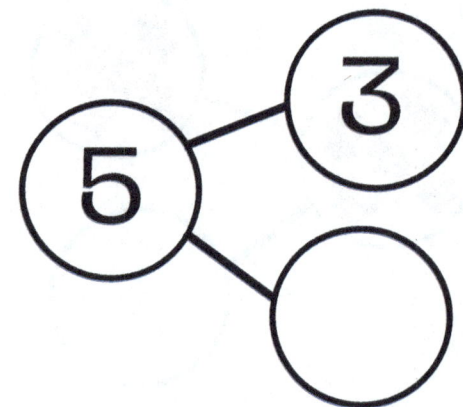

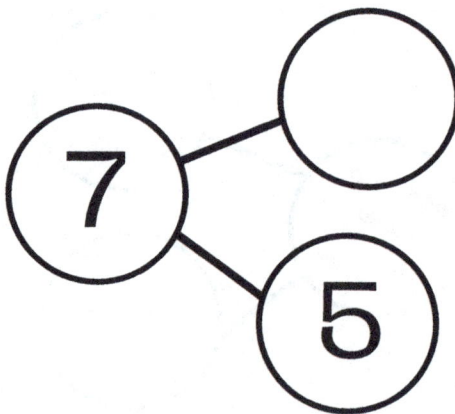

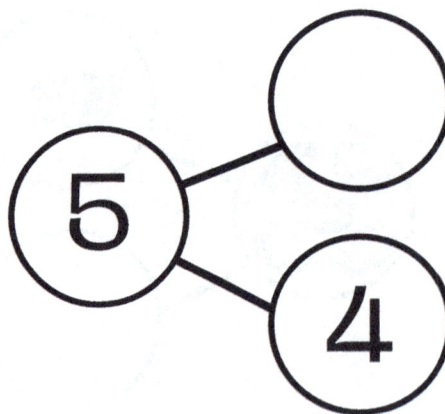

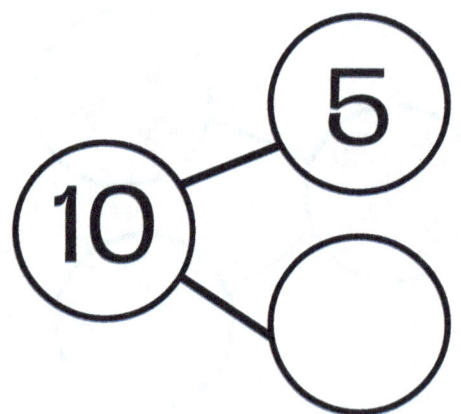

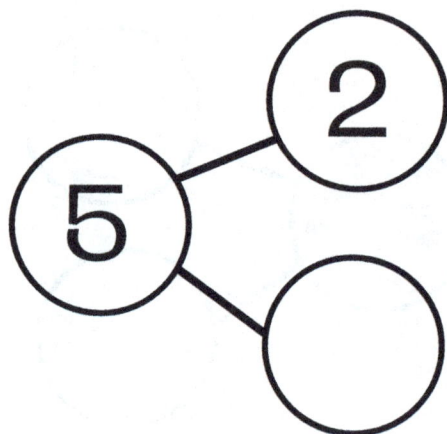

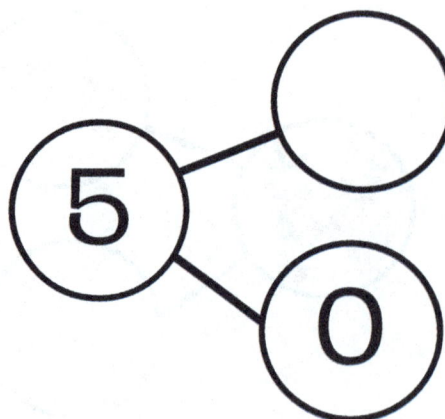

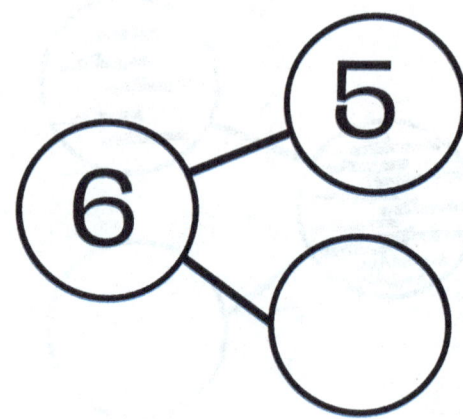

Problem 1: 9, 5, ( )

Problem 2: 5, ( ), 5

Problem 3: 5, 1, ( )

Problem 4: 10, 5, ( )

Problem 5: 8, ( ), 5

Problem 6: 5, 3, ( )

Problem 7: 7, ( ), 5

Problem 8: 5, ( ), 4

Problem 9: 10, 5, ( )

Problem 10: 5, 2, ( )

Problem 11: 5, ( ), 0

Problem 12: 6, 5, ( )

Number Bonds Subtracting

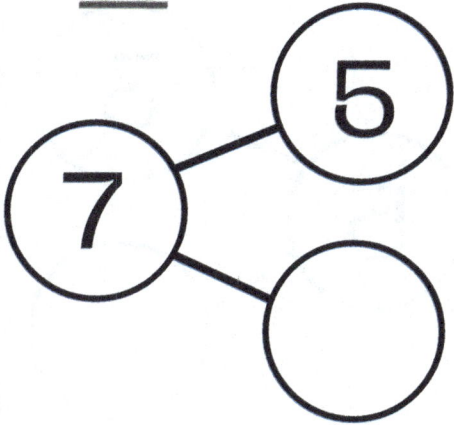

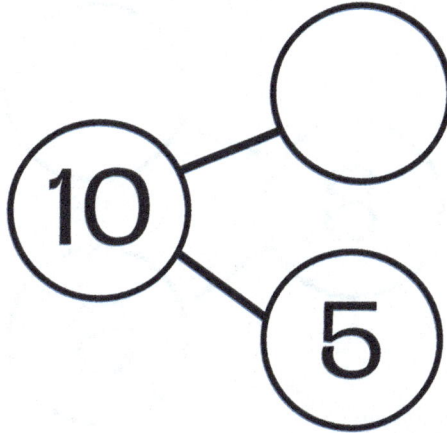

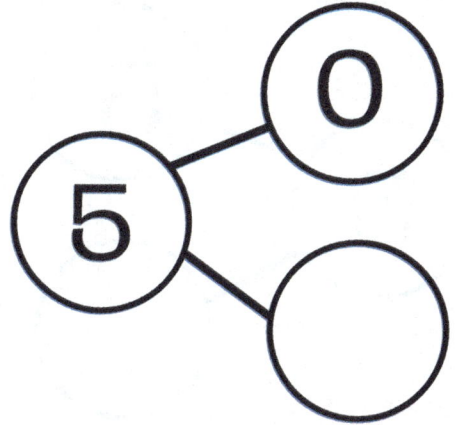

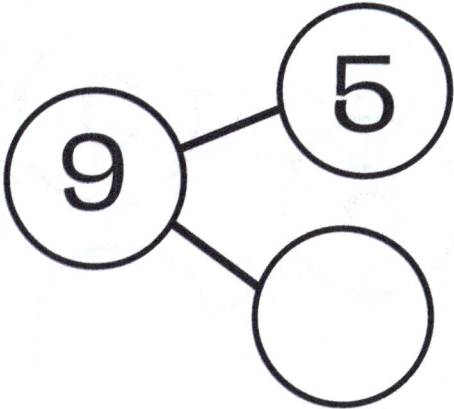

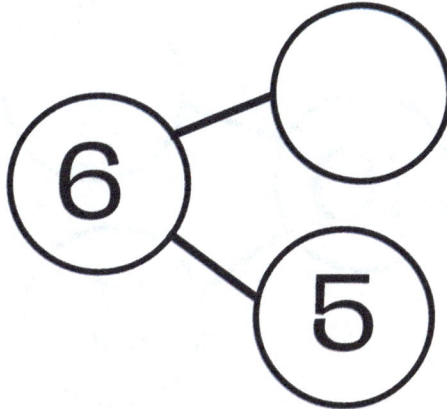

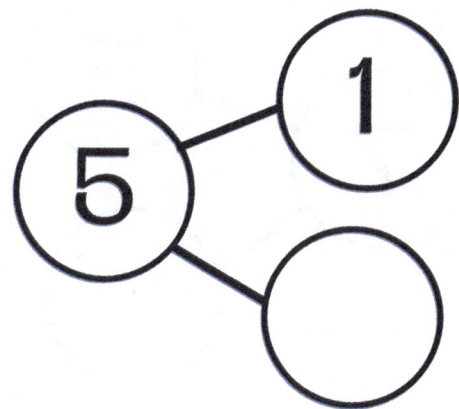

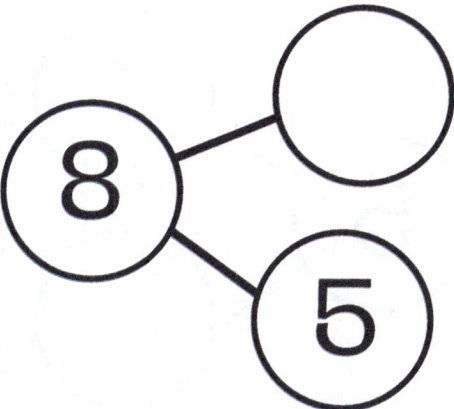

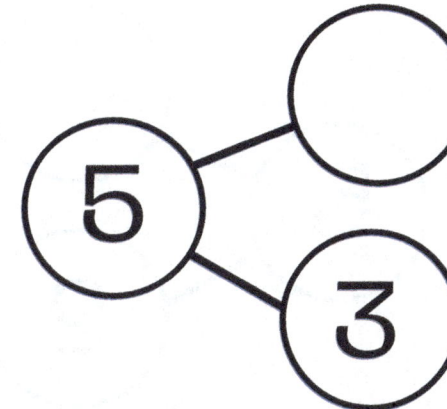

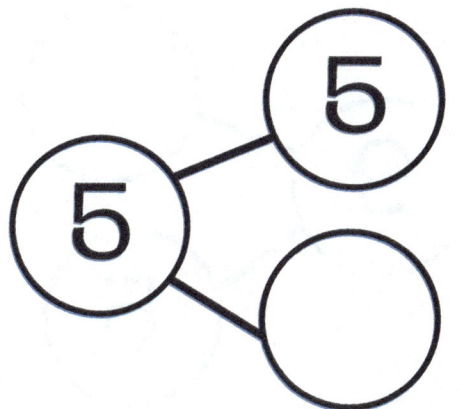

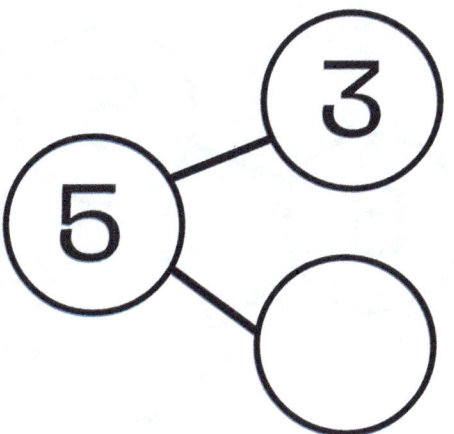

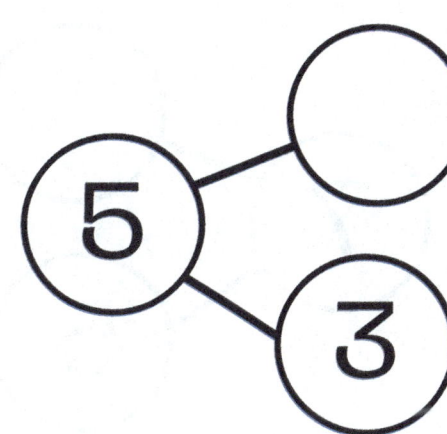

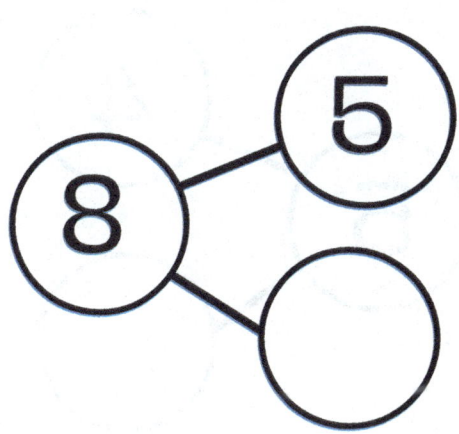

5s

7 → 5, ( )

10 → ( ), 5

5 → 0, ( )

9 → 5, ( )

6 → ( ), 5

5 → 1, ( )

8 → ( ), 5

5 → ( ), 3

5 → 5, ( )

5 → 3, ( )

5 → ( ), 3

8 → 5, ( )

Number Bonds Subtracting

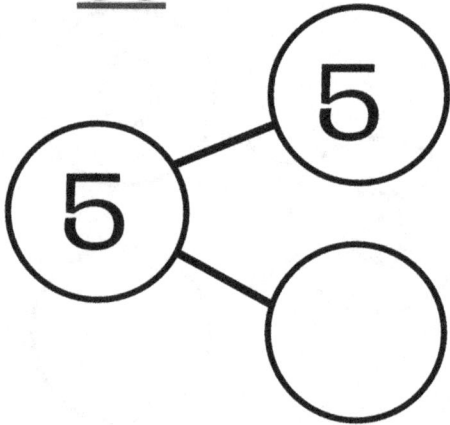

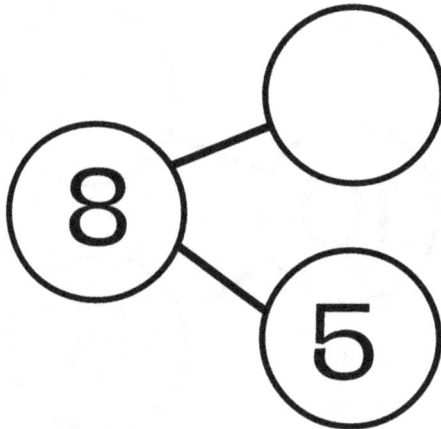

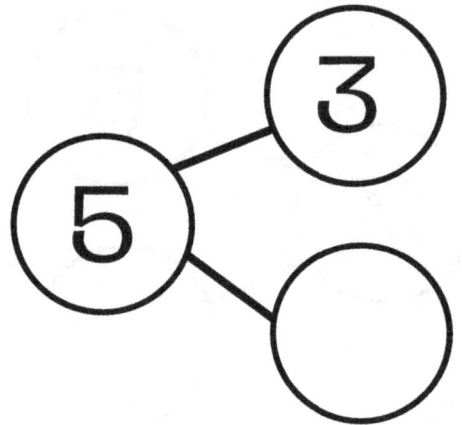

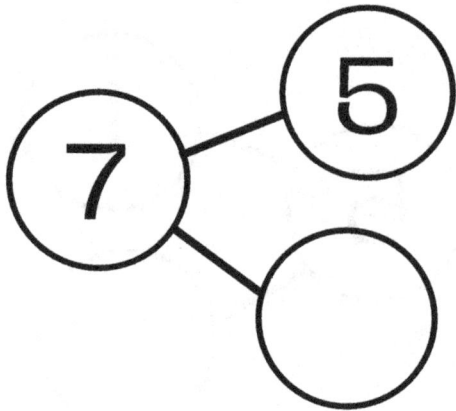

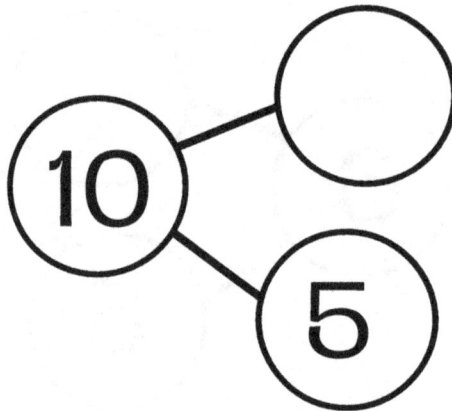

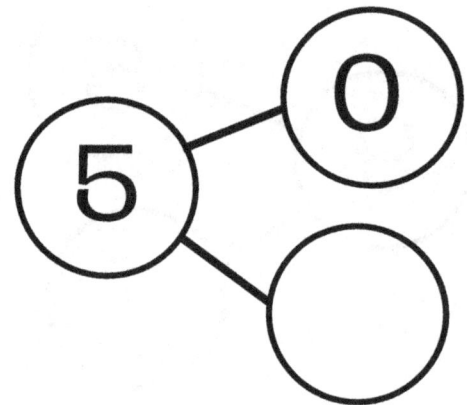

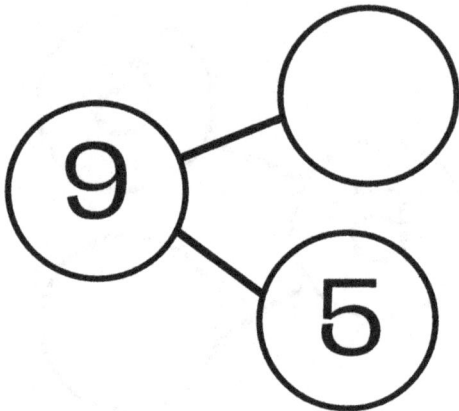

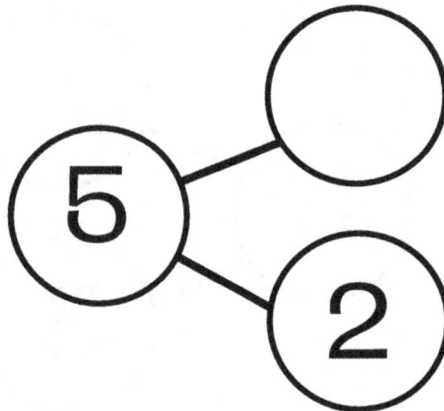

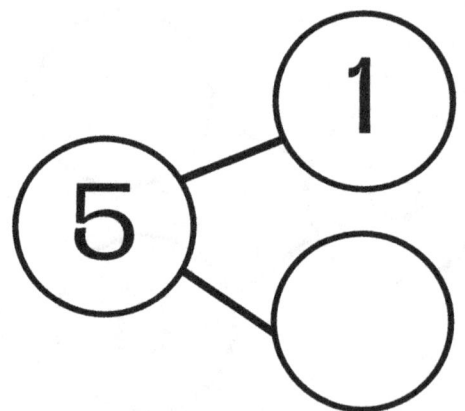

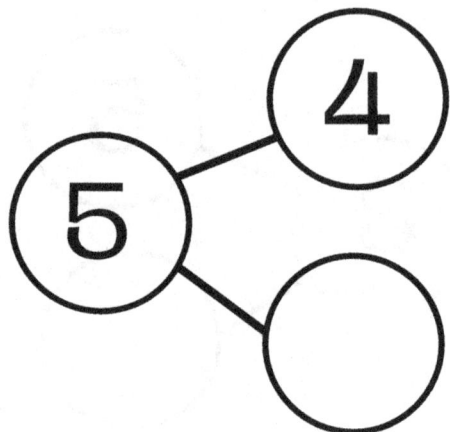

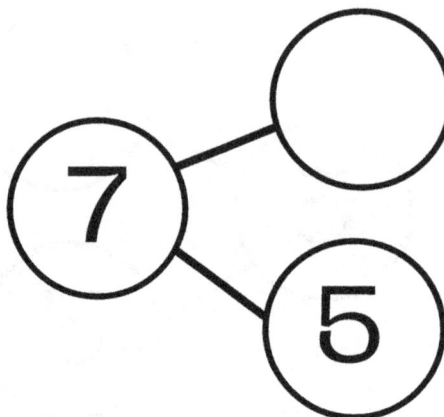

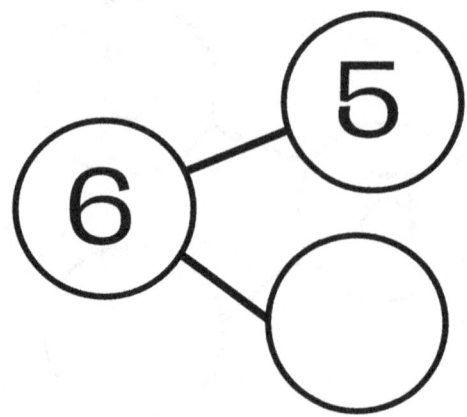

5s

5 → 5, ( )

8 → ( ), 5

5 → 3, ( )

7 → 5, ( )

10 → ( ), 5

5 → 0, ( )

9 → ( ), 5

5 → ( ), 2

5 → ( ), 1

5 → 4, ( )

7 → ( ), 5

6 → 5, ( )

Number Bonds Subtracting

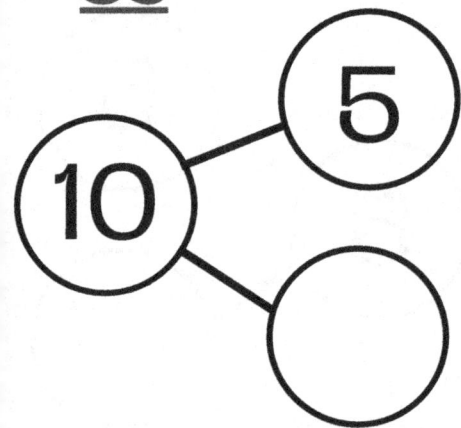

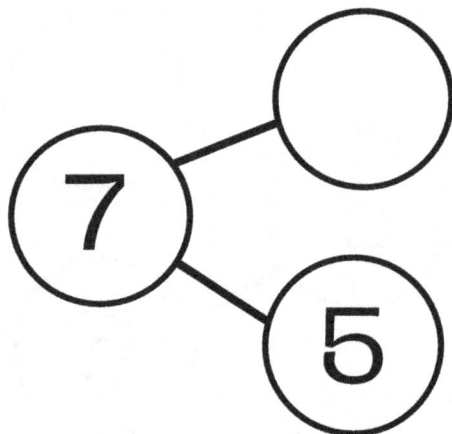

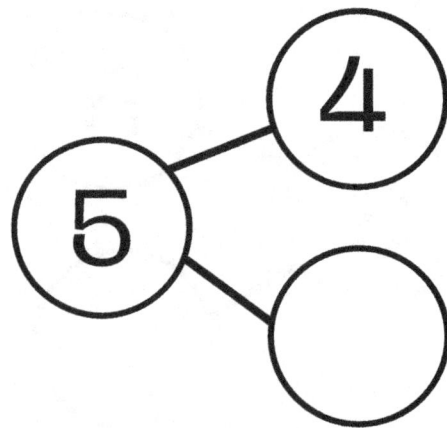

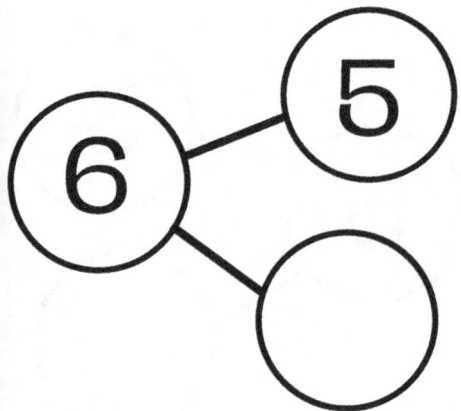

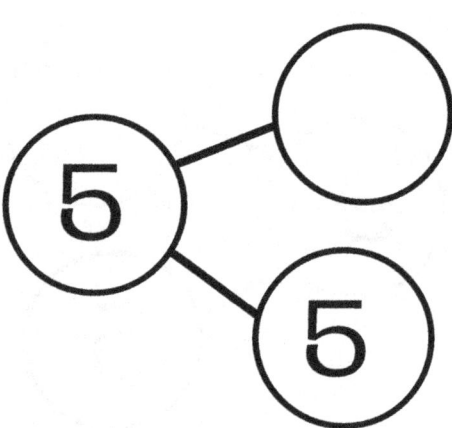

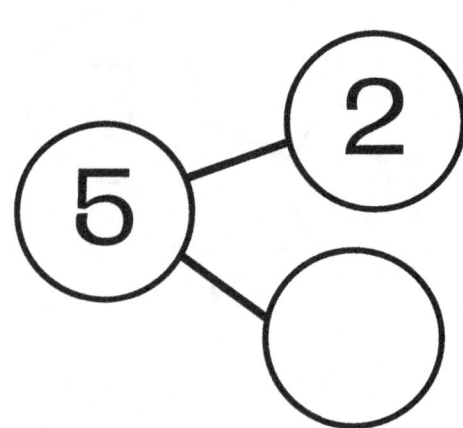

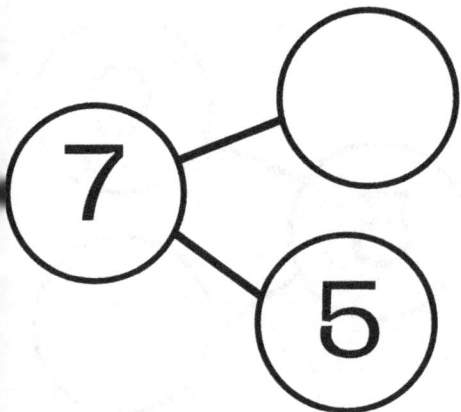

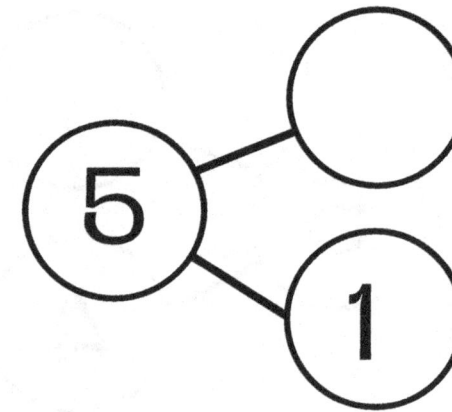

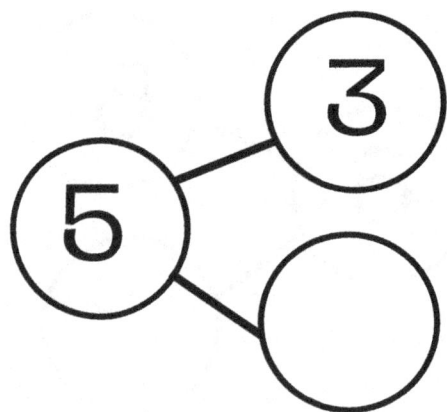

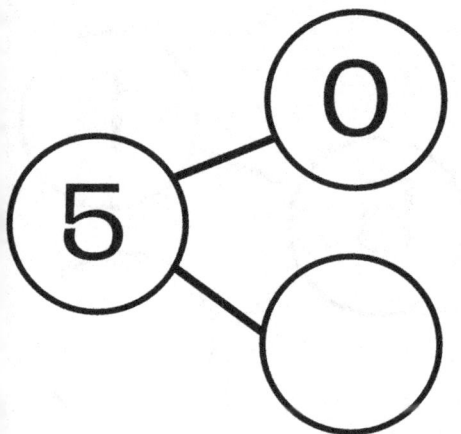

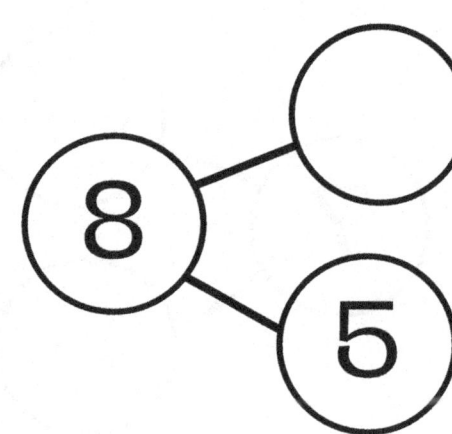

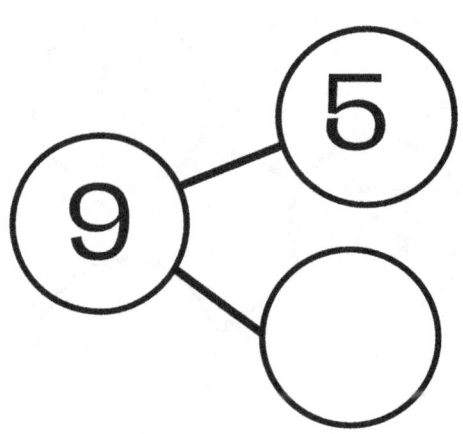

5s

Row 1:
- 10, 5, ( )
- 7, ( ), 5
- 5, 4, ( )

Row 2:
- 6, 5, ( )
- 5, ( ), 5
- 5, 2, ( )

Row 3:
- 7, ( ), 5
- 5, ( ), 1
- 5, 3, ( )

Row 4:
- 5, 0, ( )
- 8, ( ), 5
- 9, 5, ( )

5s   Number Bonds Subtracting

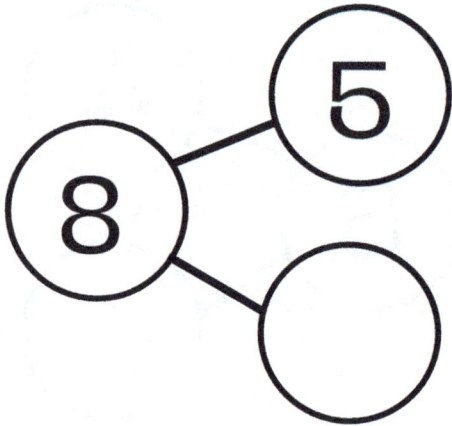

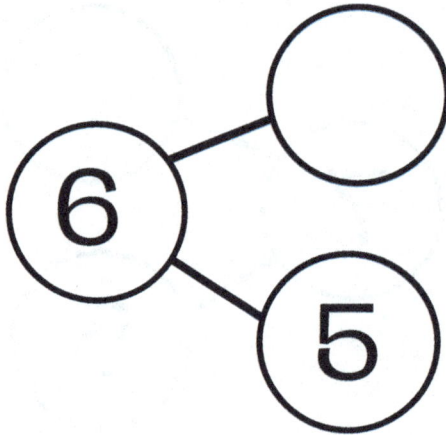

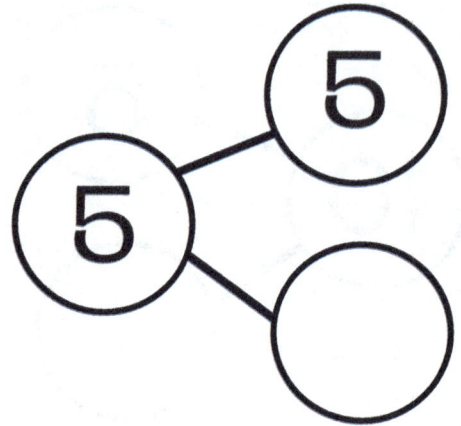

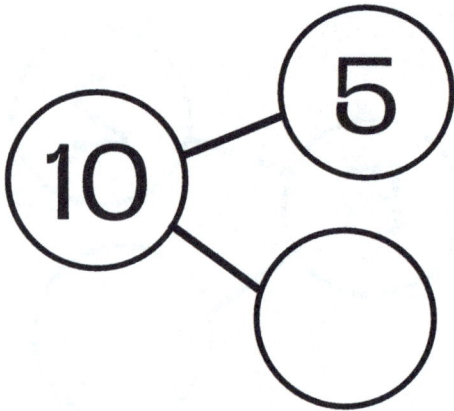

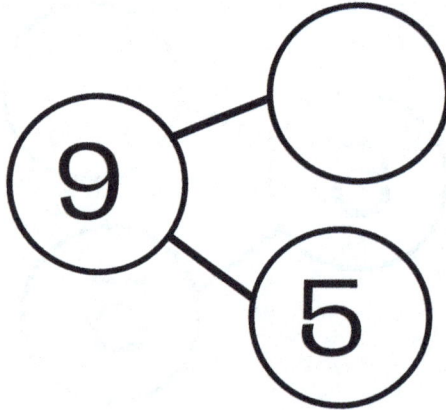

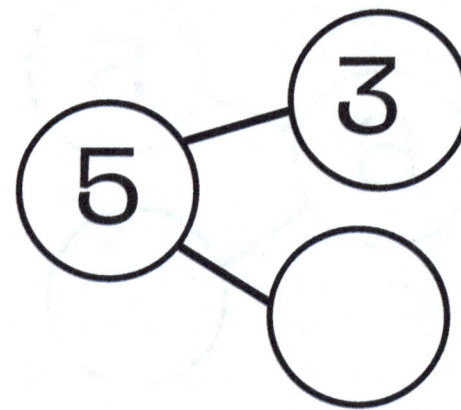

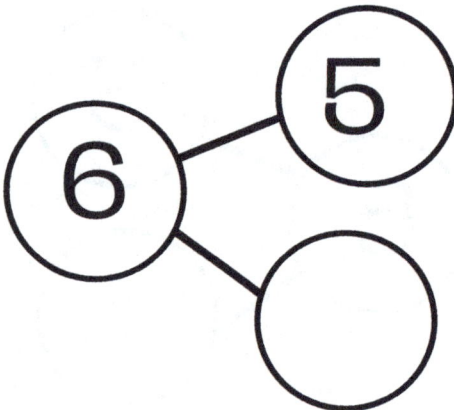

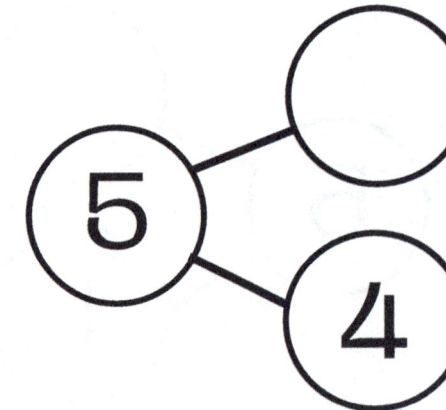

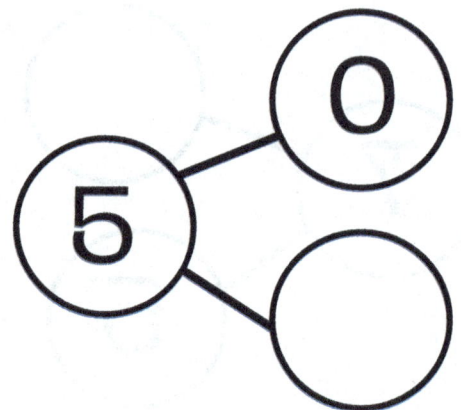

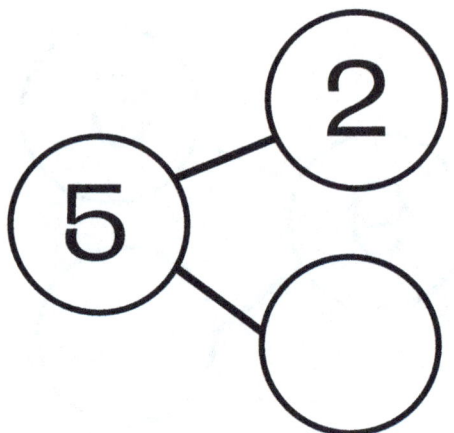

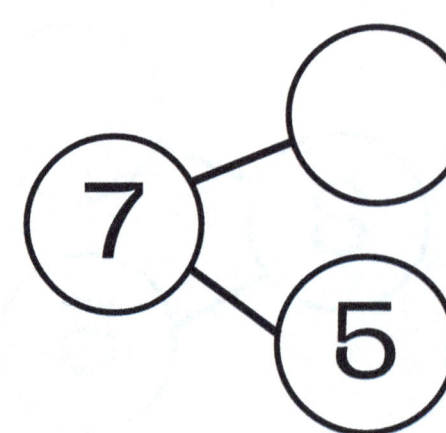

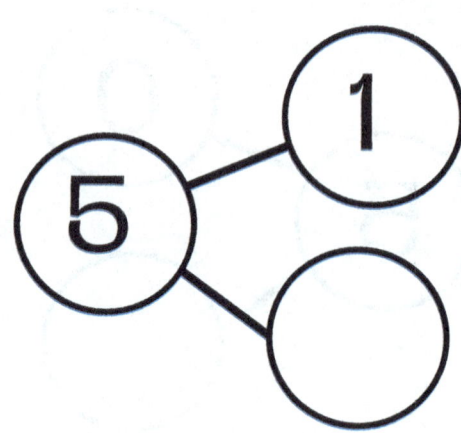

8 → 5, ( )

6 → ( ), 5

5 → 5, ( )

10 → 5, ( )

9 → ( ), 5

5 → 3, ( )

6 → 5, ( )

5 → ( ), 4

5 → 0, ( )

5 → 2, ( )

7 → ( ), 5

5 → 1, ( )

Number Bonds Adding Activity

6s

Number Bonds Adding

6s

6
5

7
6

6
0

6
6

10
6

6
3

6
4

8
6

6
7

3
6

6
3

6
9

Number Bonds Adding

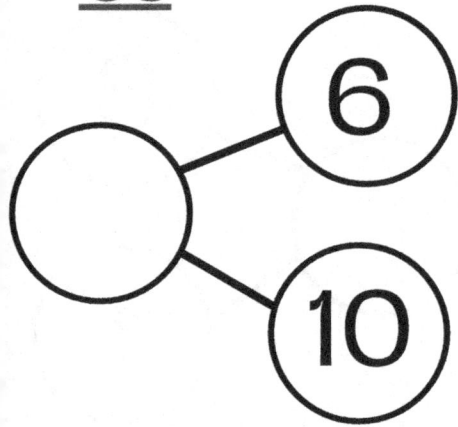

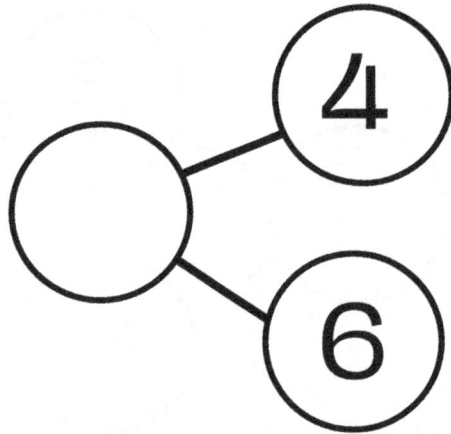

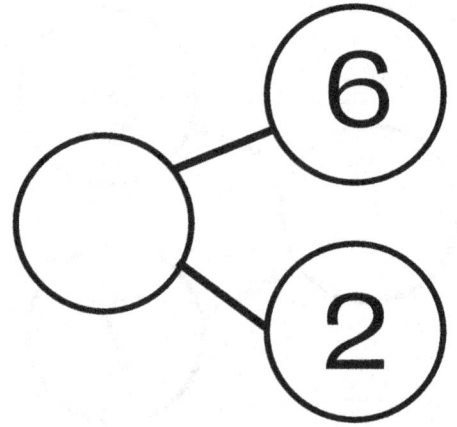

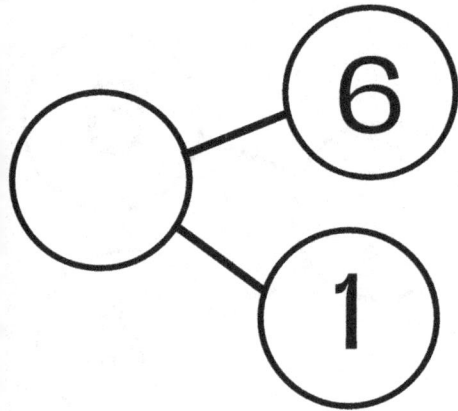

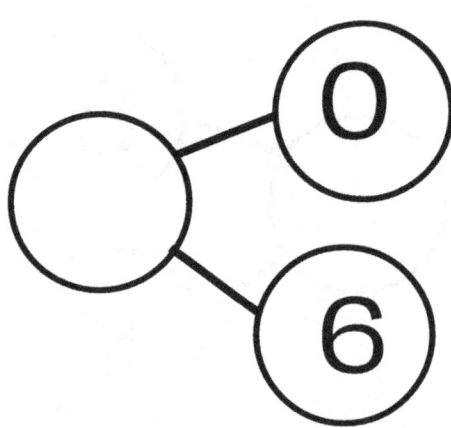

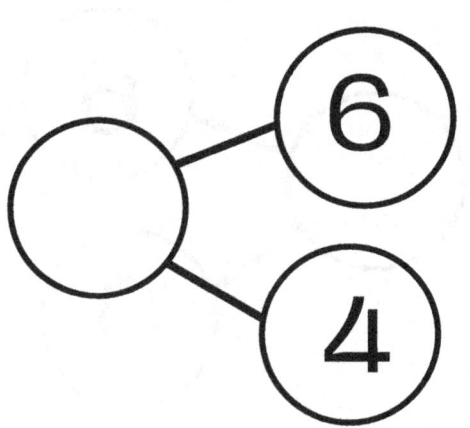

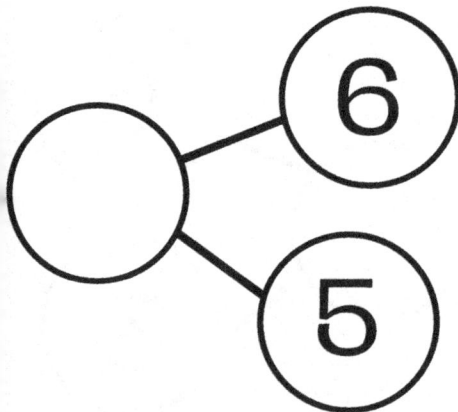

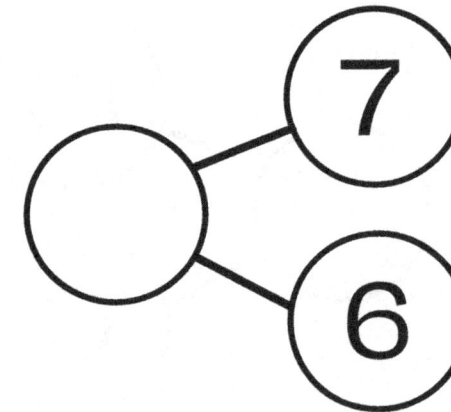

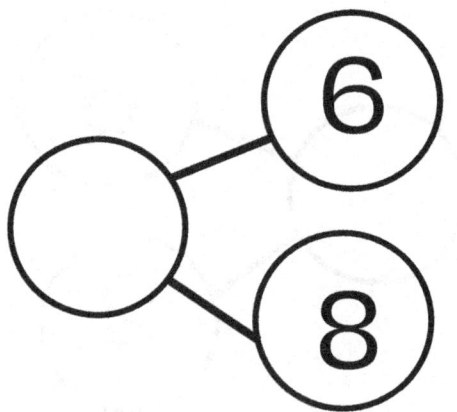

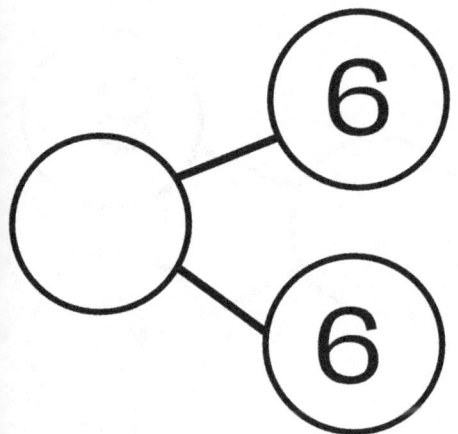

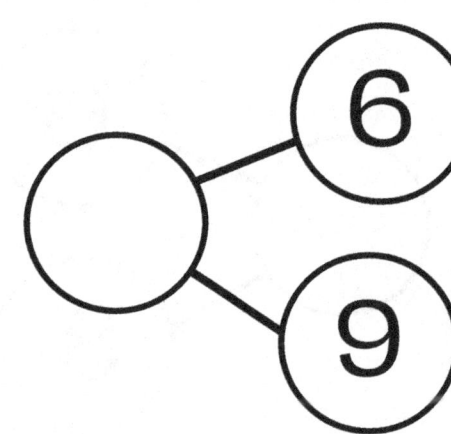

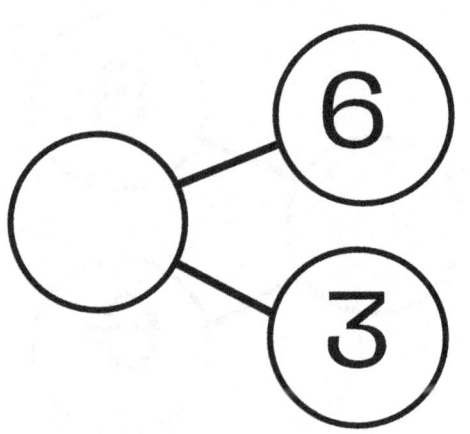

6s

( ) — 6, 10	( ) — 4, 6	( ) — 6, 2
( ) — 6, 1	( ) — 0, 6	( ) — 6, 4
( ) — 6, 5	( ) — 7, 6	( ) — 6, 8
( ) — 6, 6	( ) — 6, 9	( ) — 6, 3

Number Bonds Adding

6s

( ) — 6 / 7

( ) — 3 / 6

( ) — 6 / 1

( ) — 6 / 0

( ) — 8 / 6

( ) — 6 / 4

( ) — 6 / 2

( ) — 10 / 6

( ) — 6 / 3

( ) — 5 / 6

( ) — 6 / 8

( ) — 9 / 6

Number Bonds Adding

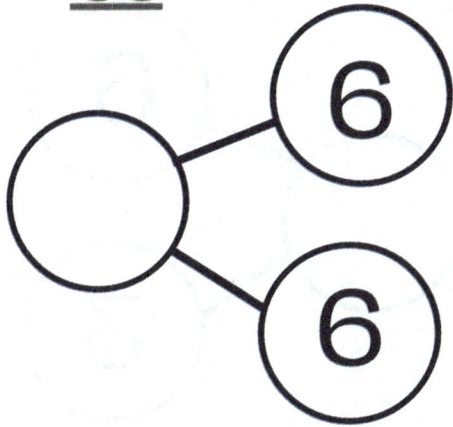

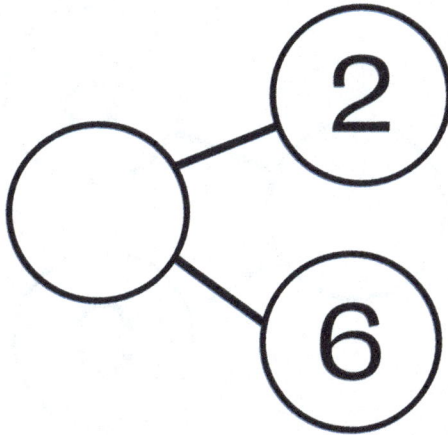

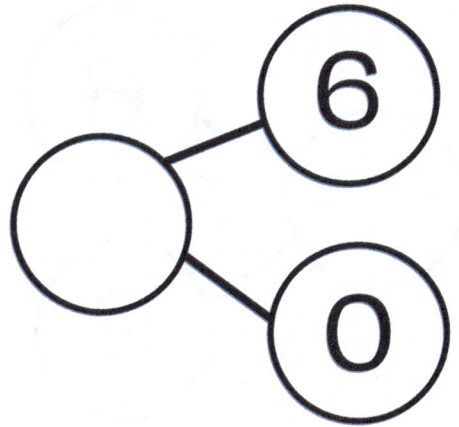

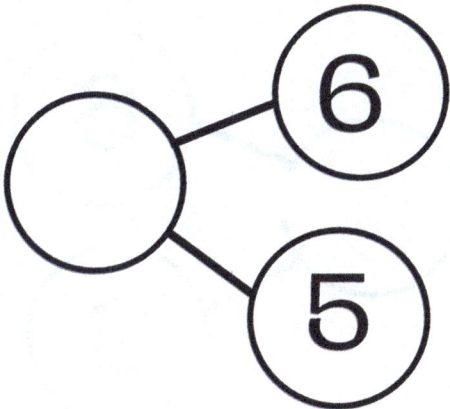

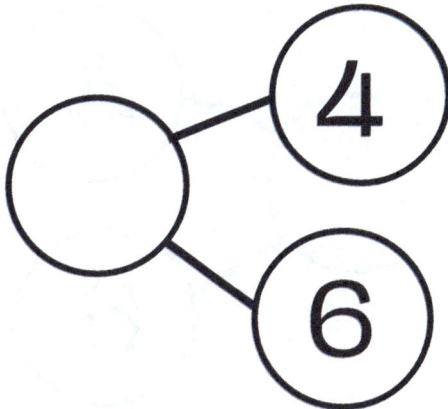

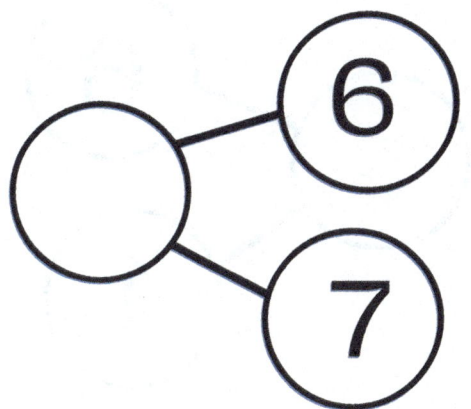

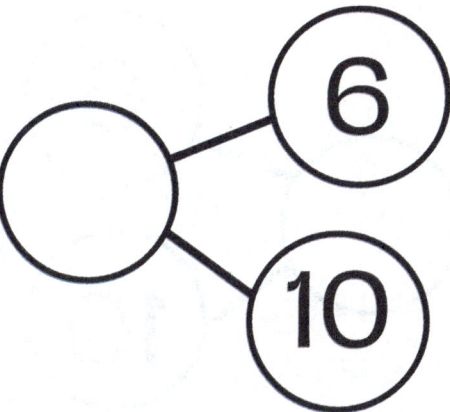

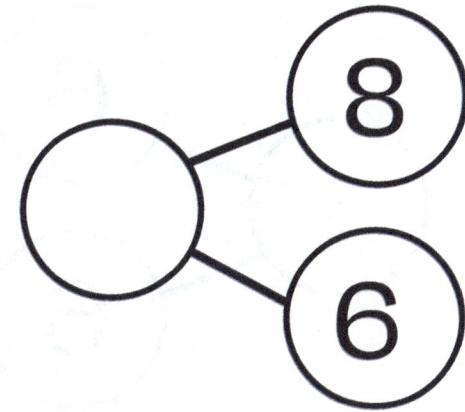

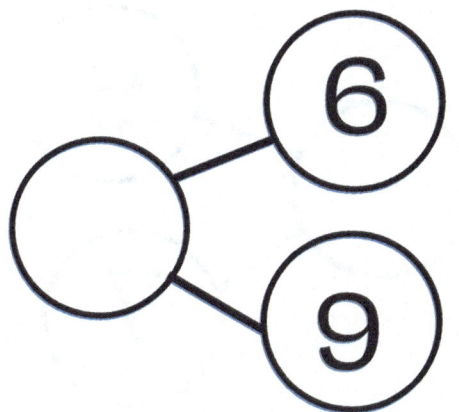

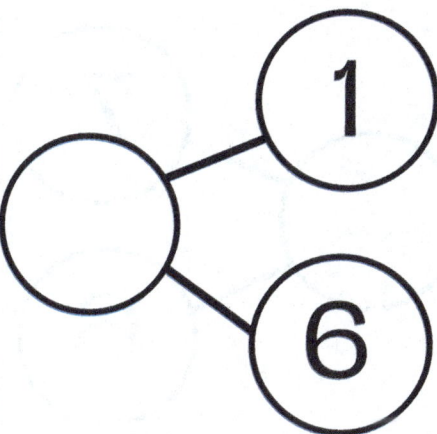

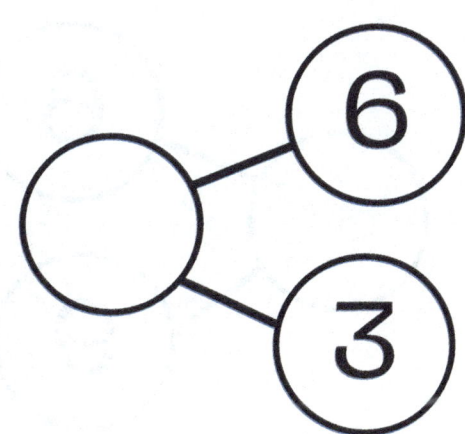

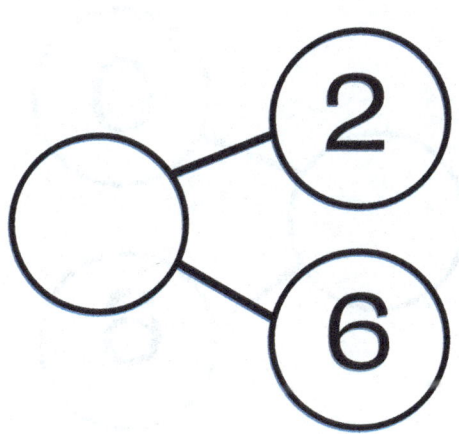

6s

( ) — 6 / 6

( ) — 2 / 6

( ) — 6 / 0

( ) — 6 / 5

( ) — 4 / 6

( ) — 6 / 7

( ) — 6 / 10

( ) — 8 / 6

( ) — 6 / 9

( ) — 1 / 6

( ) — 6 / 3

( ) — 2 / 6

Number Bonds Adding

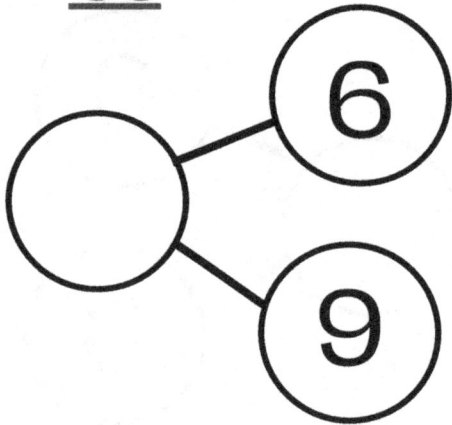

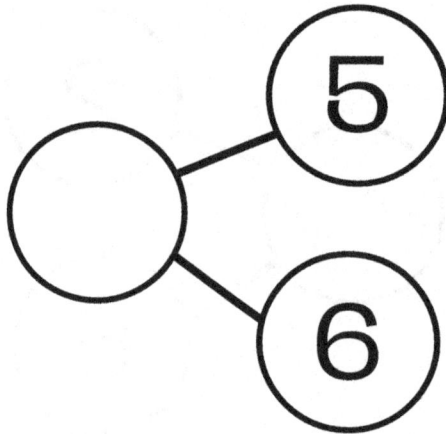

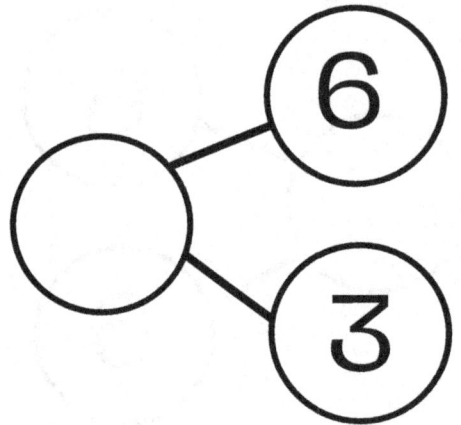

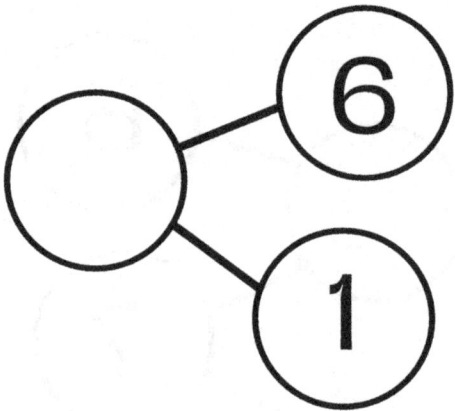

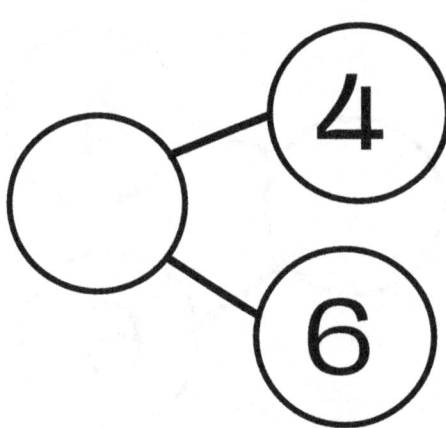

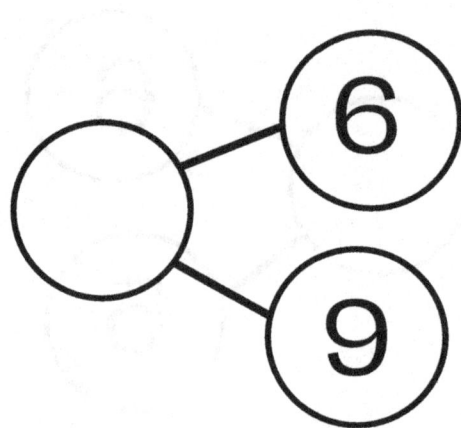

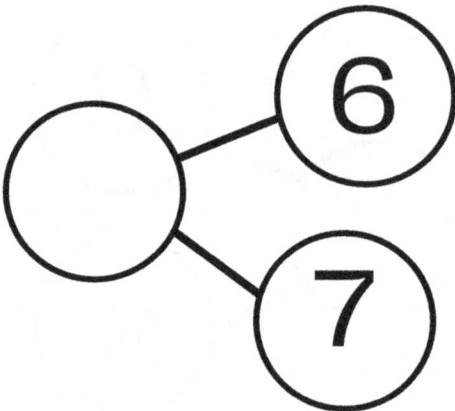

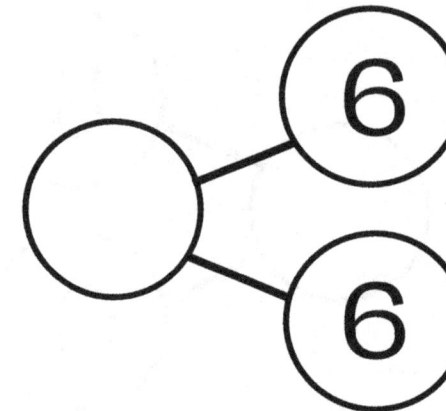

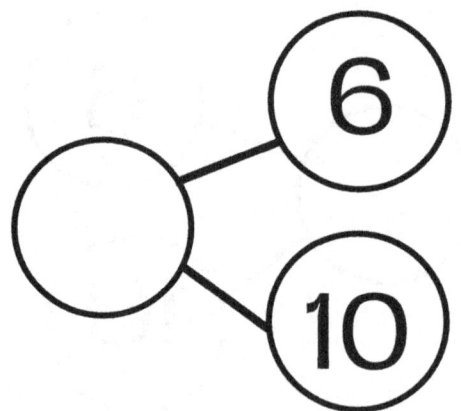

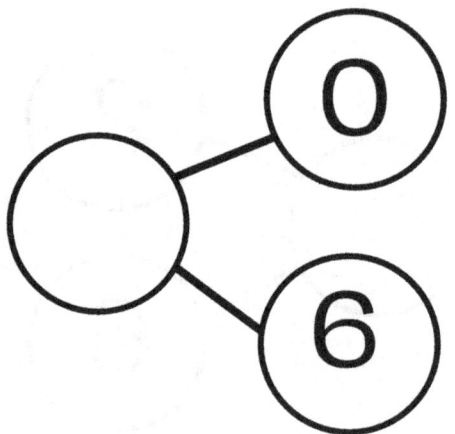

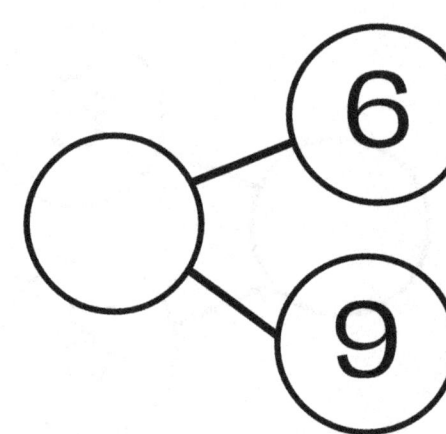

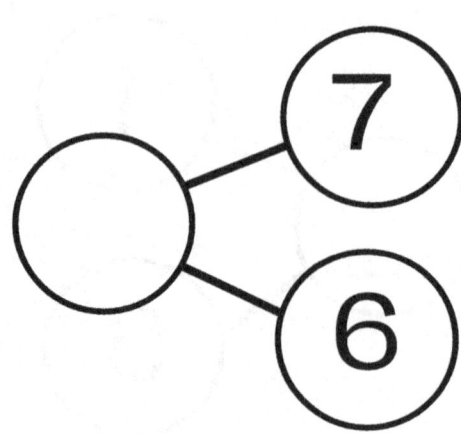

6s

( ) — 6, 9	( ) — 5, 6	( ) — 6, 3
( ) — 6, 1	( ) — 4, 6	( ) — 6, 9
( ) — 6, 7	( ) — 6, 6	( ) — 6, 10
( ) — 0, 6	( ) — 6, 9	( ) — 7, 6

Number Bonds Subtracting Activity

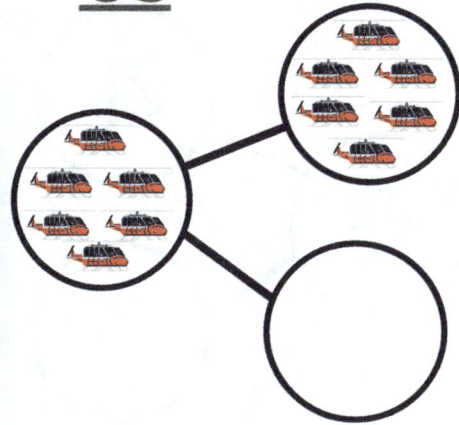

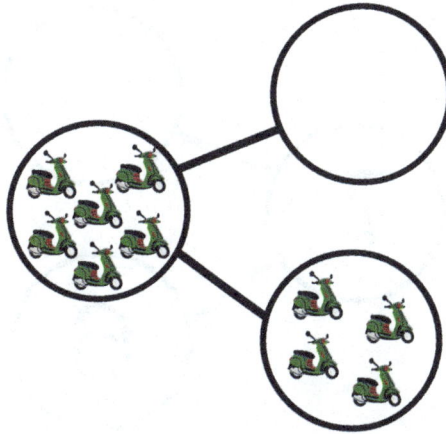

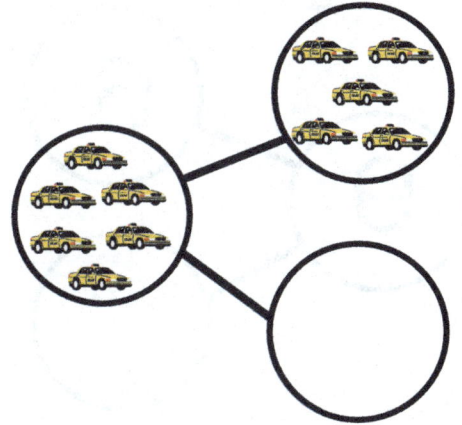

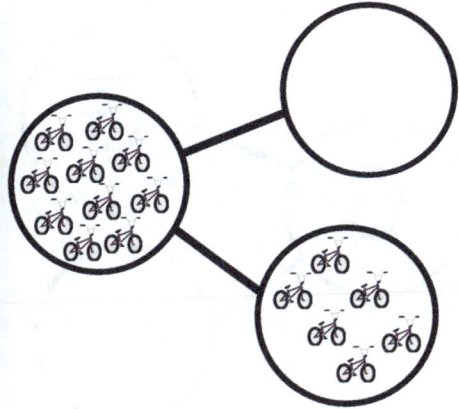

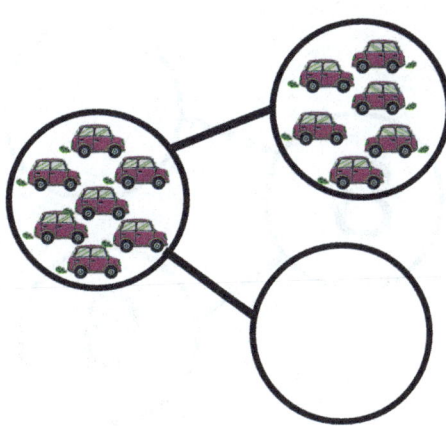

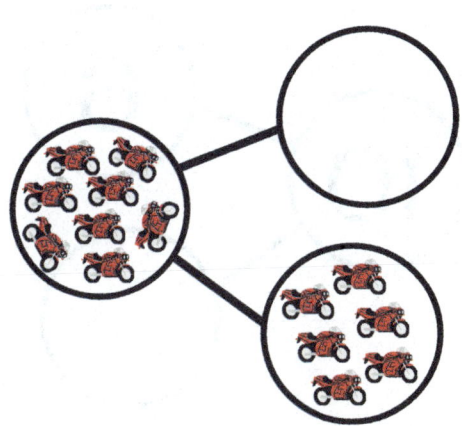

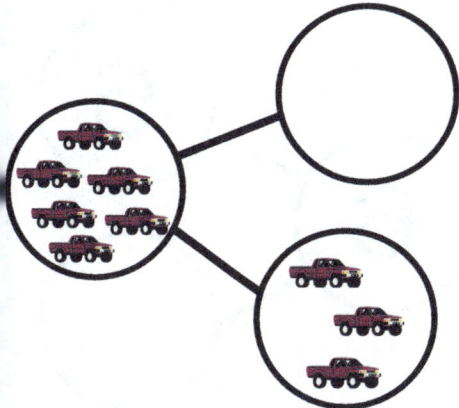

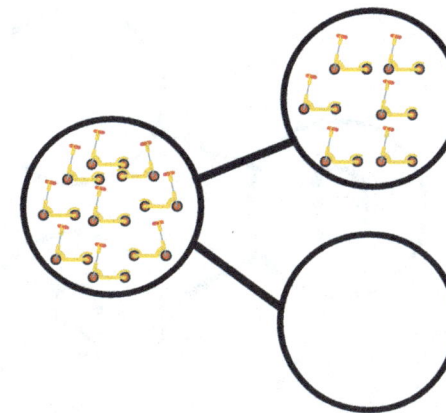

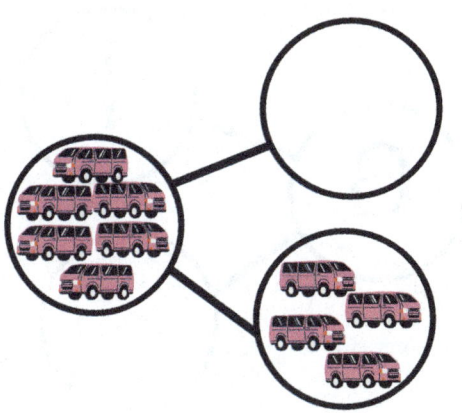

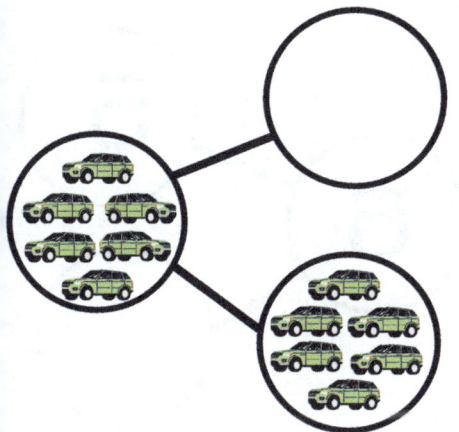

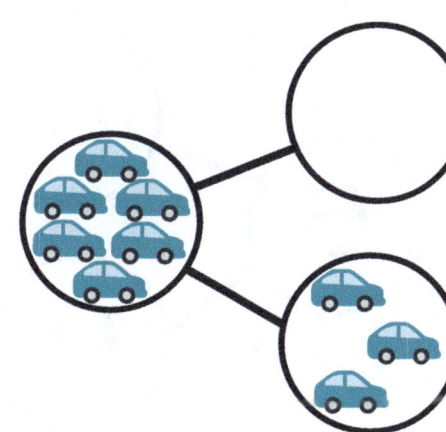

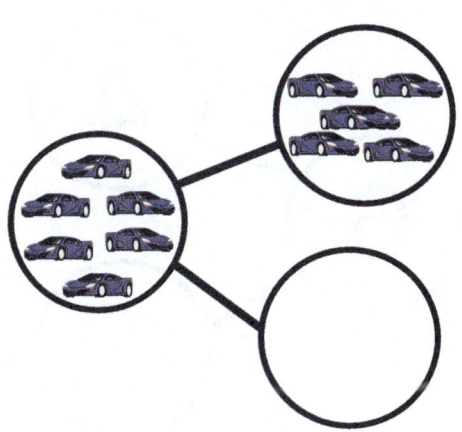

6s

Number Bonds Subtracting

6s

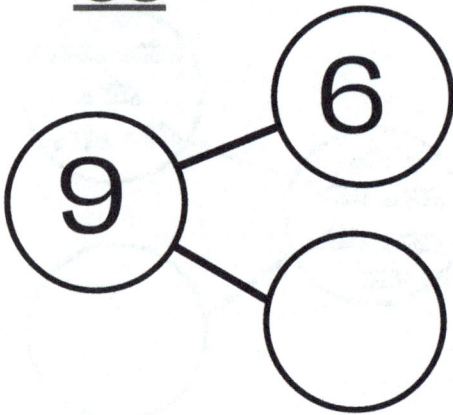
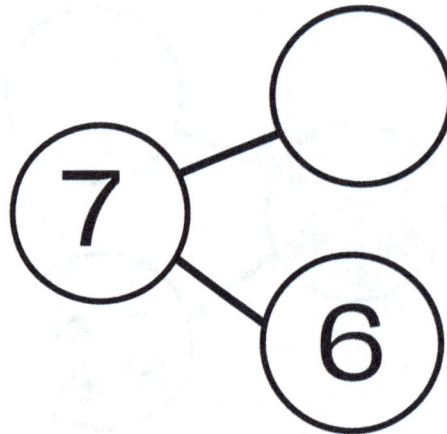
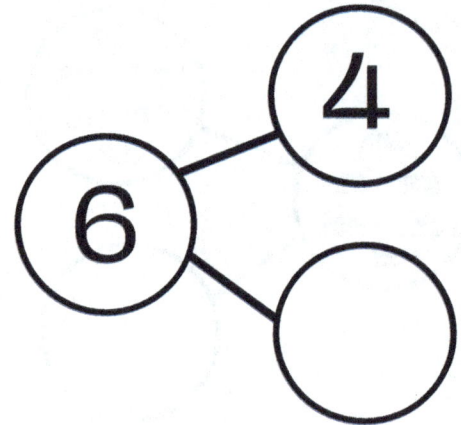

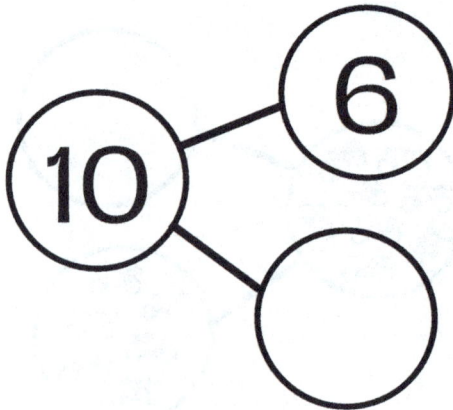
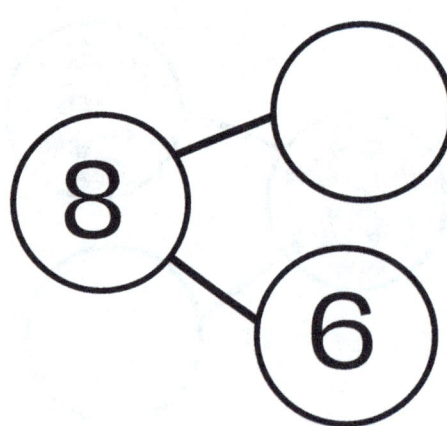
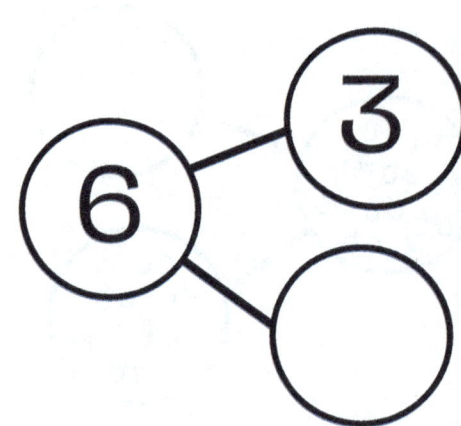

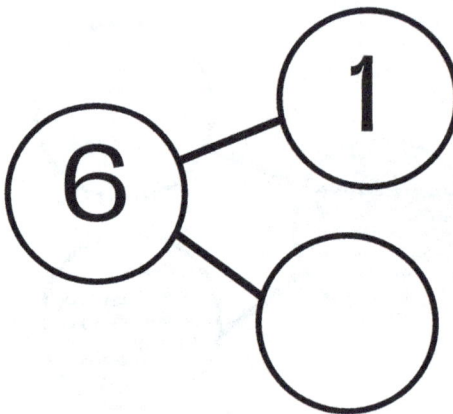
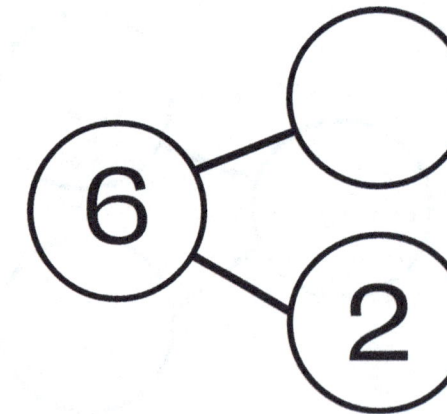
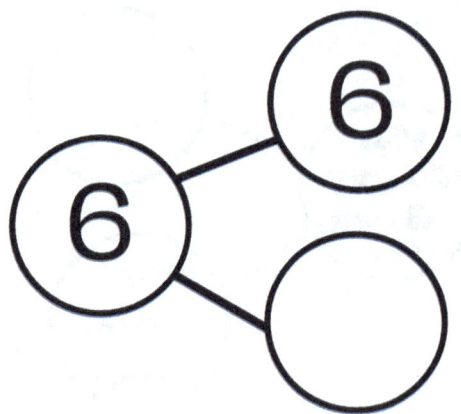

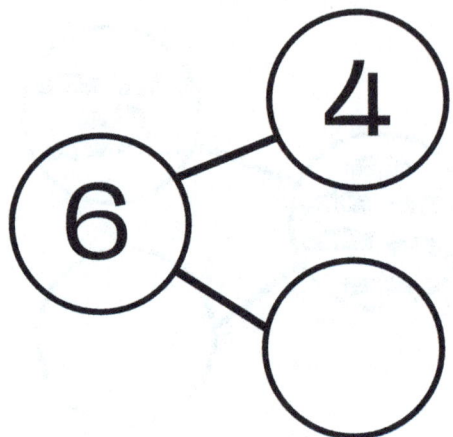
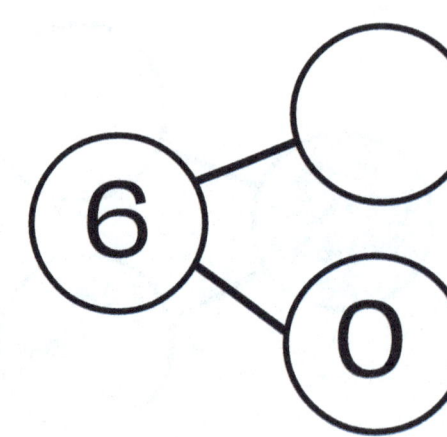
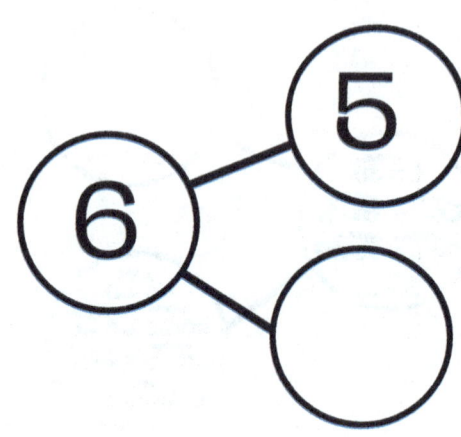

Number Bonds Subtracting

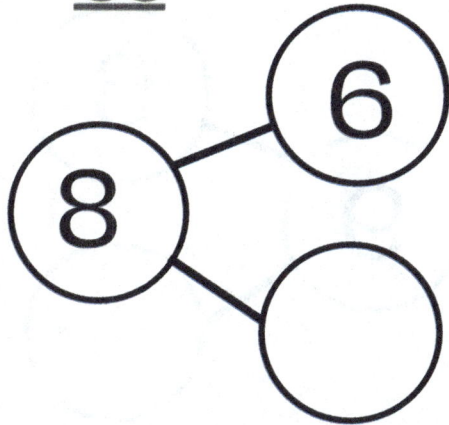

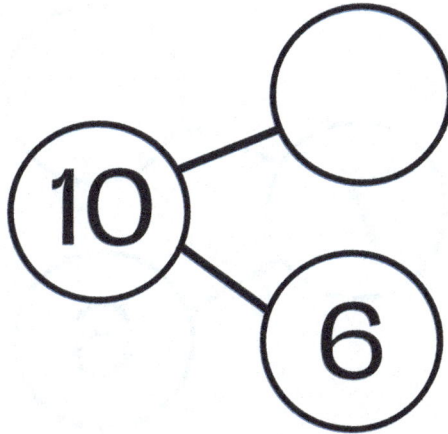

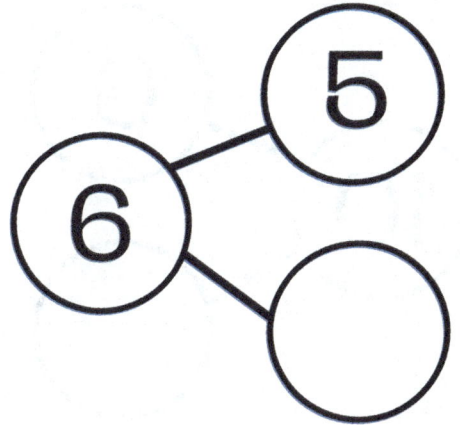

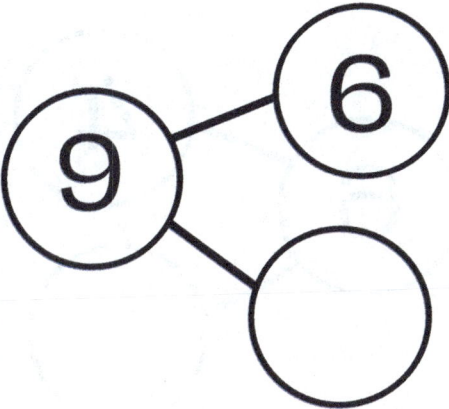

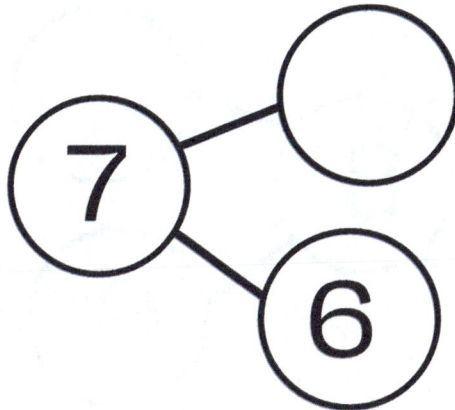

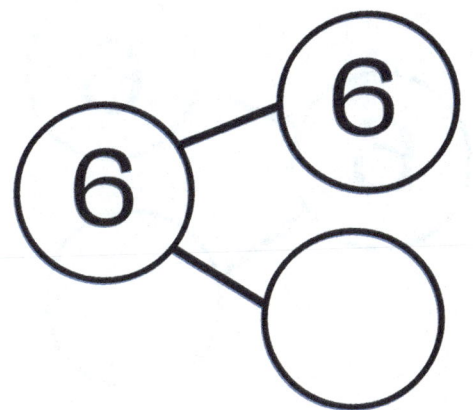

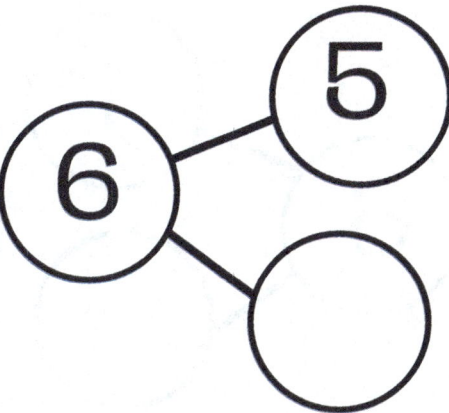

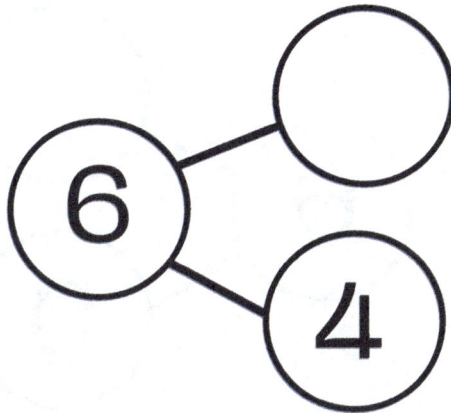

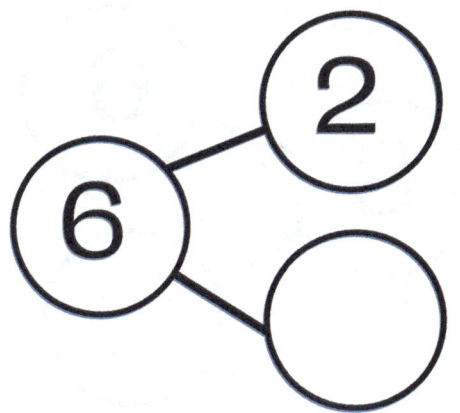

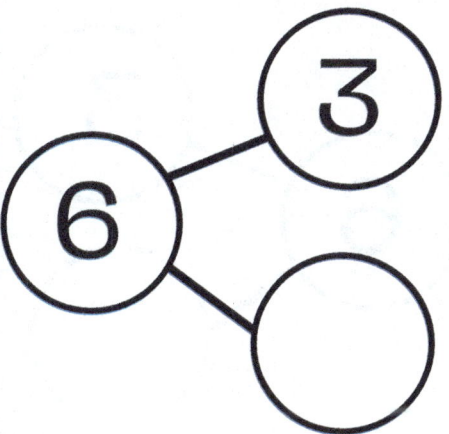

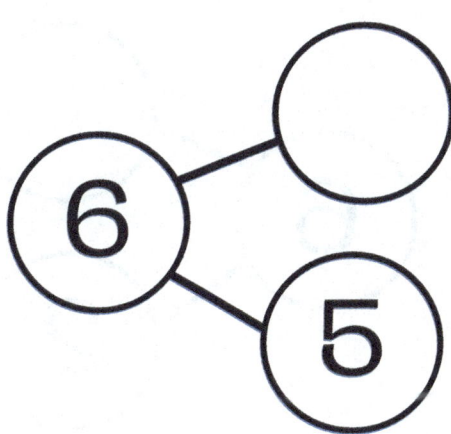

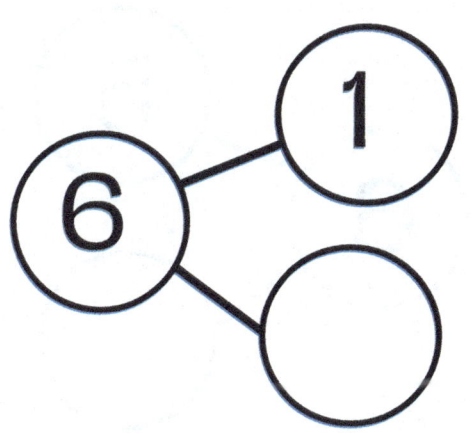

6s

8 — 6, ◯

10 — ◯, 6

6 — 5, ◯

9 — 6, ◯

7 — ◯, 6

6 — 6, ◯

6 — 5, ◯

6 — ◯, 4

6 — 2, ◯

6 — 3, ◯

6 — ◯, 5

6 — 1, ◯

Number Bonds Subtracting

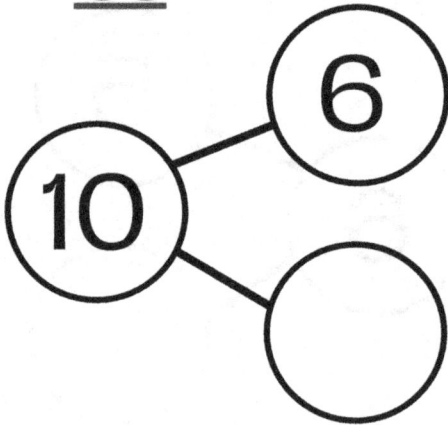

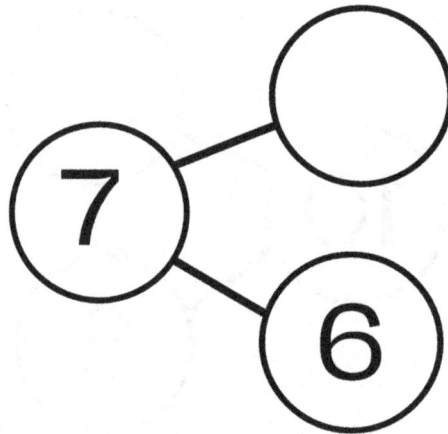

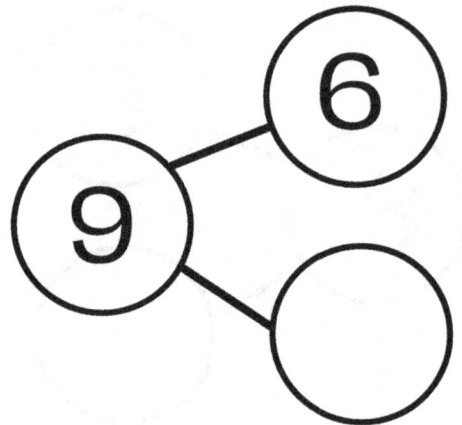

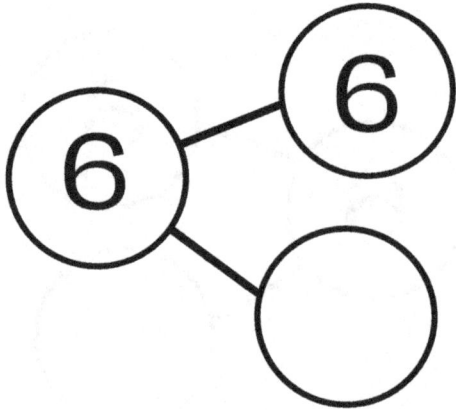

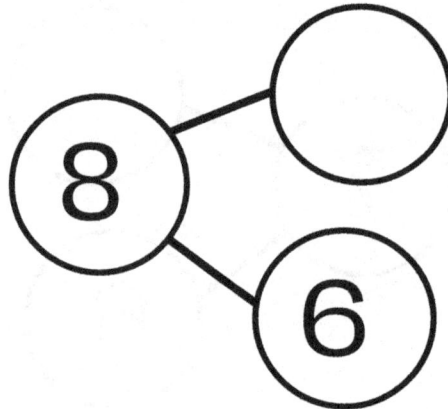

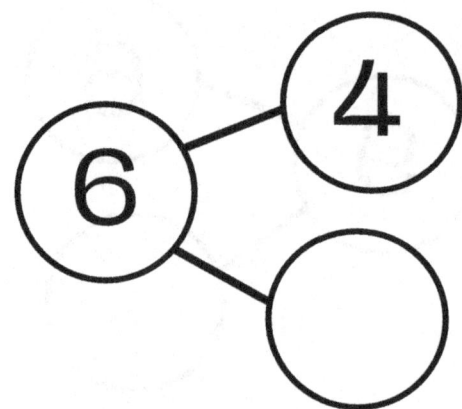

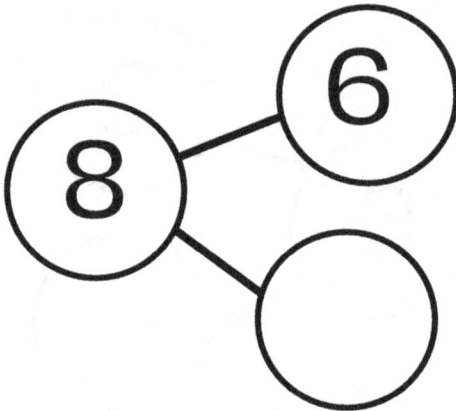

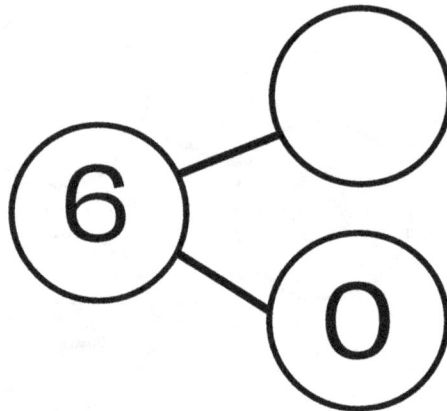

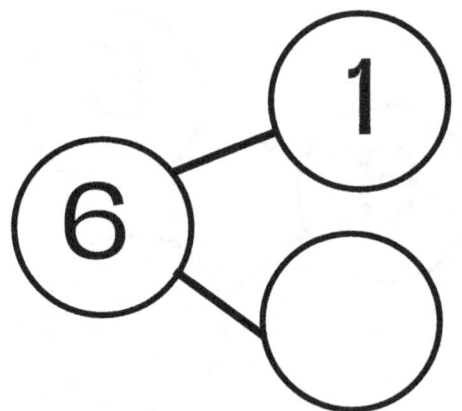

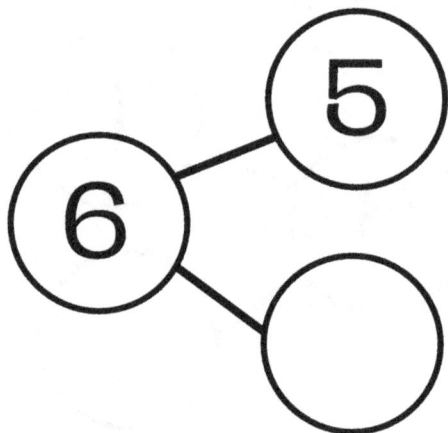

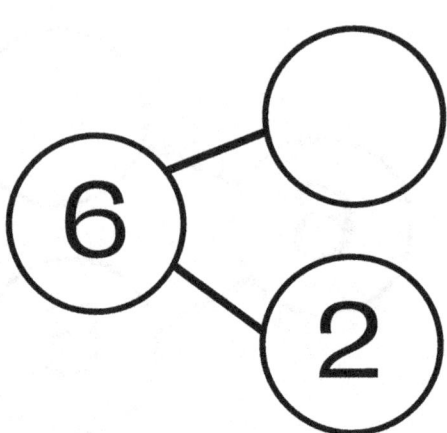

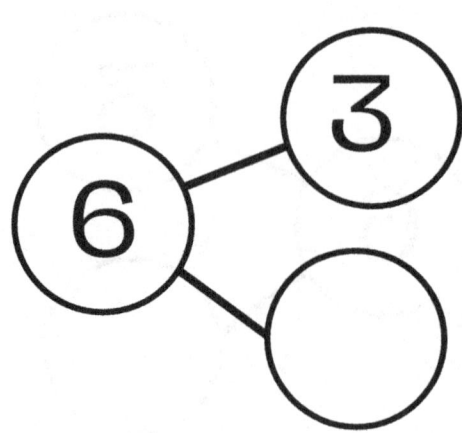

6s

10 — 6 — ( )

7 — ( ) — 6

9 — 6 — ( )

6 — 6 — ( )

8 — ( ) — 6

6 — ( ) — 4

8 — 6 — ( )

6 — ( ) — 0

6 — ( ) — 1

6 — 5 — ( )

6 — ( ) — 2

6 — ( ) — 3

Number Bonds Subtracting

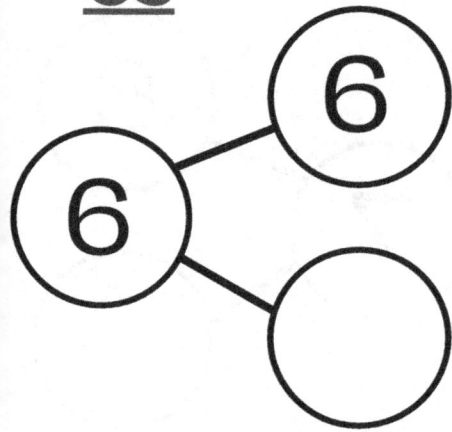

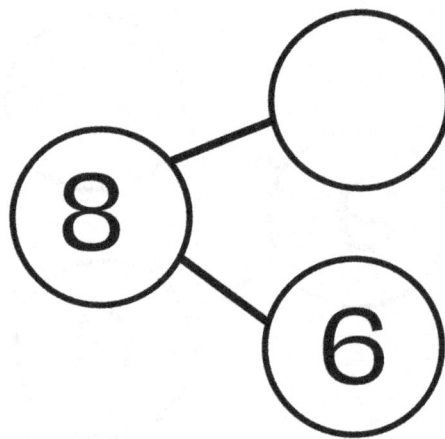

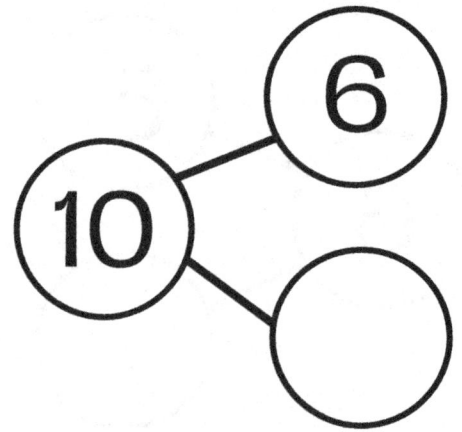

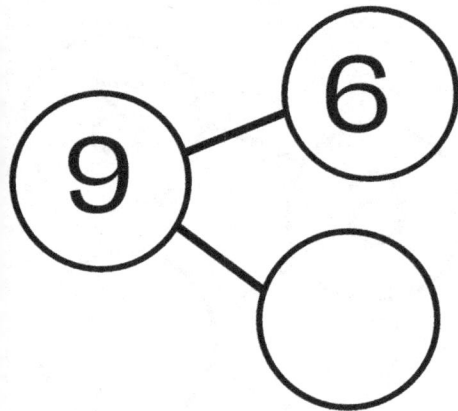

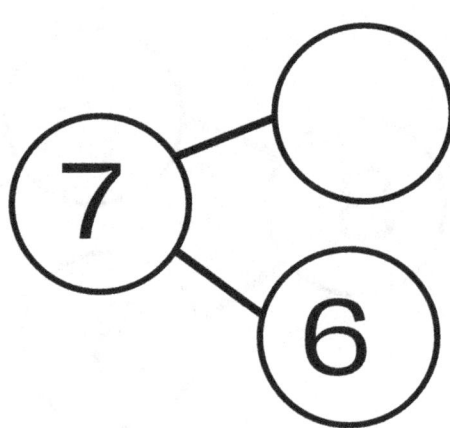

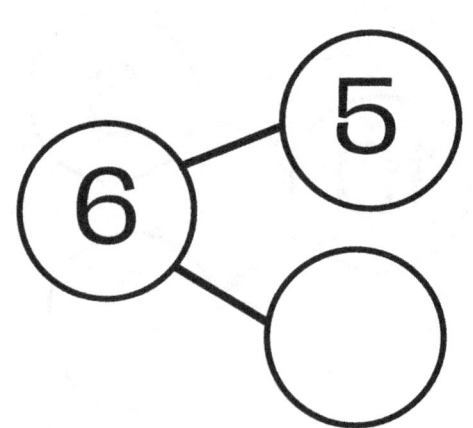

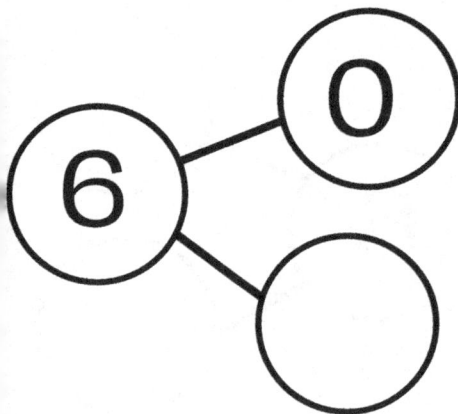

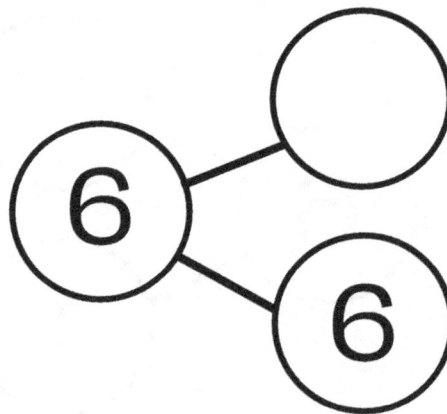

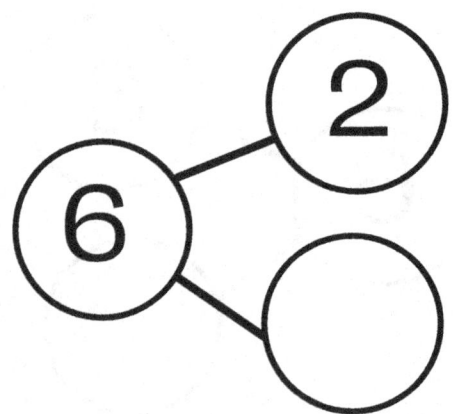

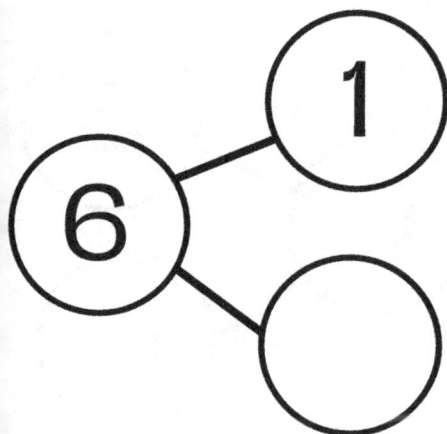

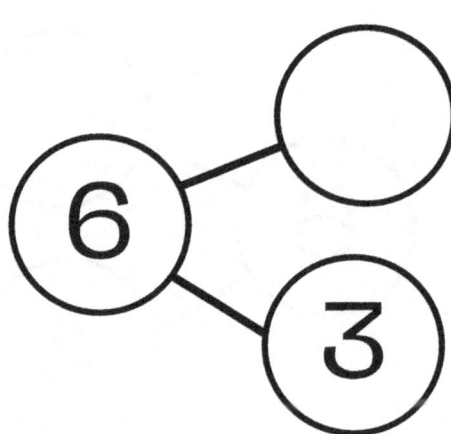

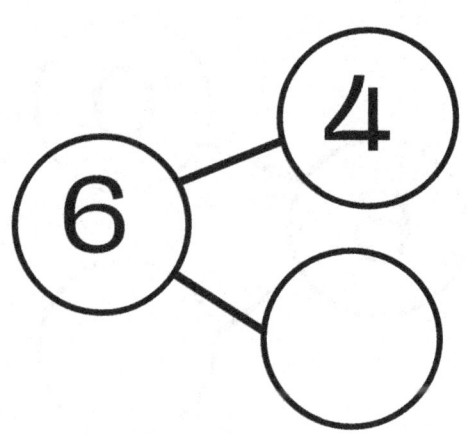

6s

6 — 6 — ( )

8 — ( ) — 6

10 — 6 — ( )

9 — 6 — ( )

7 — ( ) — 6

6 — 5 — ( )

6 — 0 — ( )

6 — ( ) — 6

6 — 2 — ( )

6 — 1 — ( )

6 — ( ) — 3

6 — 4 — ( )

Number Bonds Subtracting

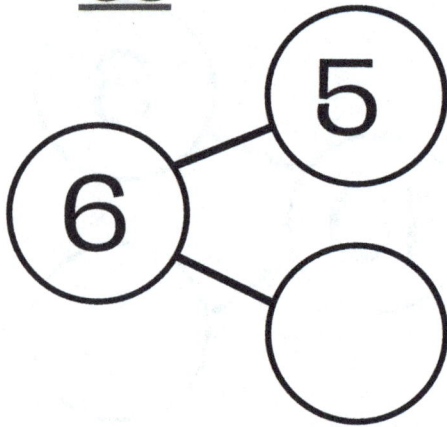

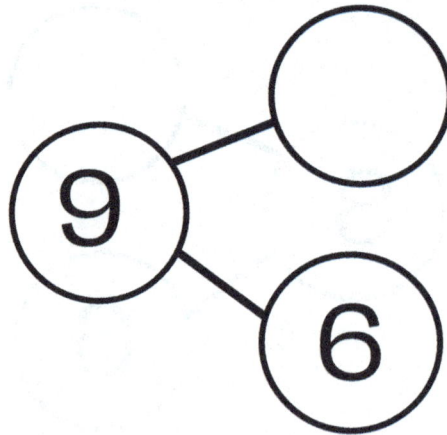

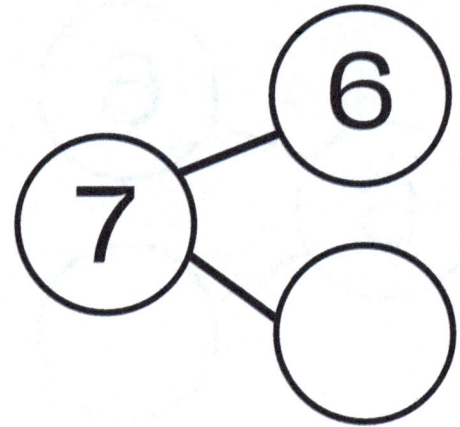

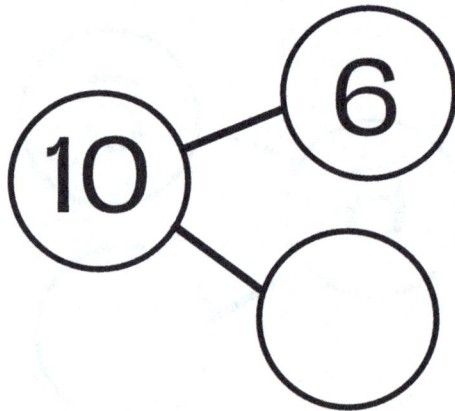

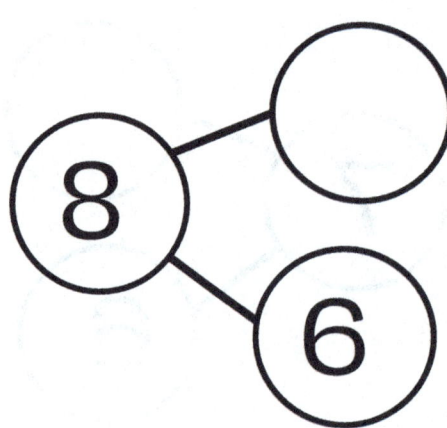

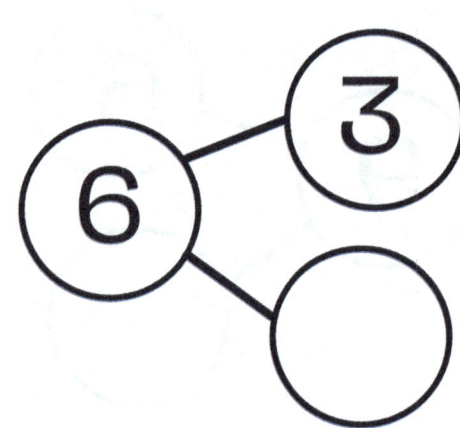

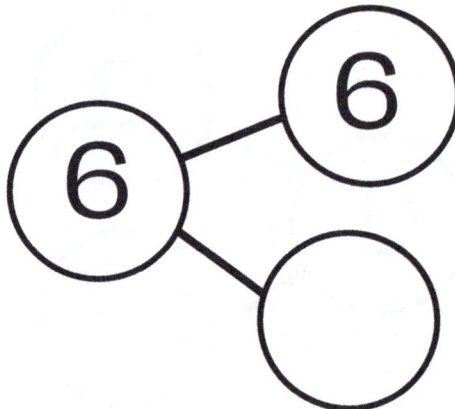

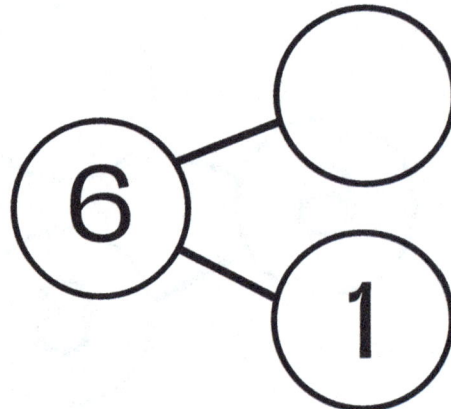

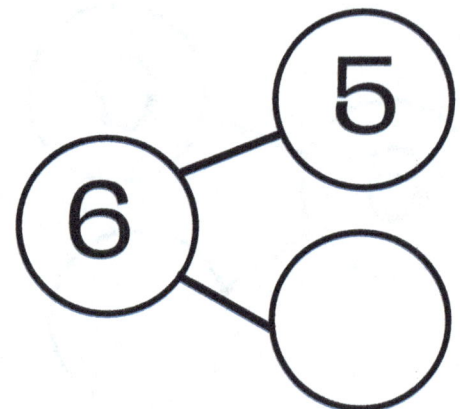

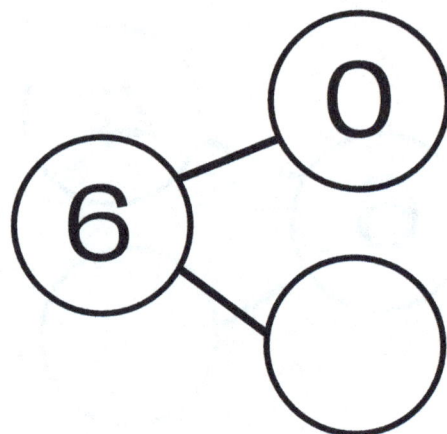

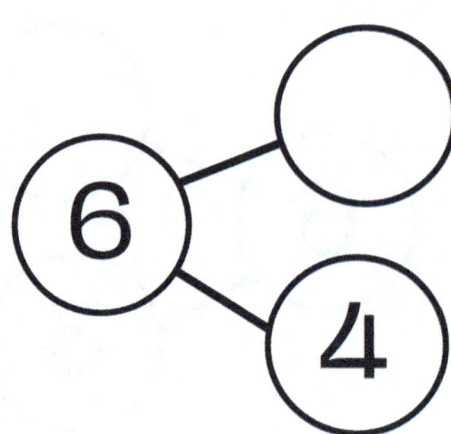

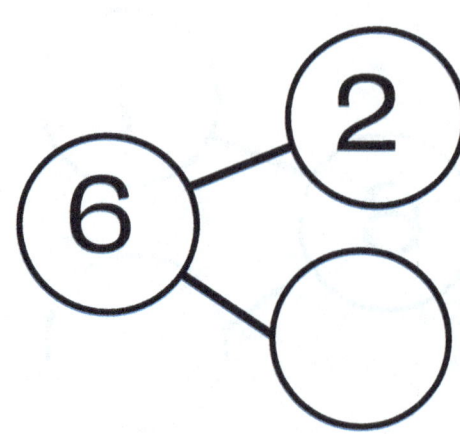

6s

6 — 5, ( )

9 — ( ), 6

7 — 6, ( )

10 — 6, ( )

8 — ( ), 6

6 — 3, ( )

6 — 6, ( )

6 — ( ), 1

6 — 5, ( )

6 — 0, ( )

6 — ( ), 4

6 — 2, ( )

7s
Number Bonds Adding Activity

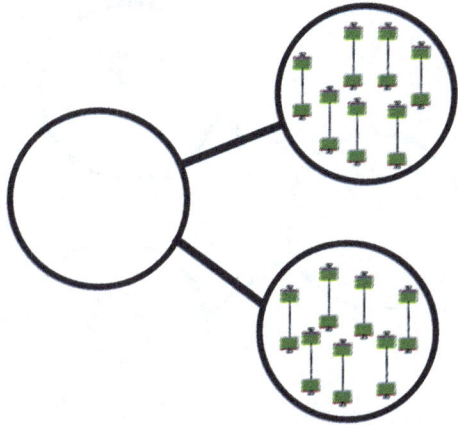

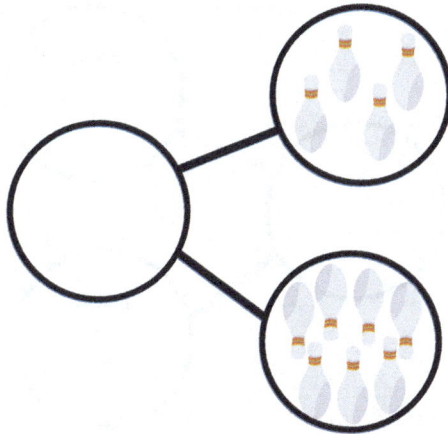

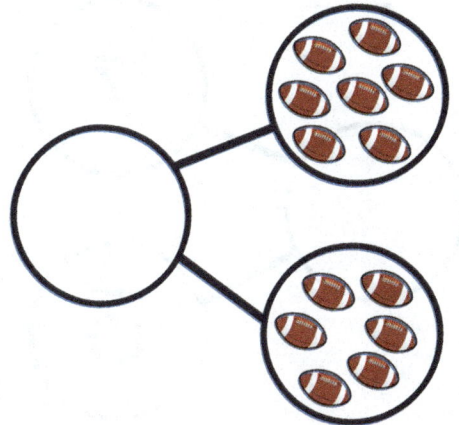

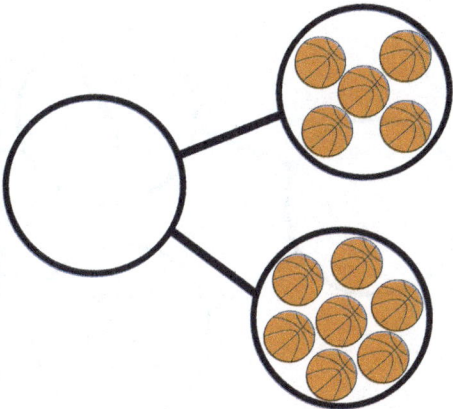

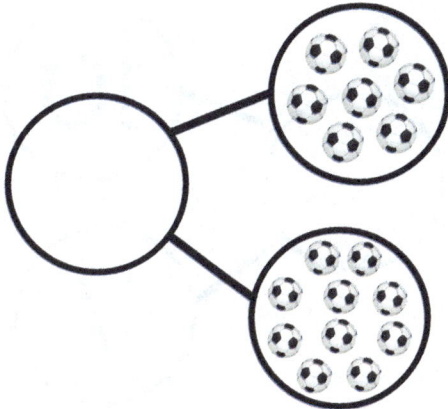

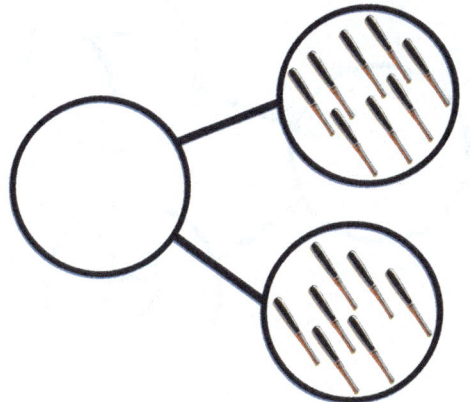

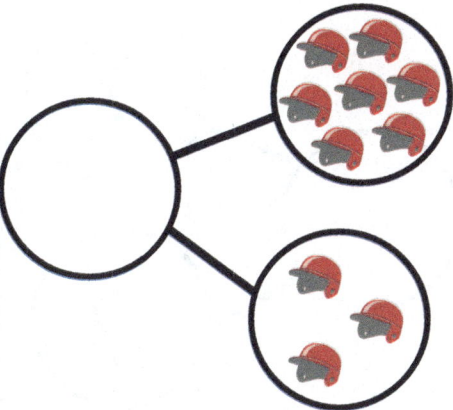

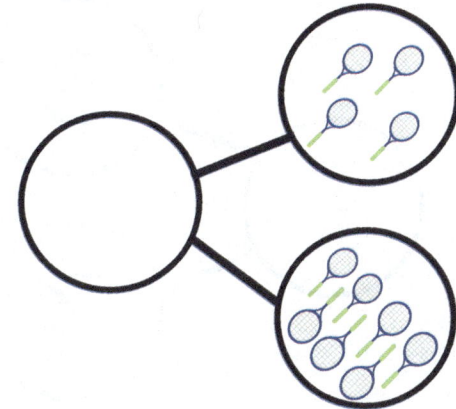

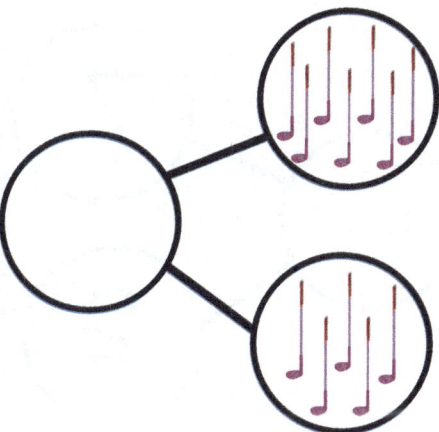

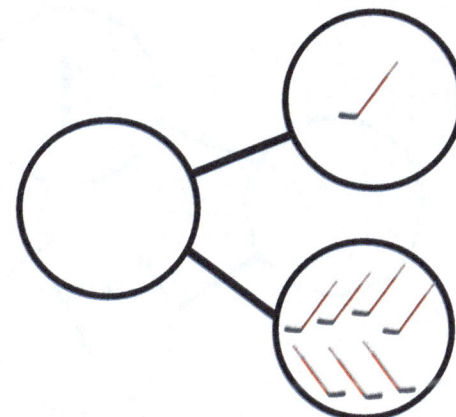

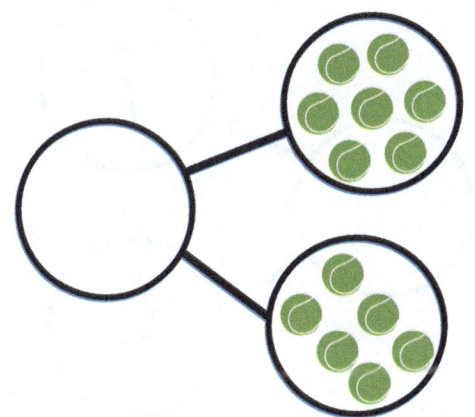

Number Bonds Adding

7s

7
5

7
7

7
0

7
6

10
7

7
3

7
5

8
7

7
9

7
4

1
7

7
2

Number Bonds Adding

7s

( ) — 7 / 10

( ) — 6 / 7

( ) — 7 / 2

( ) — 7 / 4

( ) — 9 / 7

( ) — 7 / 5

( ) — 7 / 10

( ) — 3 / 7

( ) — 7 / 1

( ) — 7 / 0

( ) — 8 / 7

( ) — 7 / 7

Number Bonds Adding

7s

( ) 7 / 5	( ) 7 / 7	( ) 7 / 10
( ) 7 / 8	( ) 3 / 7	( ) 7 / 2
( ) 7 / 1	( ) 4 / 7	( ) 7 / 9
( ) 7 / 6	( ) 0 / 7	( ) 7 / 5

Number Bonds Adding

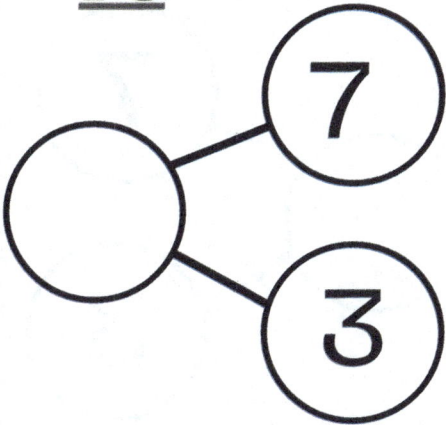

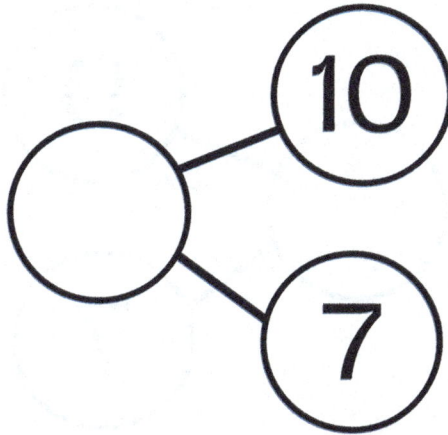

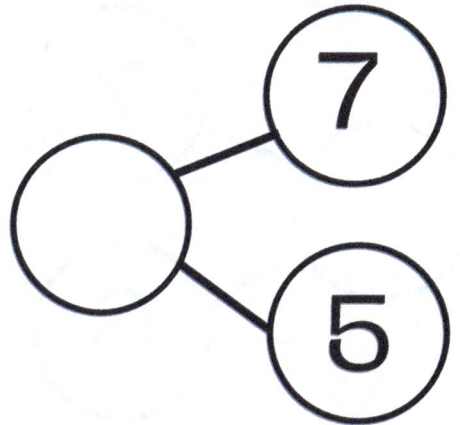

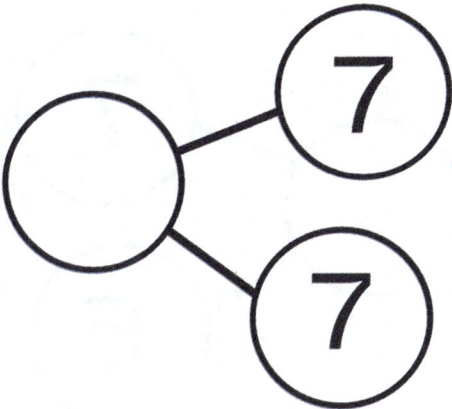

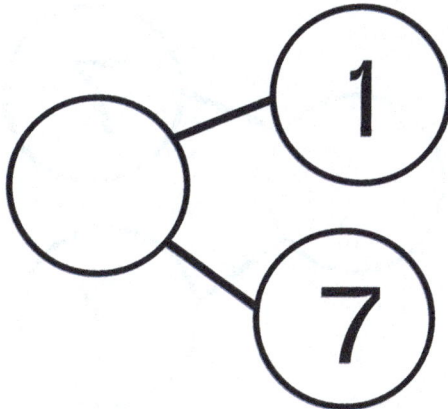

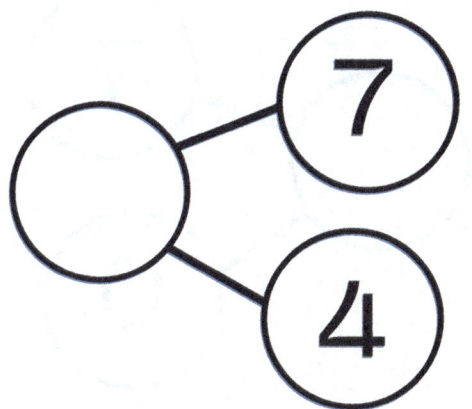

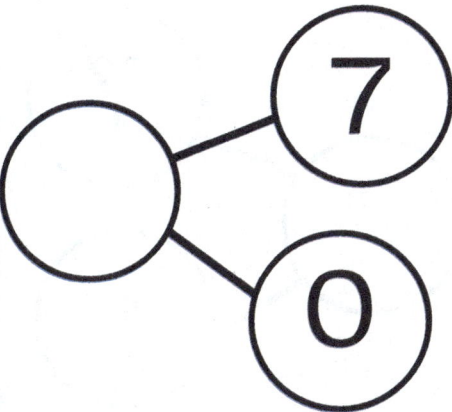

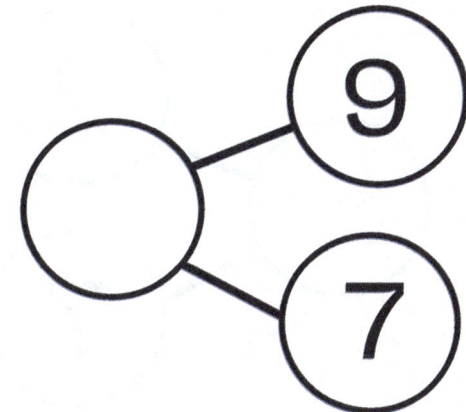

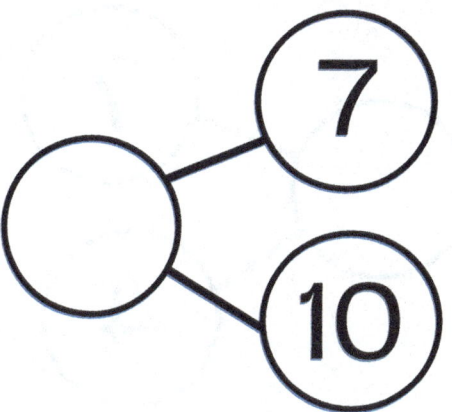

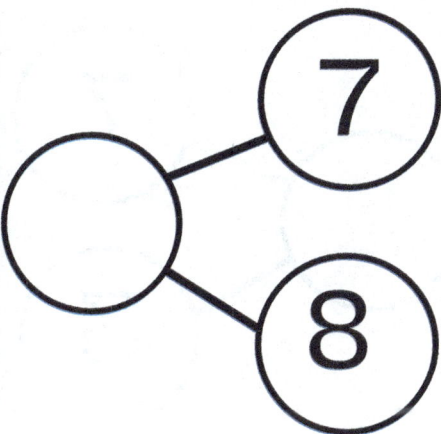

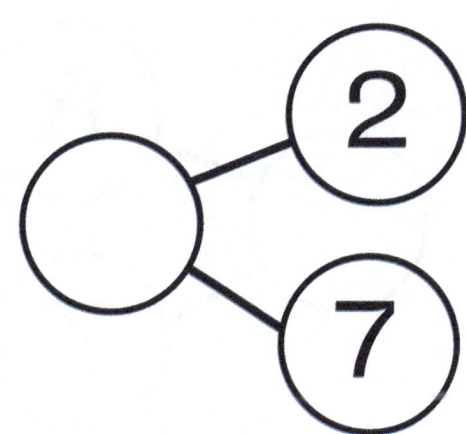

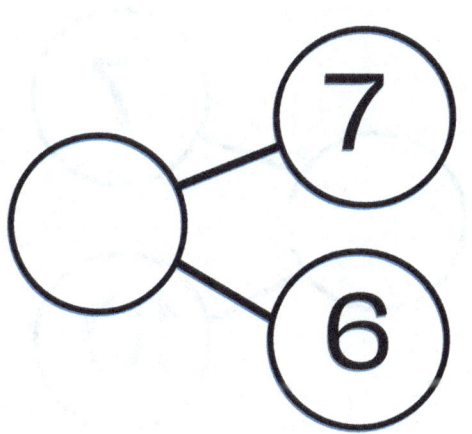

7s

7, 3

10, 7

7, 5

7, 7

1, 7

7, 4

7, 0

9, 7

7, 10

7, 8

2, 7

7, 6

Number Bonds Adding

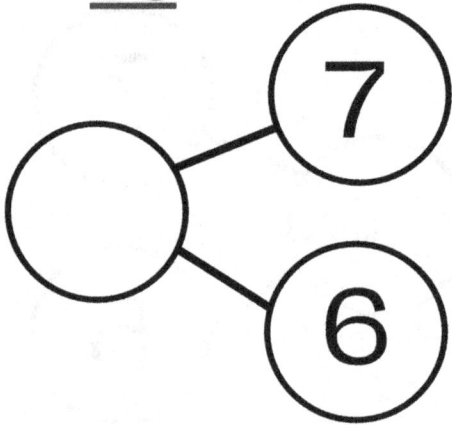

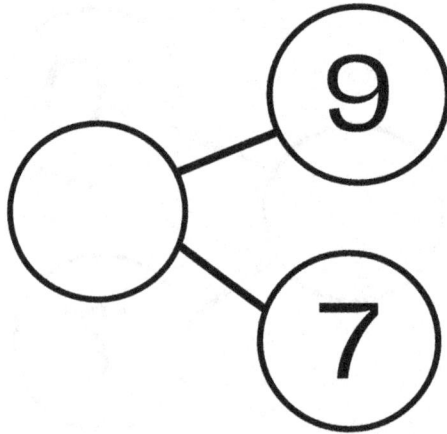

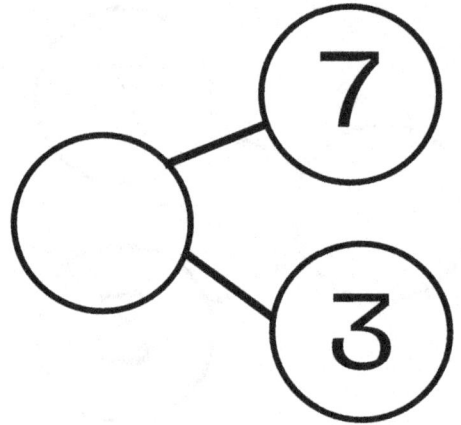

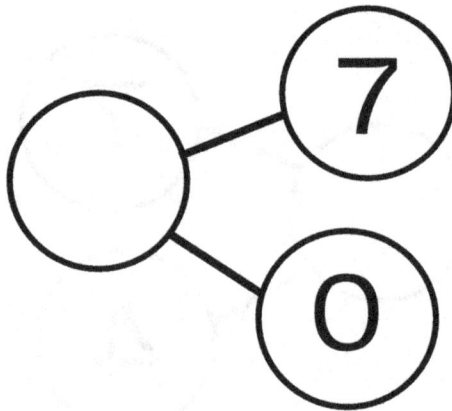

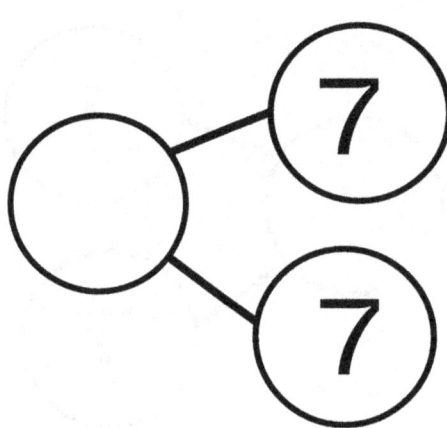

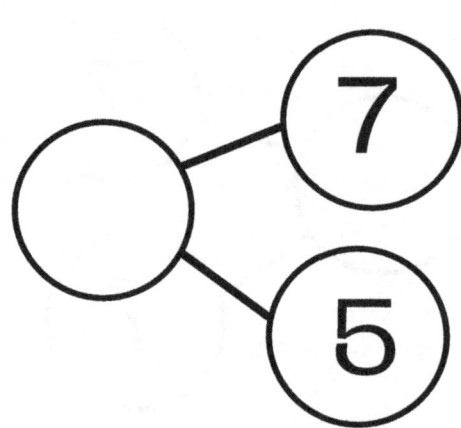

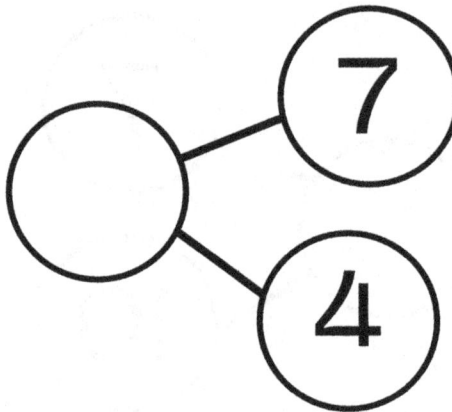

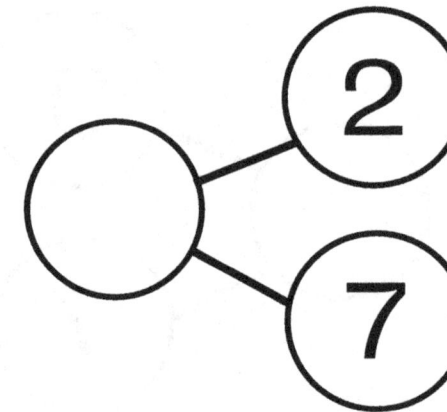

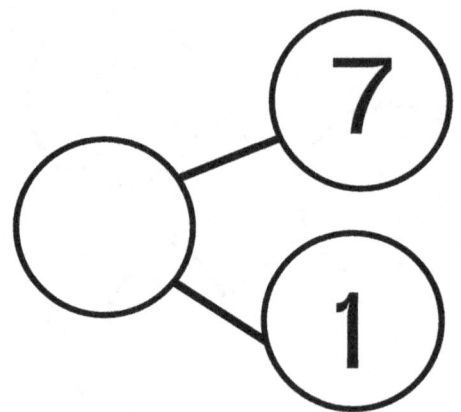

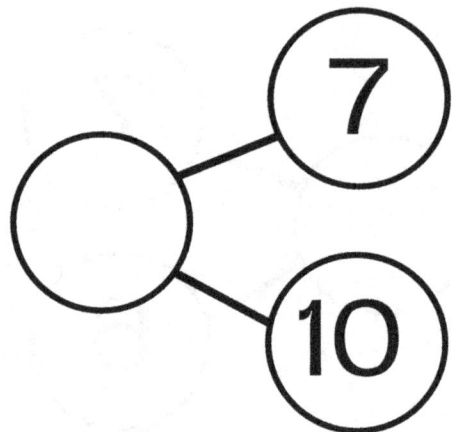

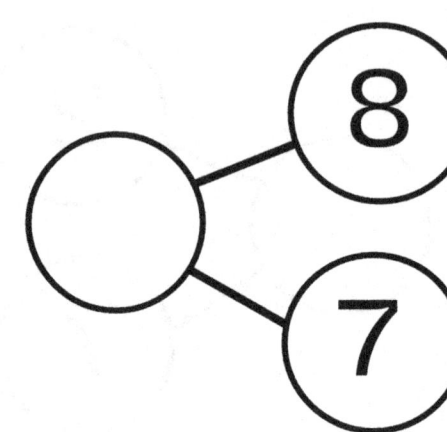

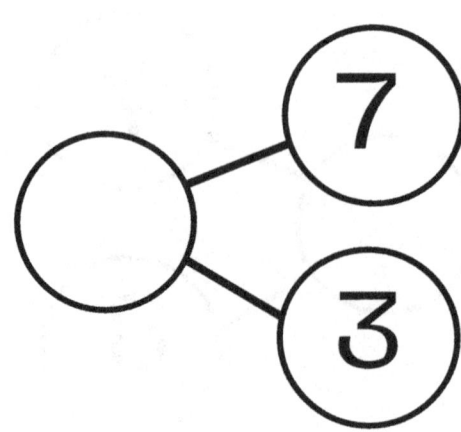

7s

( ) — 7, 6	( ) — 9, 7	( ) — 7, 3
( ) — 7, 0	( ) — 7, 7	( ) — 7, 5
( ) — 7, 4	( ) — 2, 7	( ) — 7, 1
( ) — 7, 10	( ) — 8, 7	( ) — 7, 3

Number Bonds Subtracting Activity

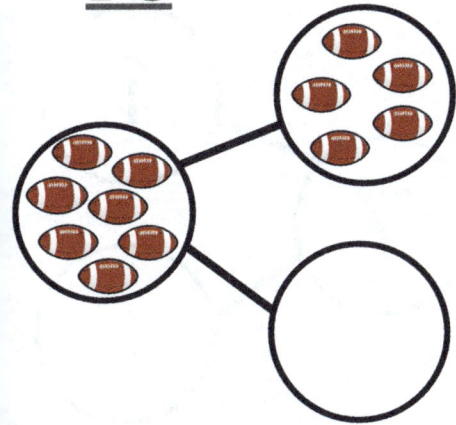

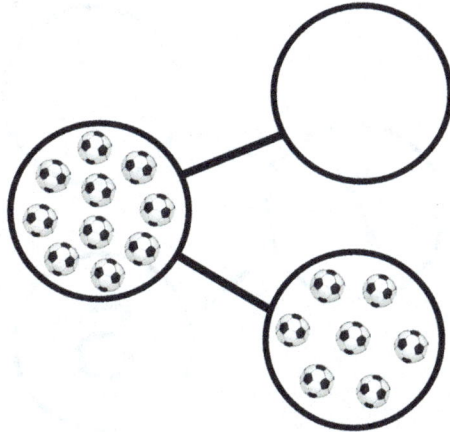

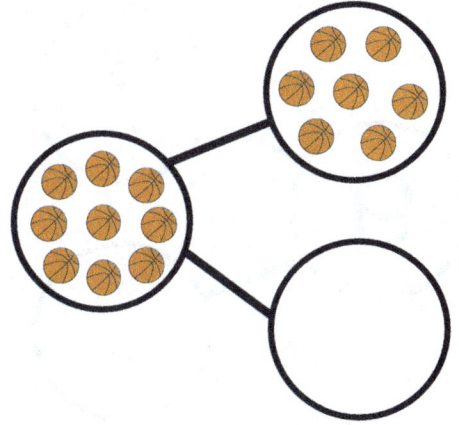

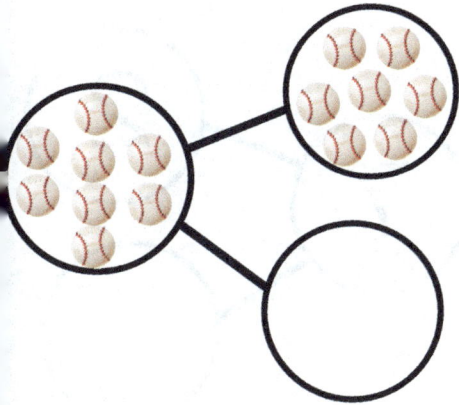

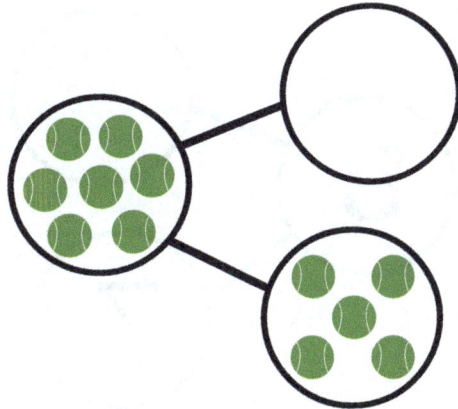

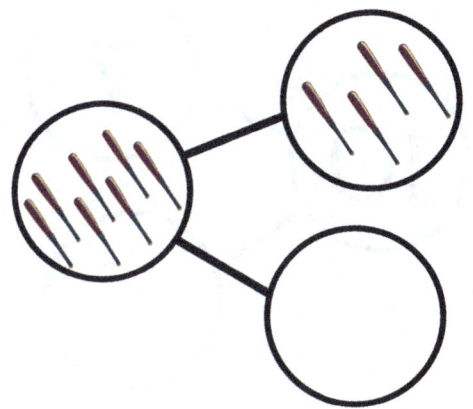

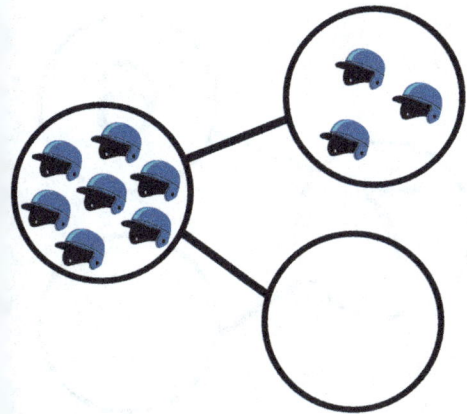

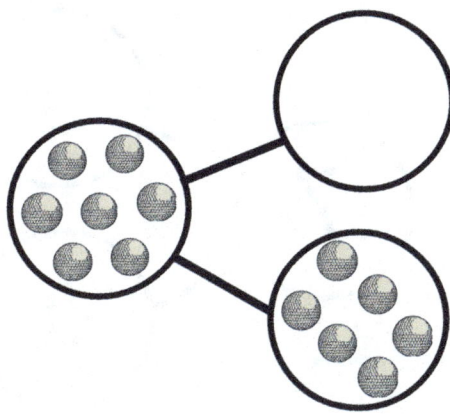

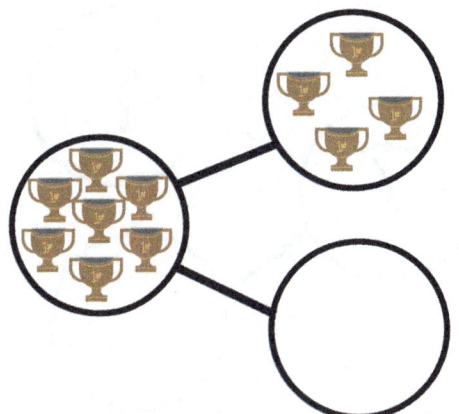

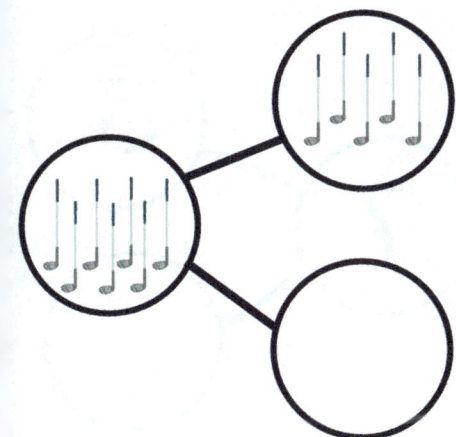

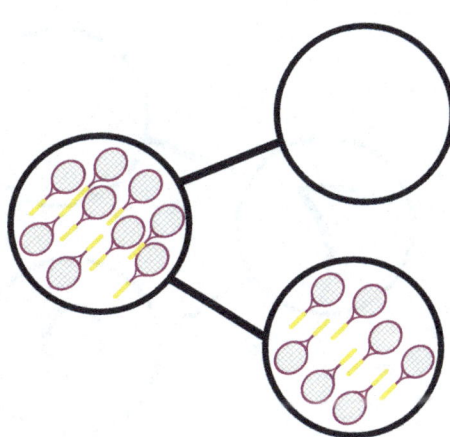

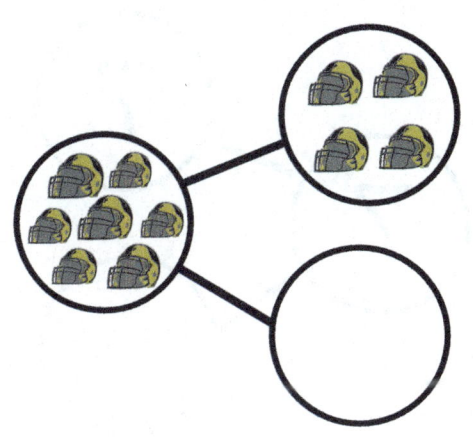

7s

7s   Number Bonds Subtracting

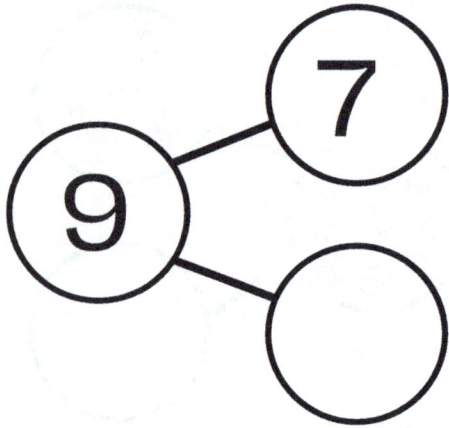

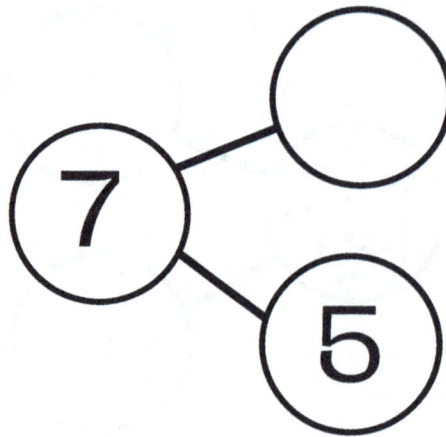

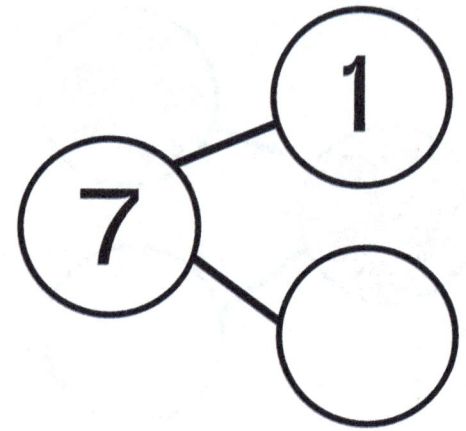

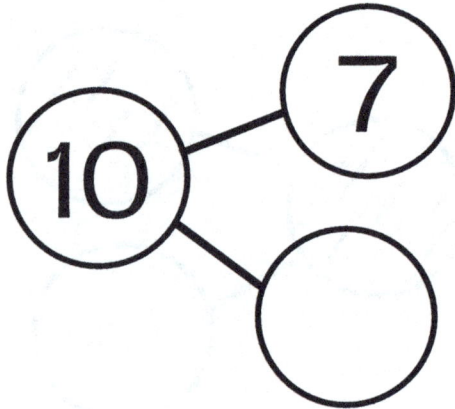

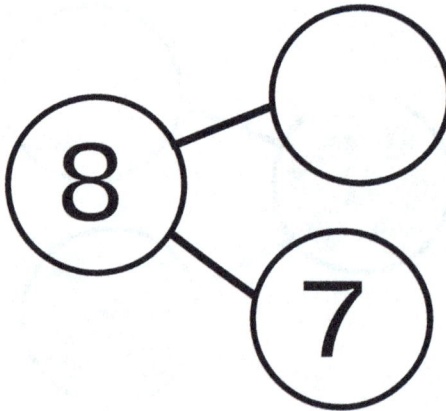

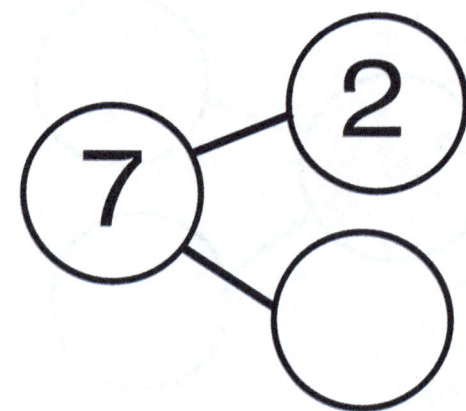

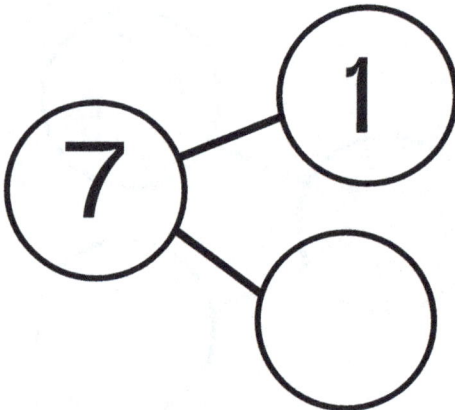

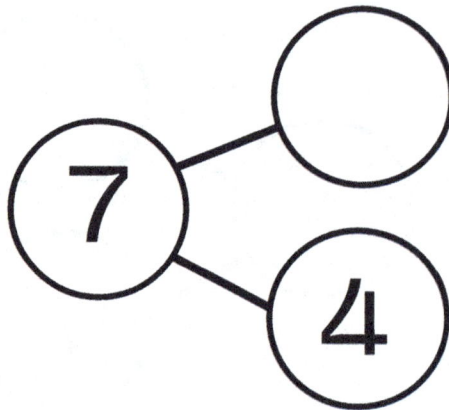

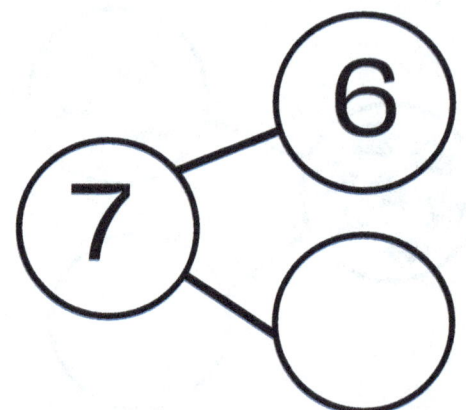

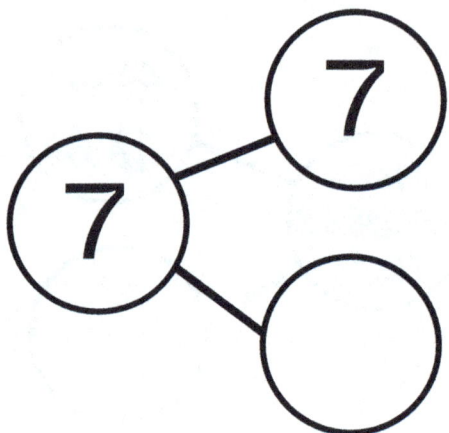

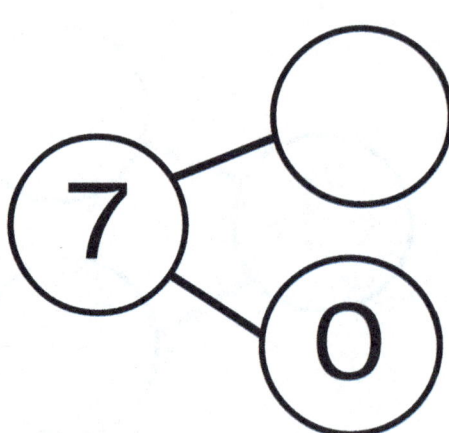

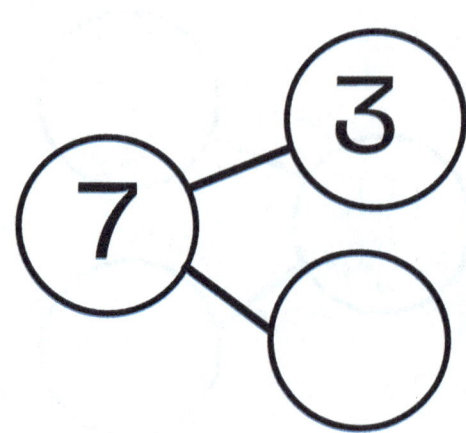

9 — 7, ( )

7 — ( ), 5

7 — 1, ( )

10 — 7, ( )

8 — ( ), 7

7 — 2, ( )

7 — 1, ( )

7 — ( ), 4

7 — 6, ( )

7 — 7, ( )

7 — ( ), 0

7 — 3, ( )

Number Bonds Subtracting

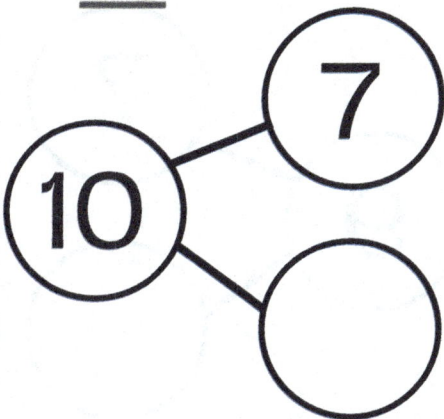

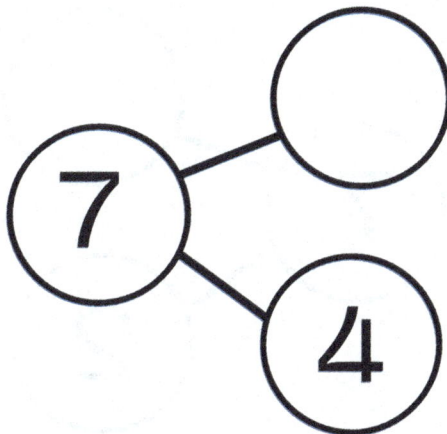

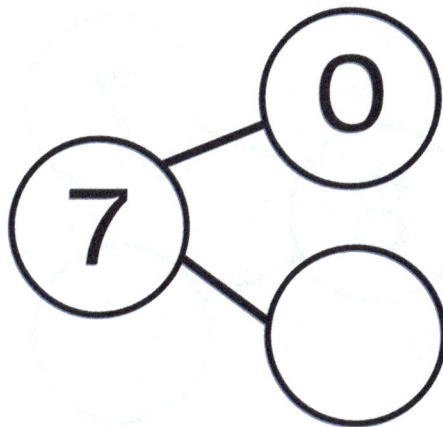

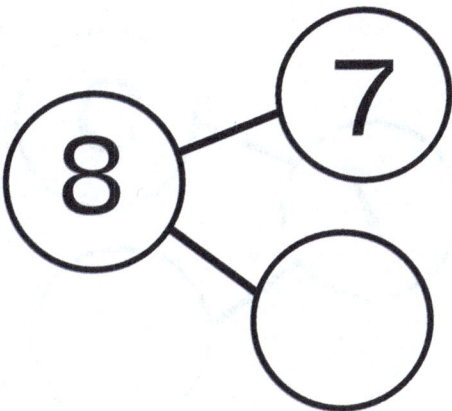

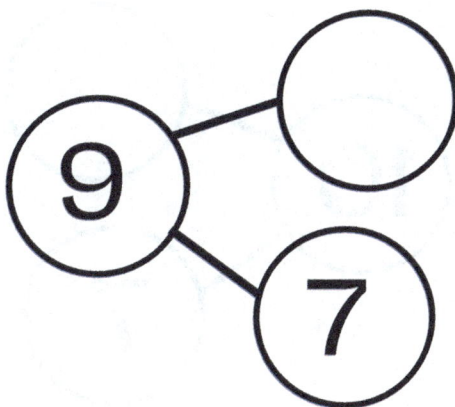

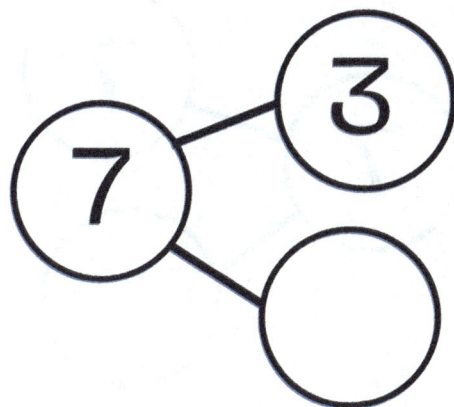

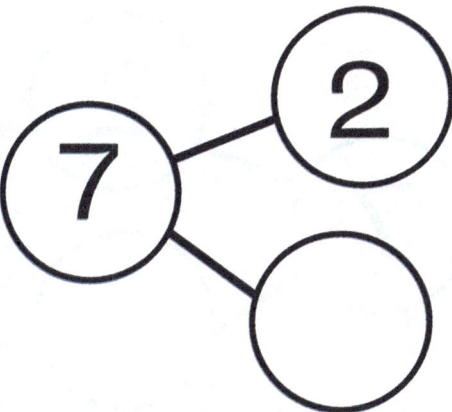

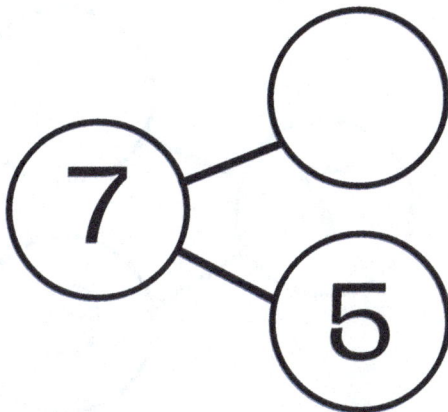

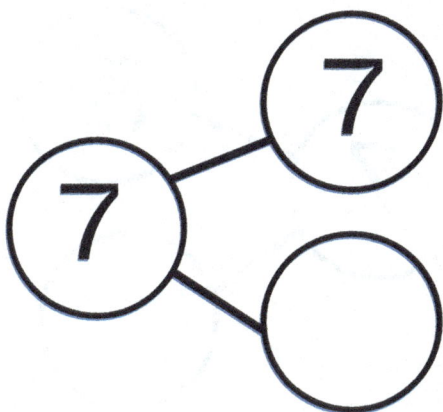

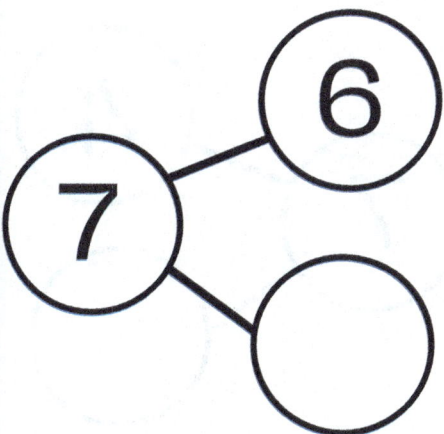

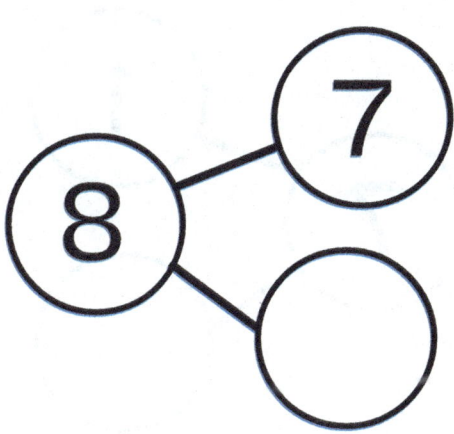

7s

10 — 7, ◯

7 — ◯, 4

7 — 0, ◯

8 — 7, ◯

9 — ◯, 7

7 — 3, ◯

7 — 2, ◯

7 — ◯, 5

7 — 7, ◯

7 — 6, ◯

10 — ◯, 7

8 — 7, ◯

Number Bonds Subtracting

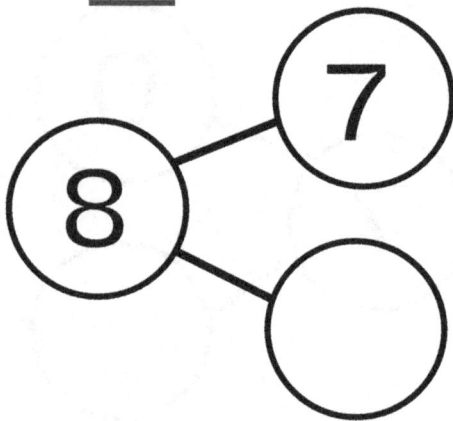

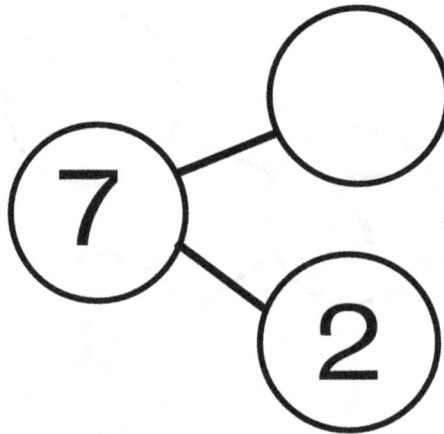

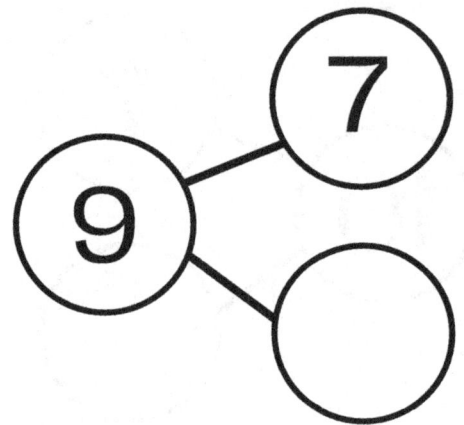

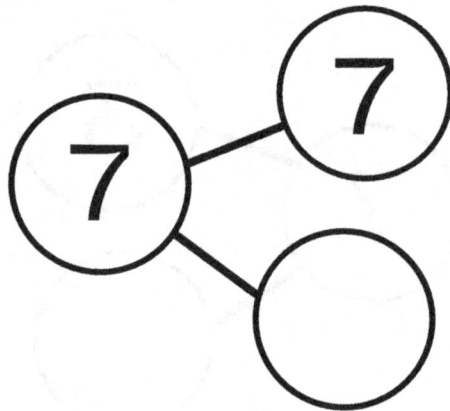

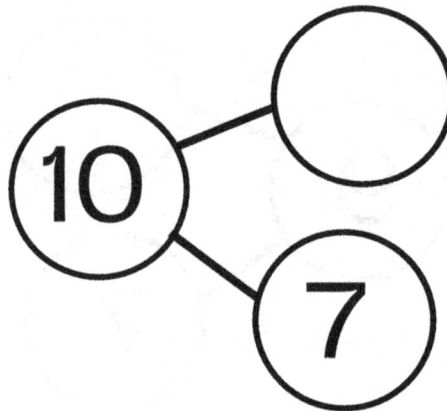

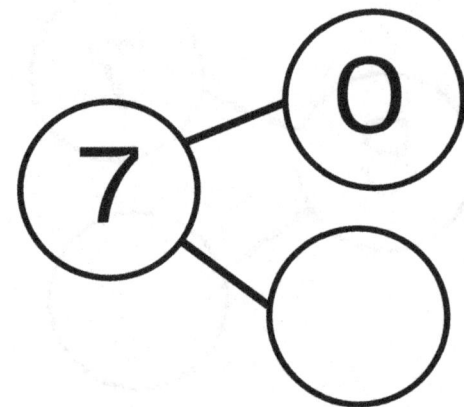

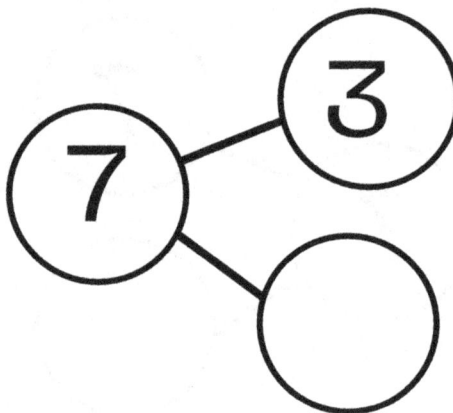

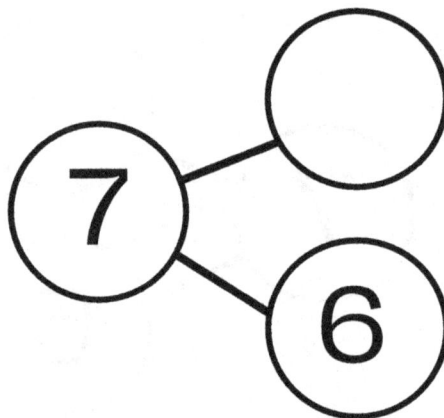

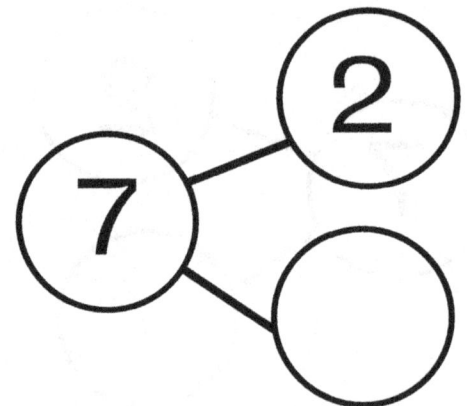

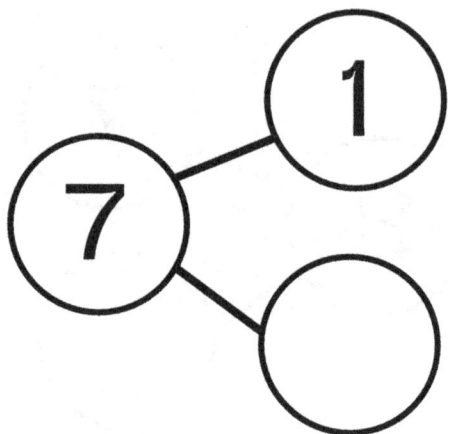

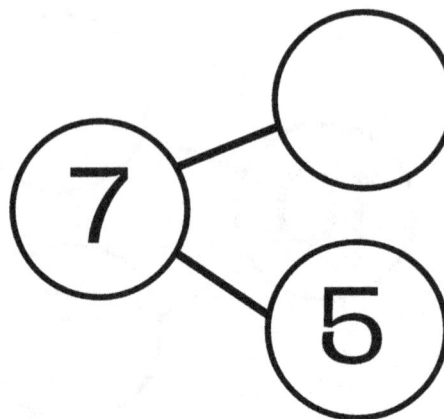

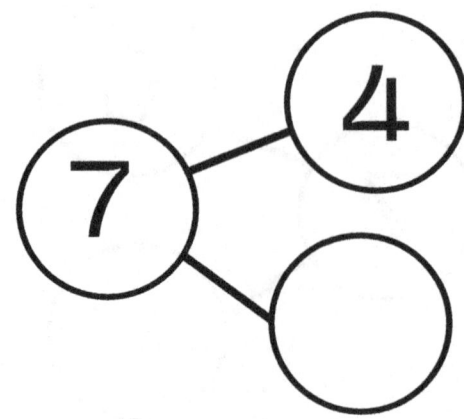

7s

8 — 7 — ( )

7 — ( ) — 2

9 — 7 — ( )

7 — 7 — ( )

10 — ( ) — 7

7 — 0 — ( )

7 — 3 — ( )

7 — ( ) — 6

7 — 2 — ( )

7 — 1 — ( )

7 — ( ) — 5

7 — 4 — ( )

Number Bonds Subtracting

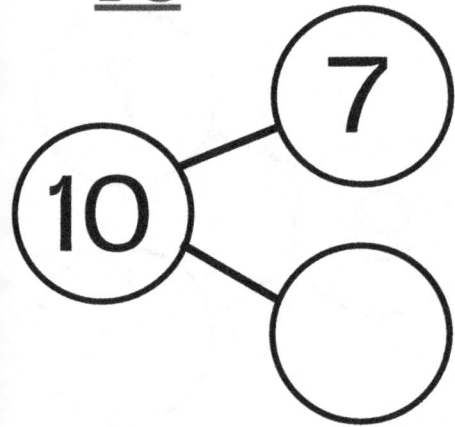

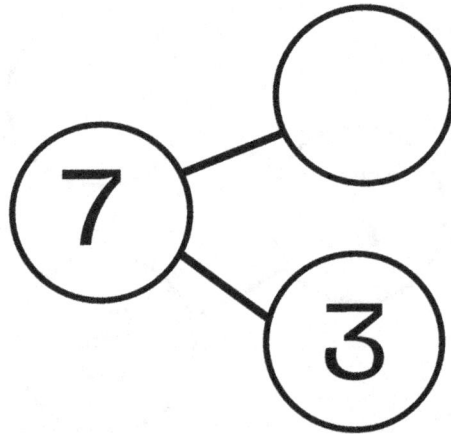

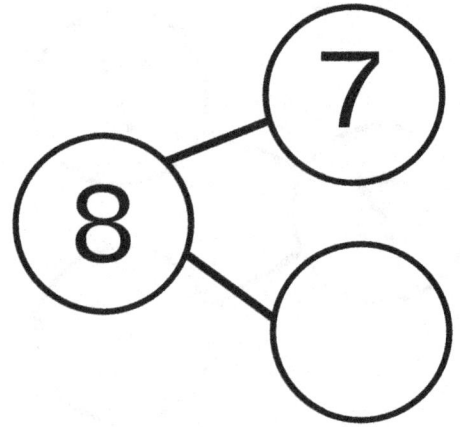

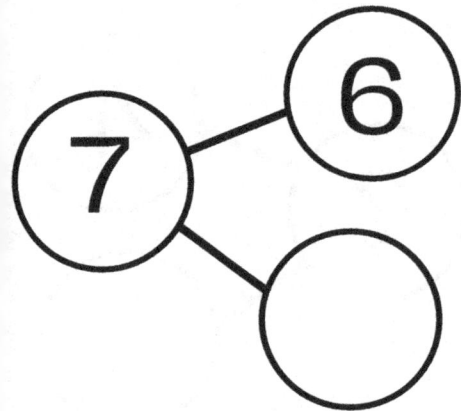

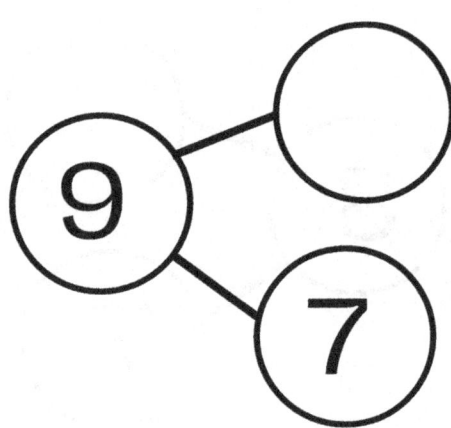

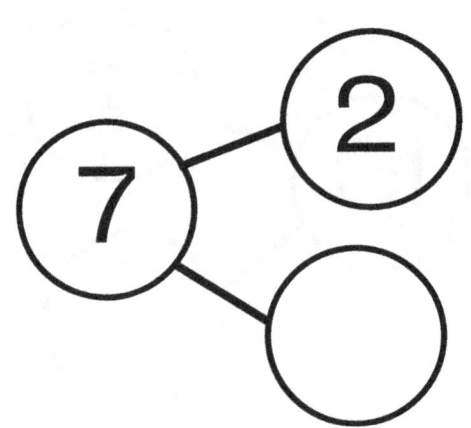

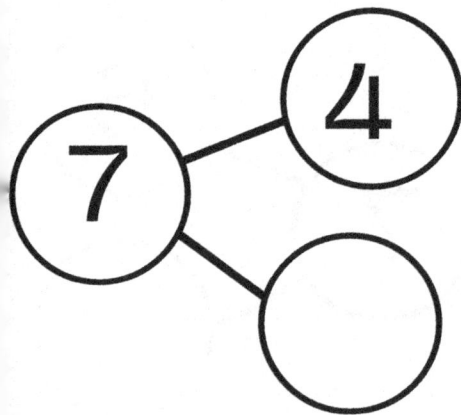

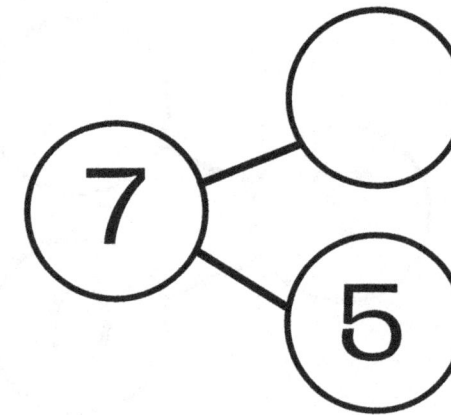

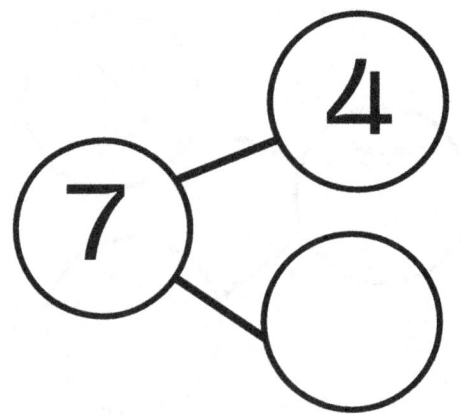

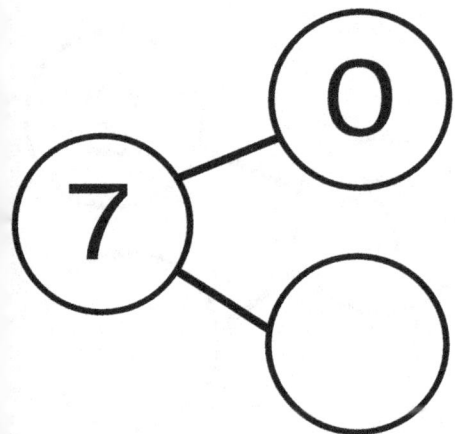

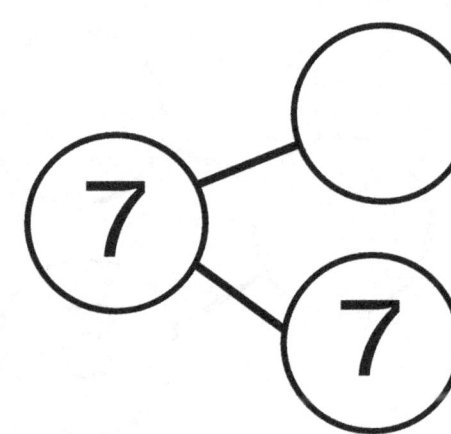

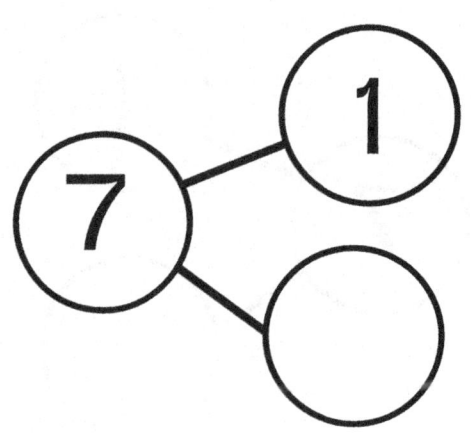

7s

10 — 7, ( )

7 — ( ), 3

8 — 7, ( )

7 — 6, ( )

9 — ( ), 7

7 — 2, ( )

7 — 4, ( )

7 — ( ), 5

7 — 4, ( )

7 — 0, ( )

7 — ( ), 7

7 — 1, ( )

Number Bonds Subtracting

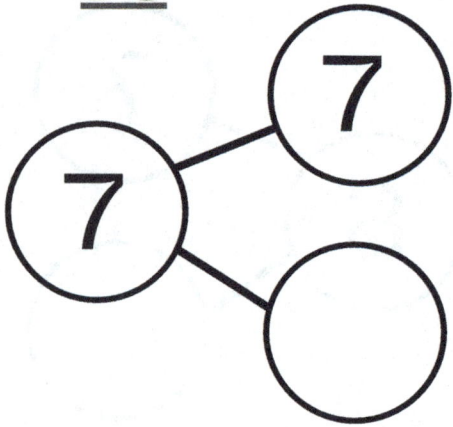

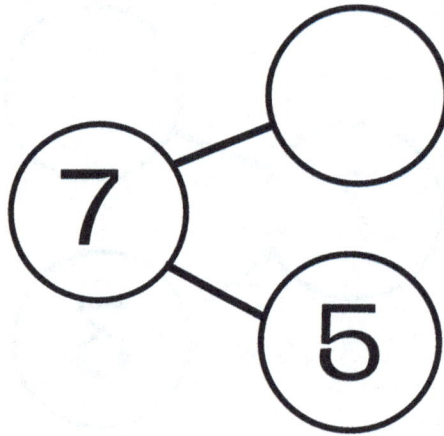

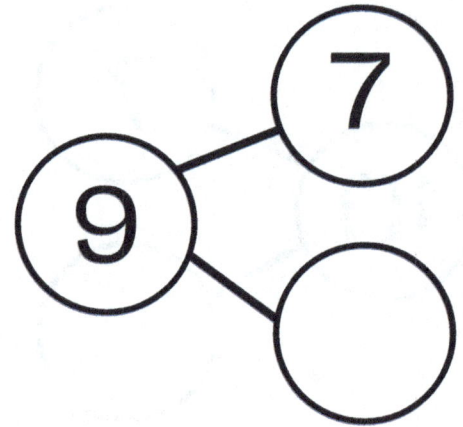

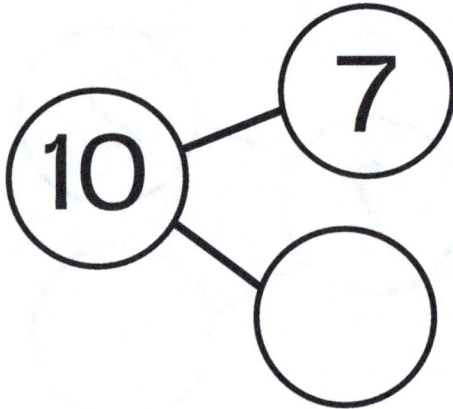

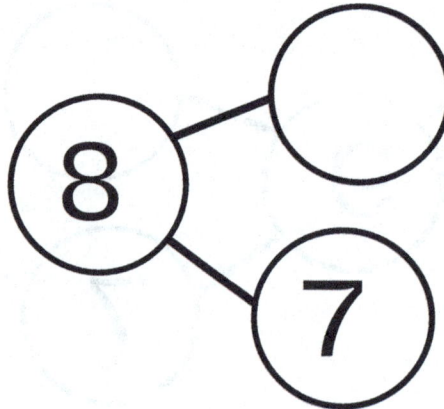

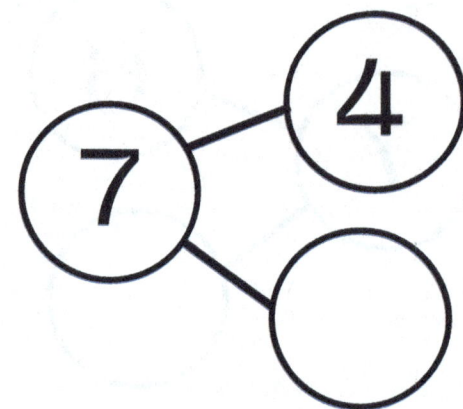

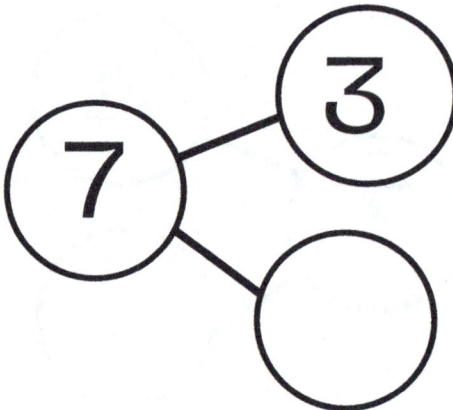

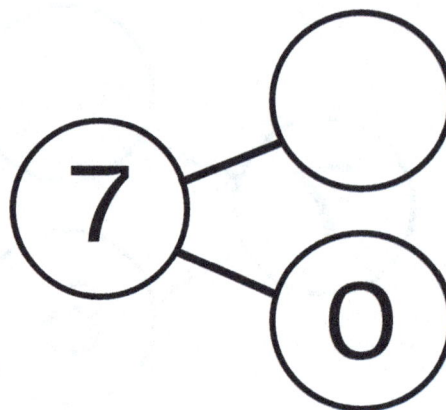

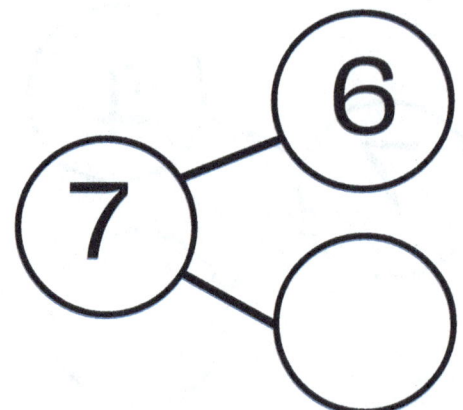

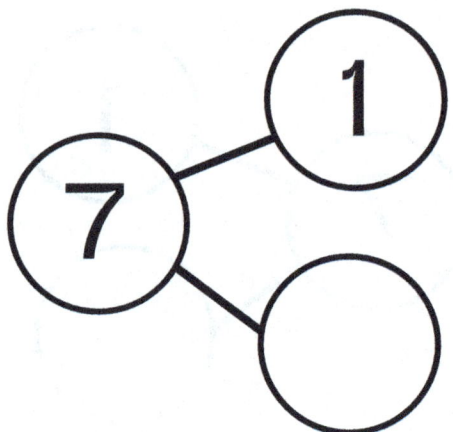

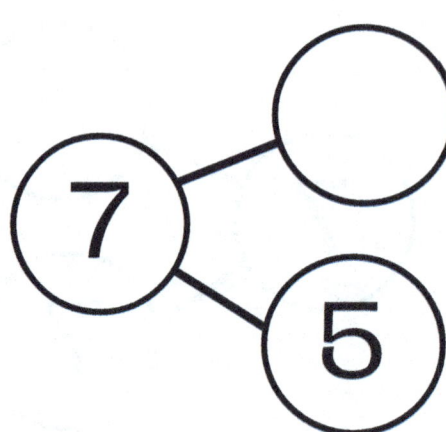

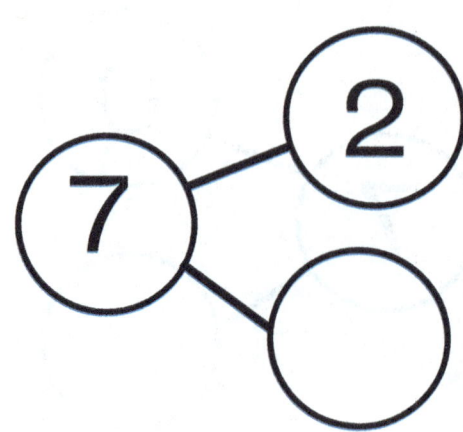

7s

7 — 7 / ( )

7 — ( ) / 5

9 — 7 / ( )

10 — 7 / ( )

8 — ( ) / 7

7 — 4 / ( )

7 — 3 / ( )

7 — ( ) / 0

7 — 6 / ( )

7 — 1 / ( )

7 — ( ) / 5

7 — 2 / ( )

Number Bonds Adding Activity

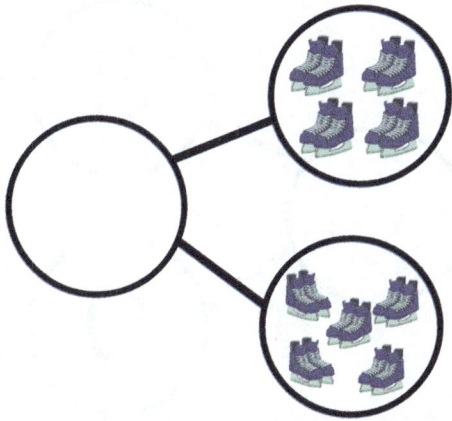

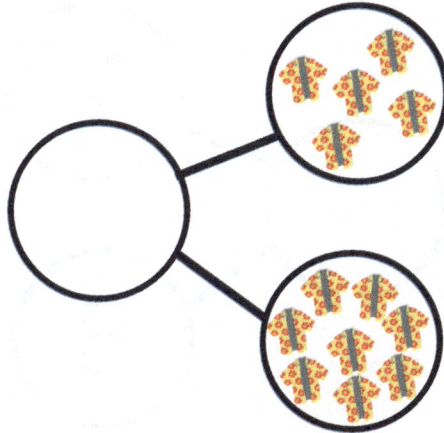

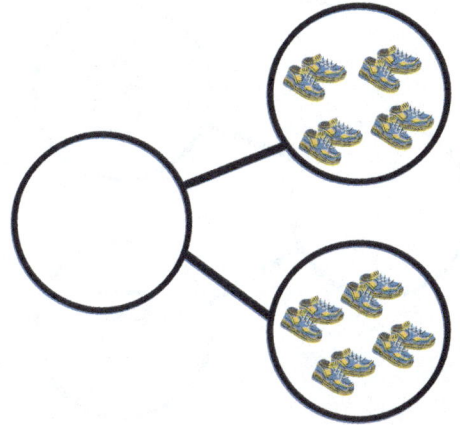

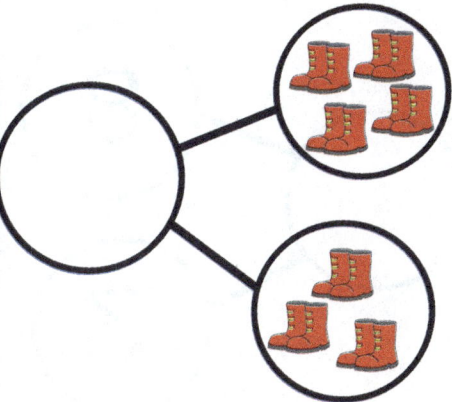

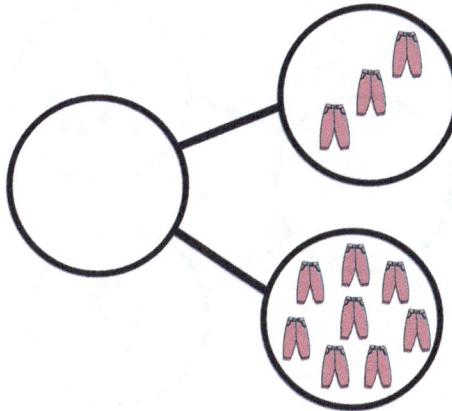

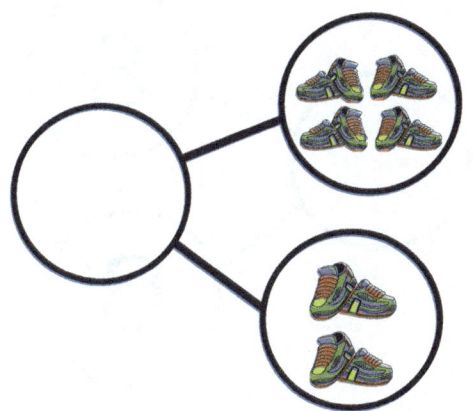

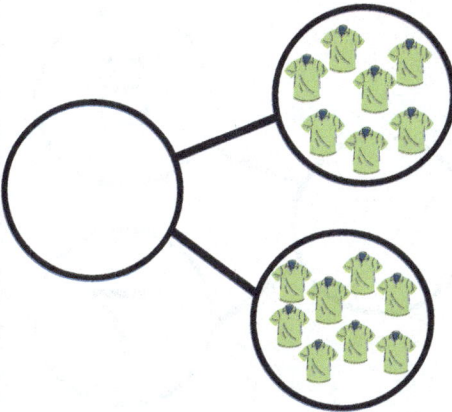

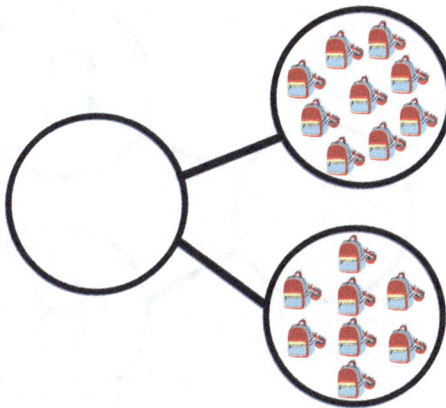

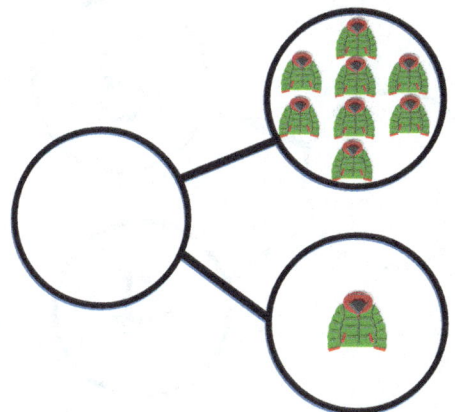

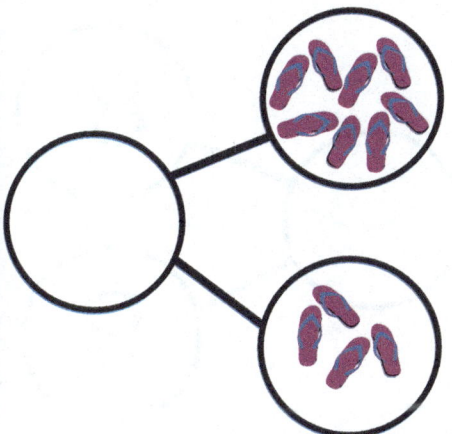

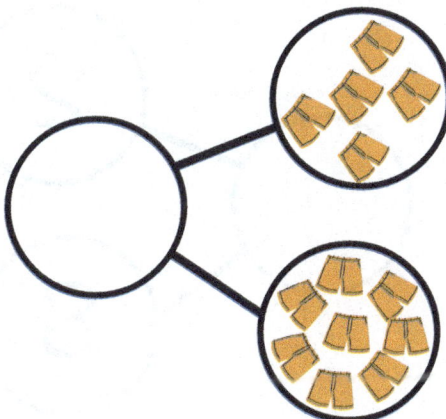

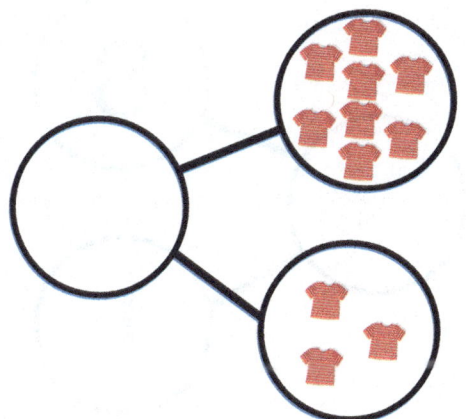

8s

Number Bonds Adding

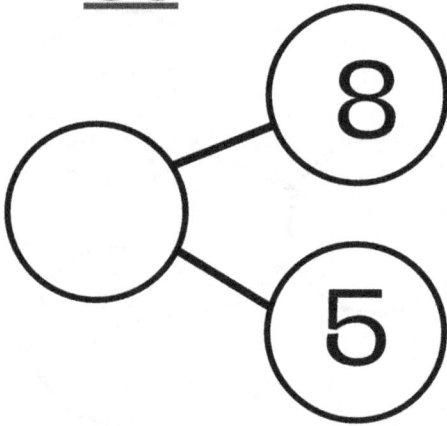

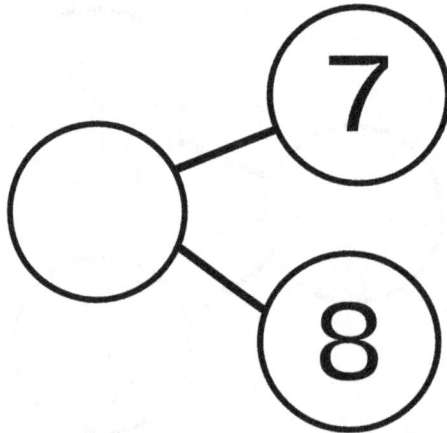

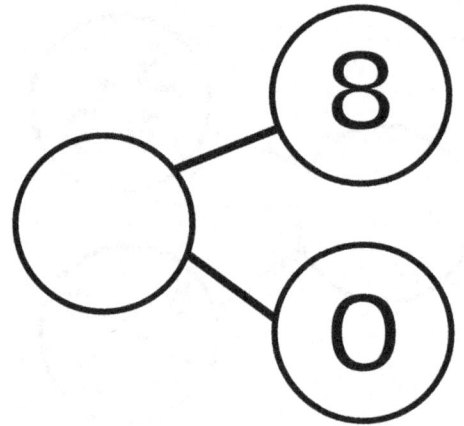

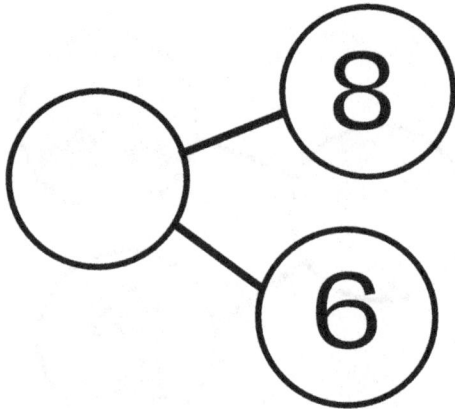

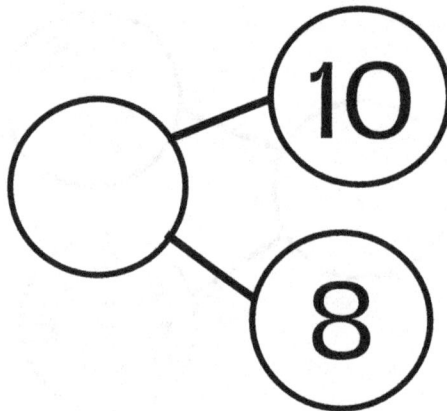

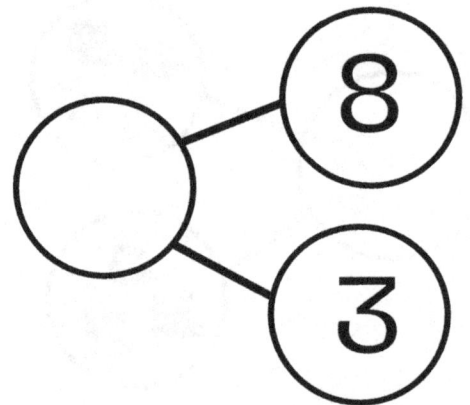

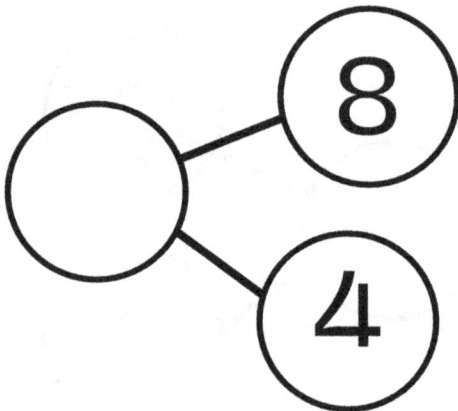

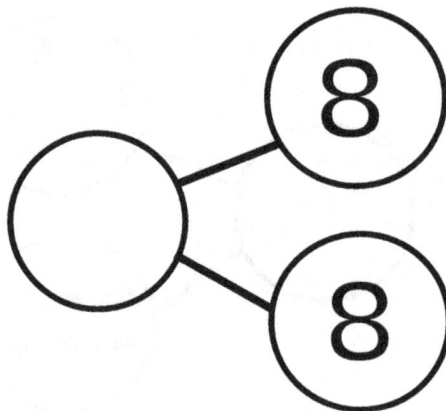

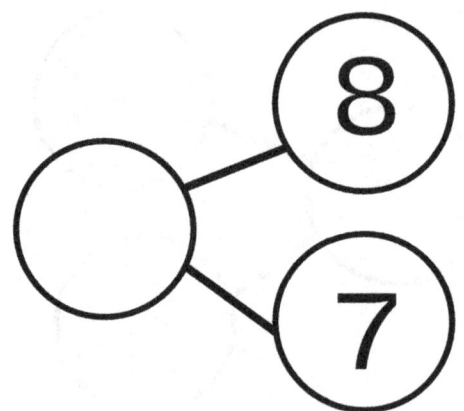

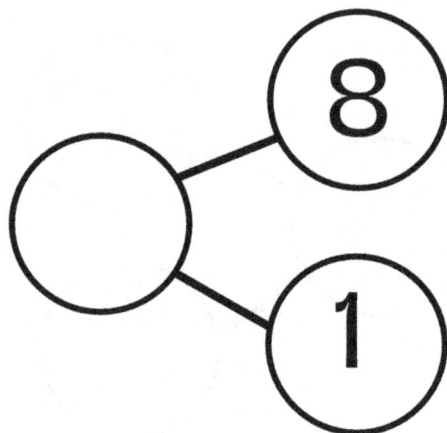

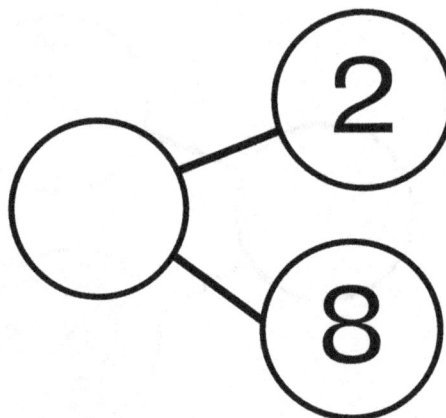

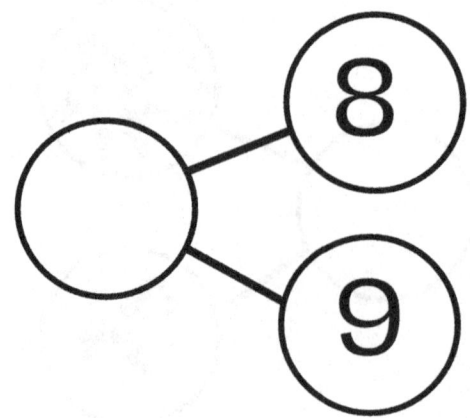

8s

◯ — 8 / 5	◯ — 7 / 8

◯ — 8 / 0

◯ — 8 / 6

◯ — 10 / 8

◯ — 8 / 3

◯ — 8 / 4

◯ — 8 / 8

◯ — 8 / 7

◯ — 8 / 1

◯ — 2 / 8

◯ — 8 / 9

Number Bonds Adding

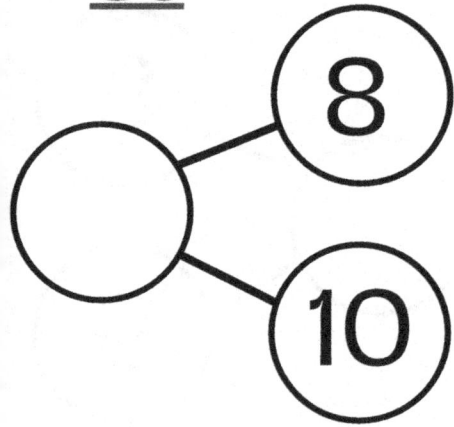

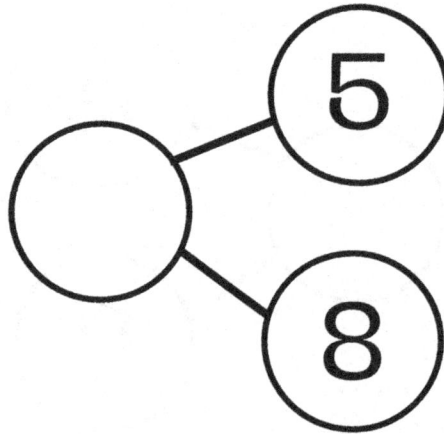

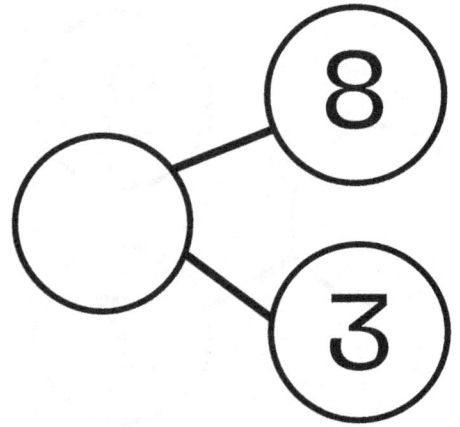

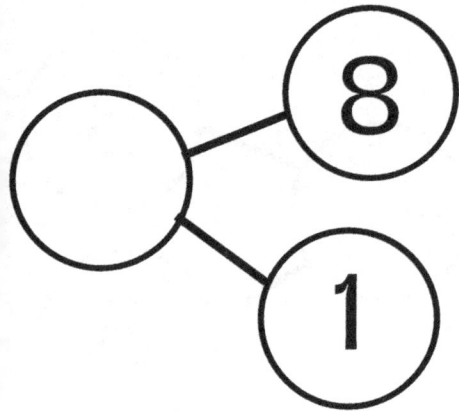

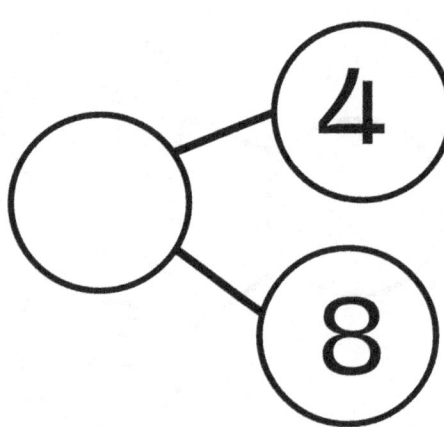

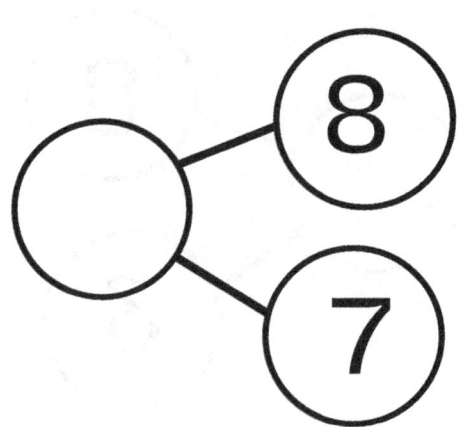

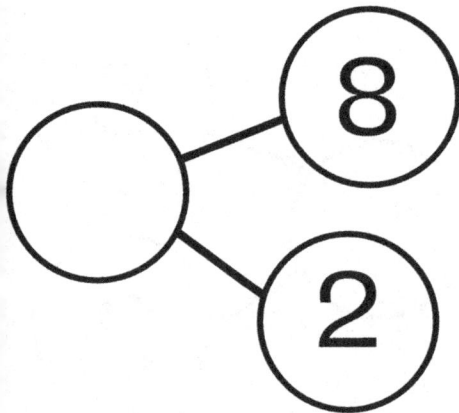

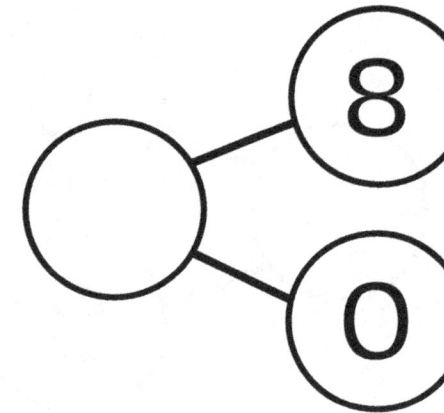

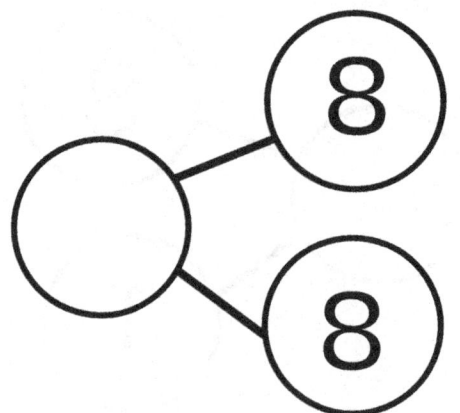

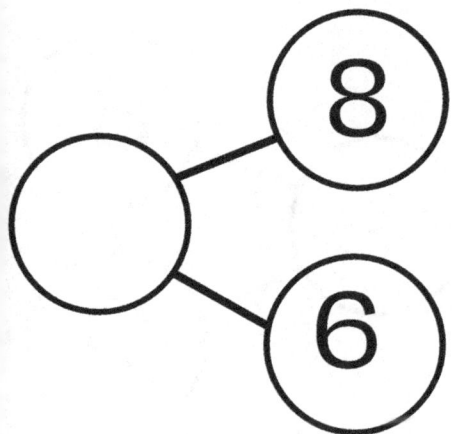

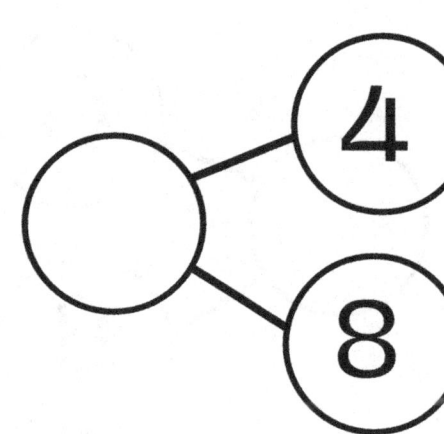

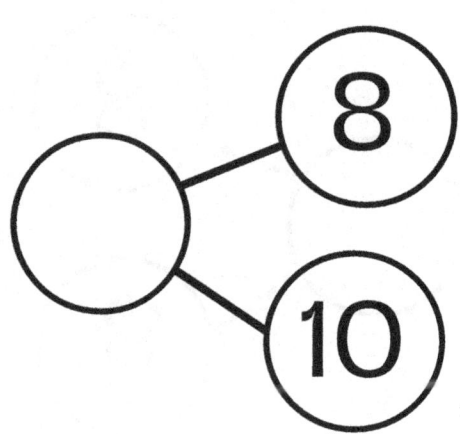

8s

8
10

5
8

8
3

8
1

4
8

8
7

8
2

8
0

8
8

8
6

4
8

8
10

Number Bonds Adding

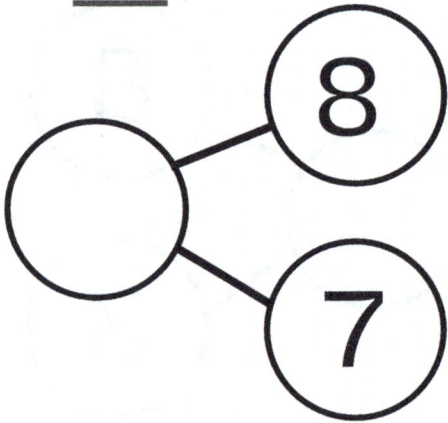

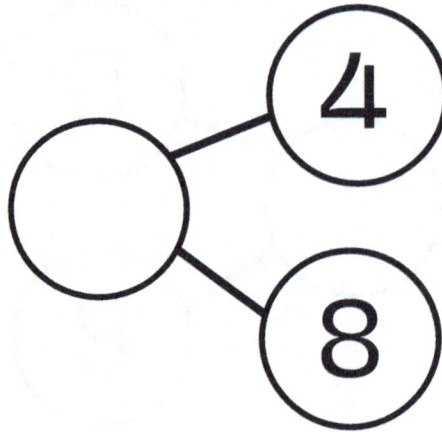

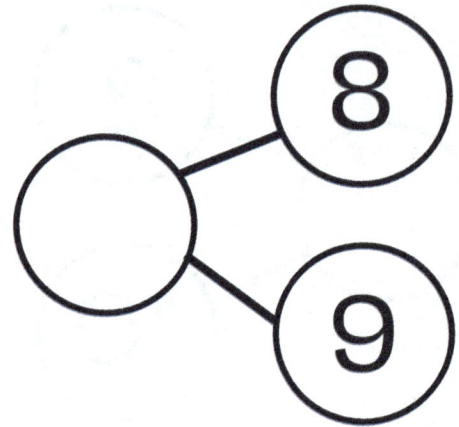

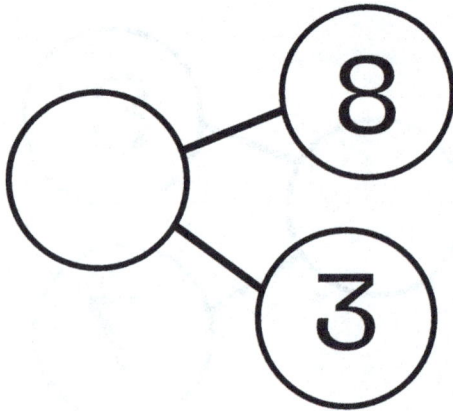

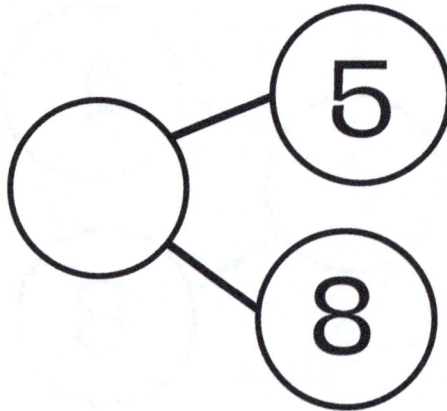

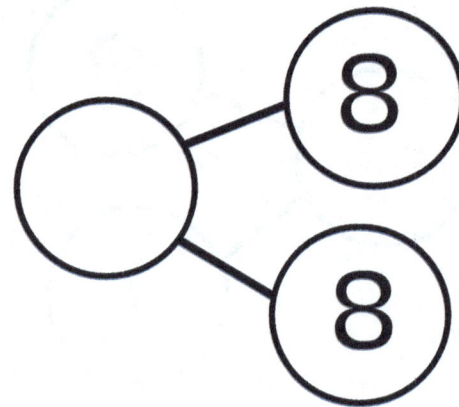

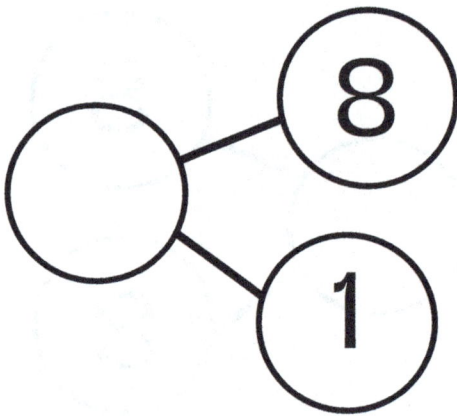

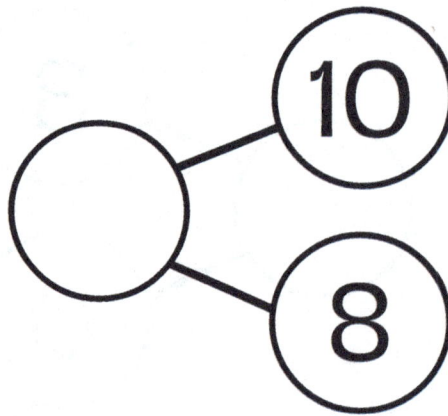

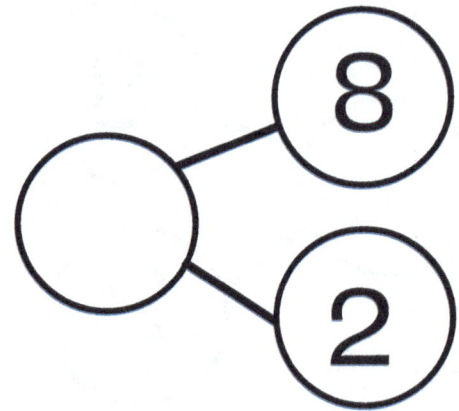

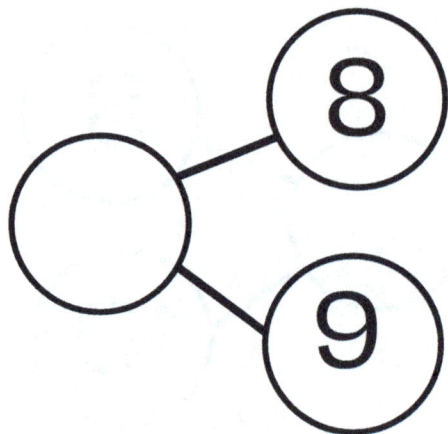

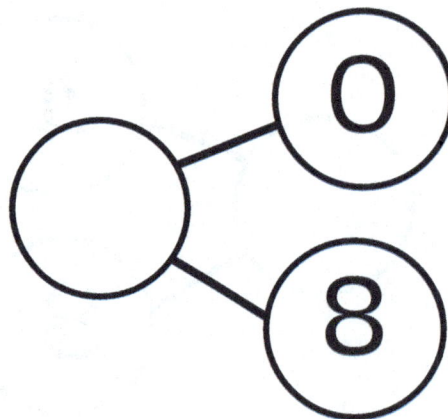

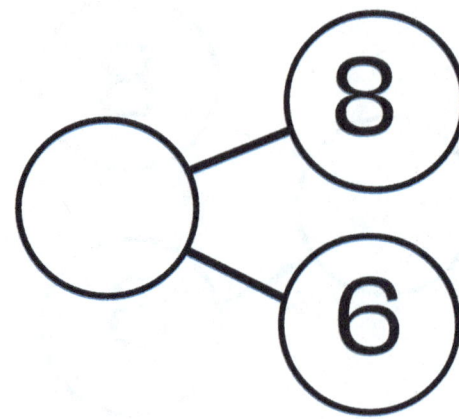

8s

Row 1:
( ) — 8, 7
( ) — 4, 8
( ) — 8, 9

Row 2:
( ) — 8, 3
( ) — 5, 8
( ) — 8, 8

Row 3:
( ) — 8, 1
( ) — 10, 8
( ) — 8, 2

Row 4:
( ) — 8, 9
( ) — 0, 8
( ) — 8, 6

Number Bonds Adding

8s

○ — 8 / 3

○ — 7 / 8

○ — 8 / 1

○ — 8 / 0

○ — 4 / 8

○ — 8 / 7

○ — 8 / 6

○ — 8 / 8

○ — 8 / 9

○ — 8 / 10

○ — 2 / 8

○ — 8 / 5

Number Bonds Adding

8s

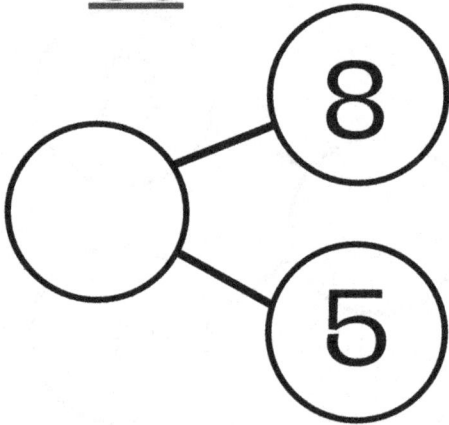
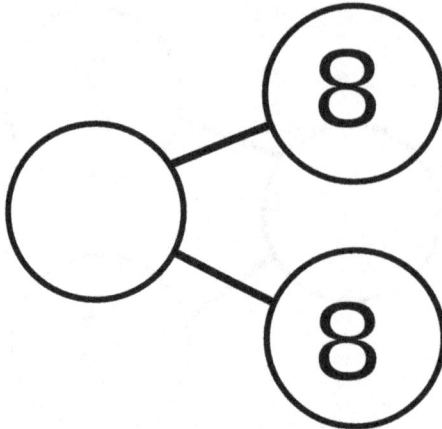
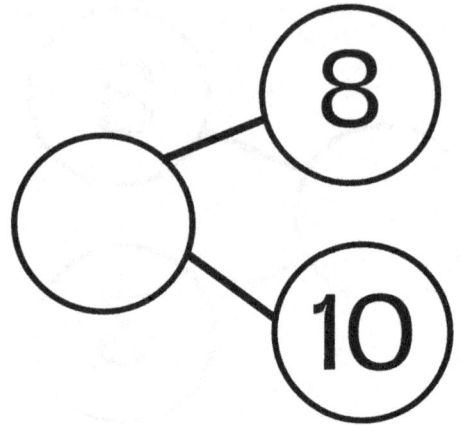

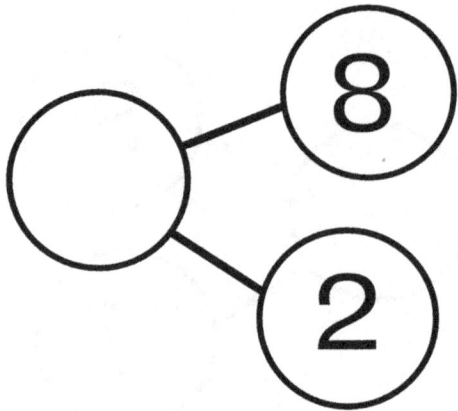
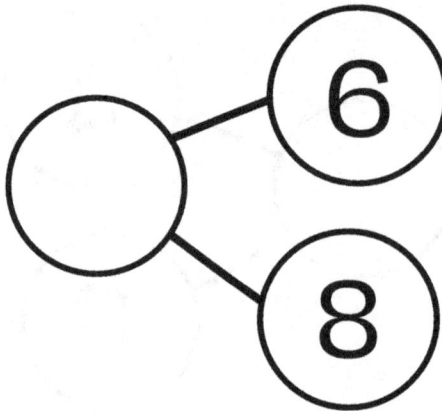
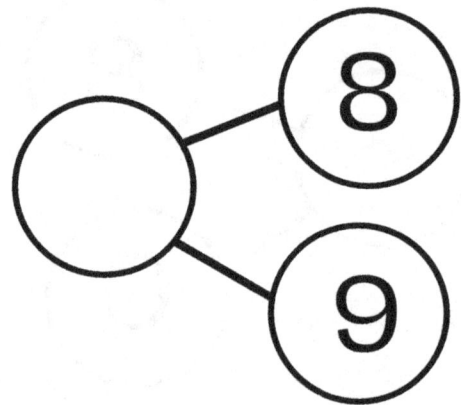

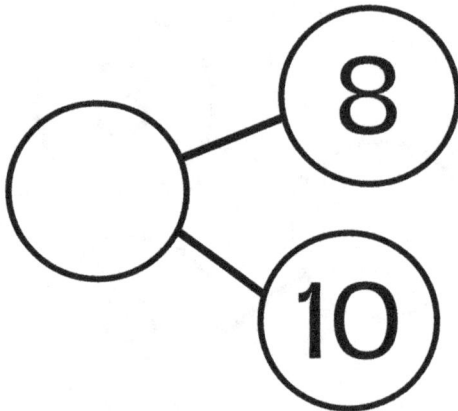
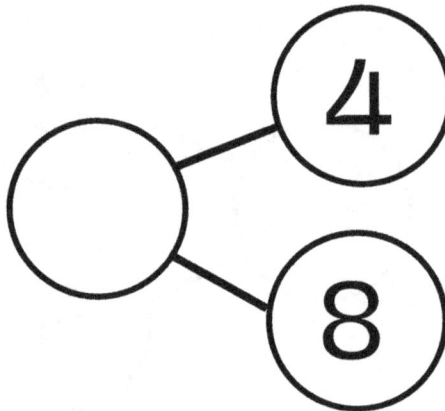
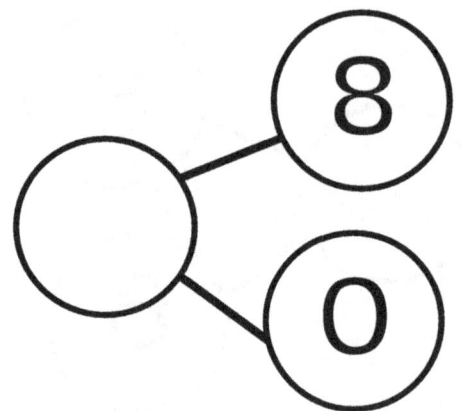

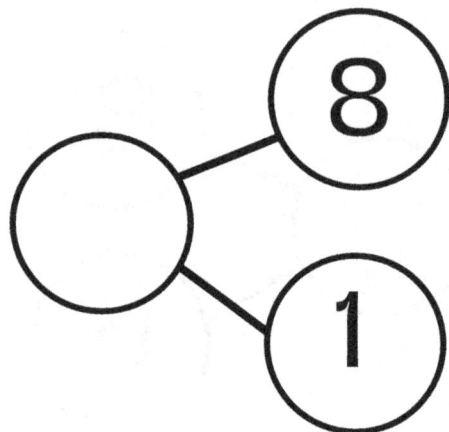
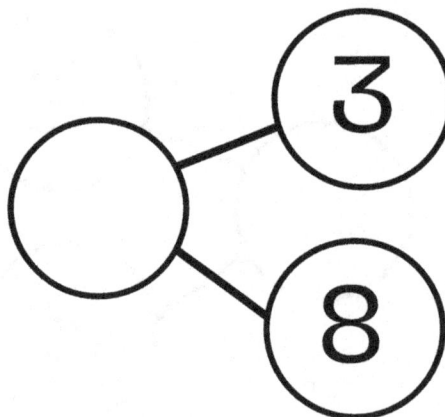
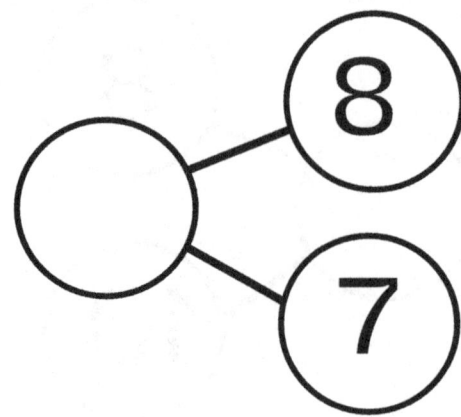

Number Bonds Subtracting Activity

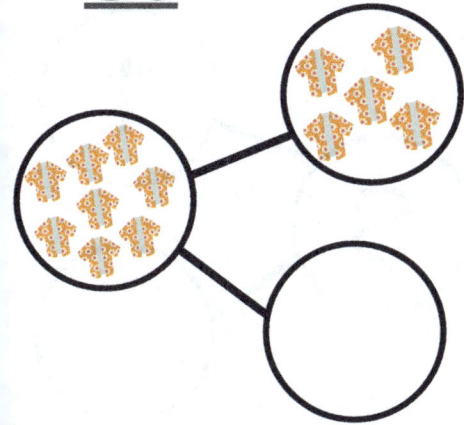

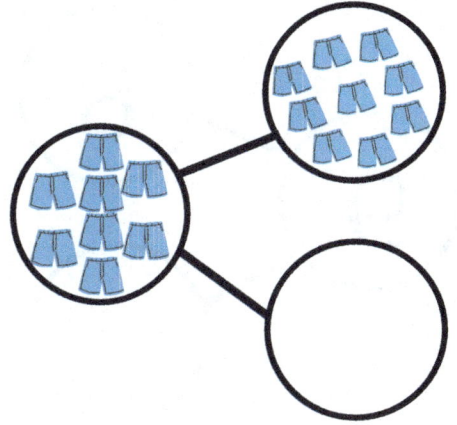

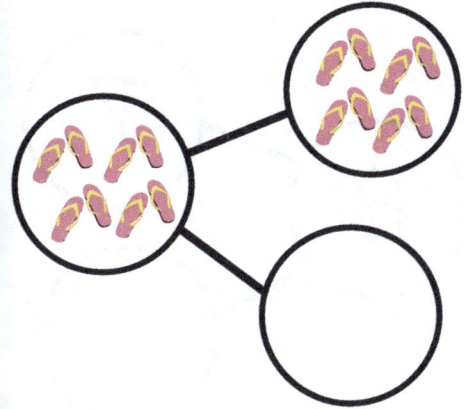

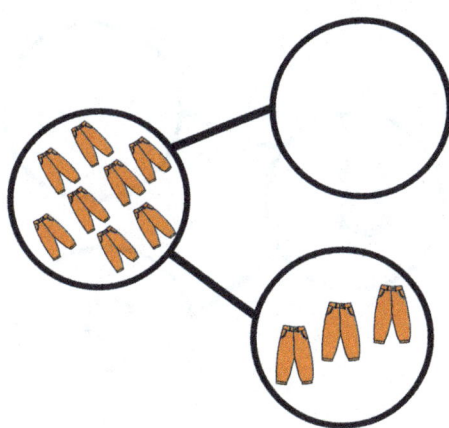

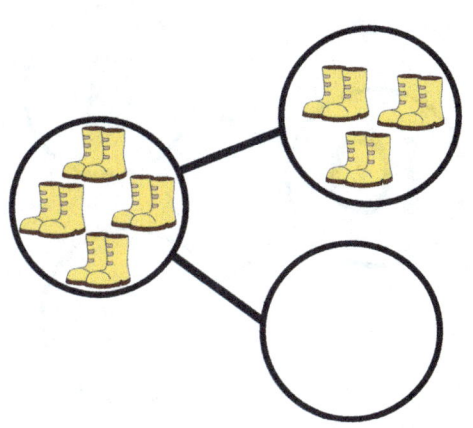

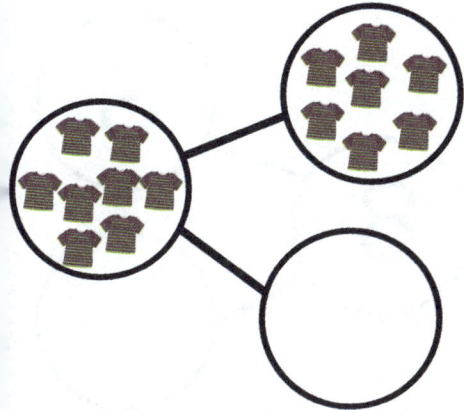

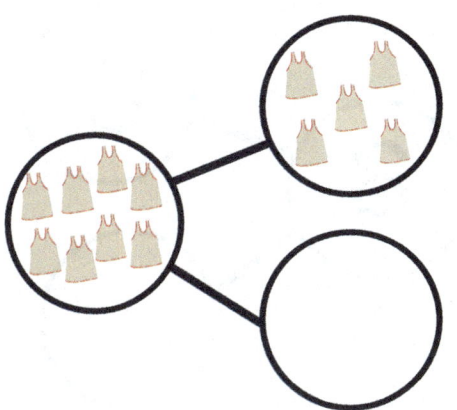

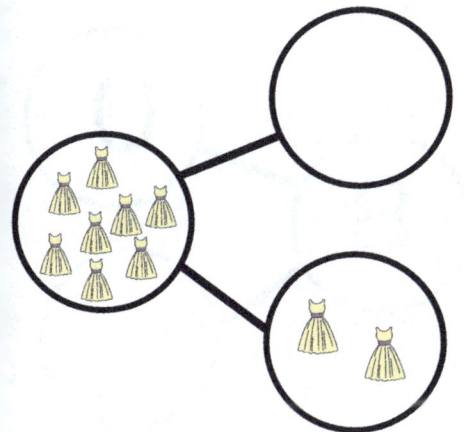

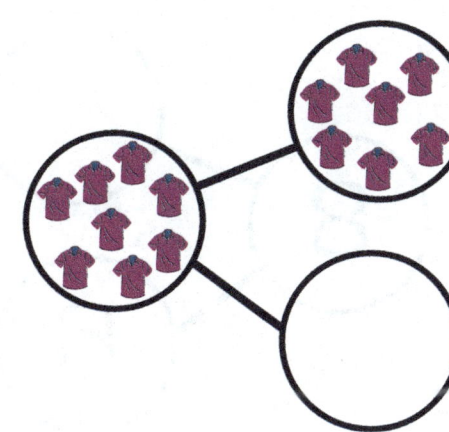

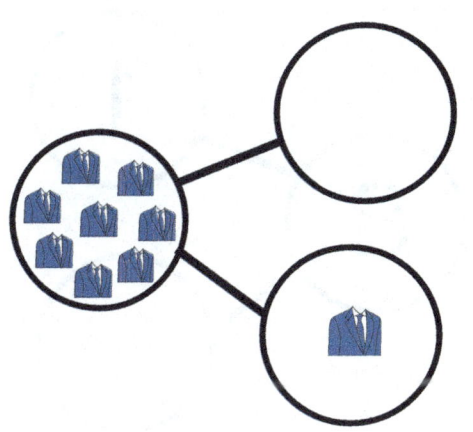

8s

Number Bonds Subtracting

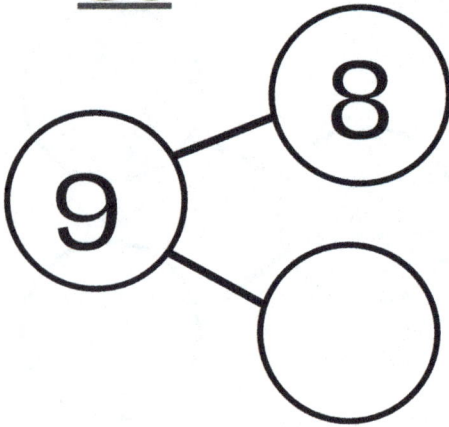

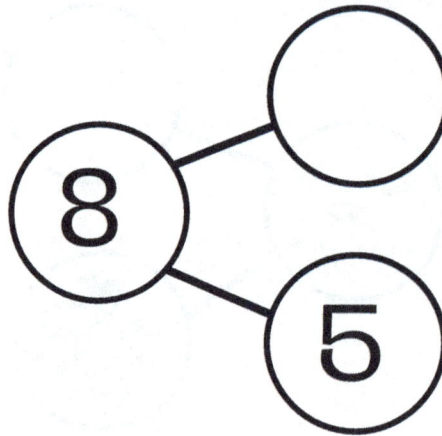

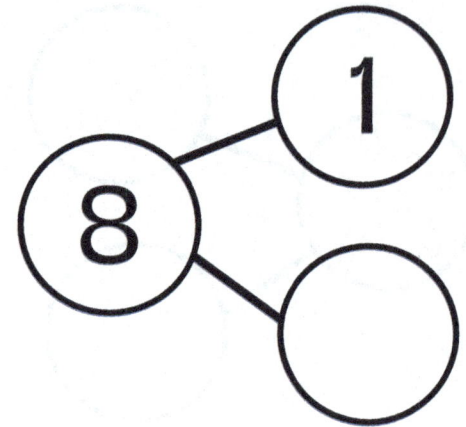

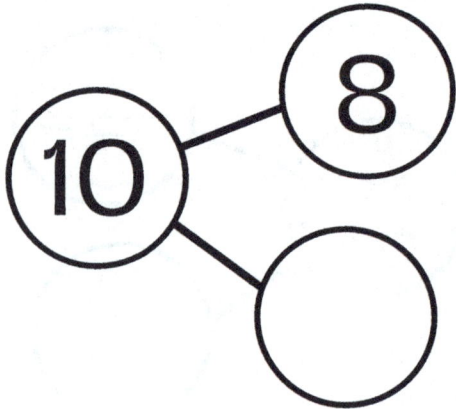

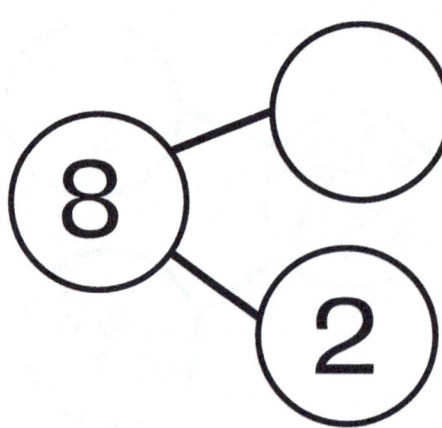

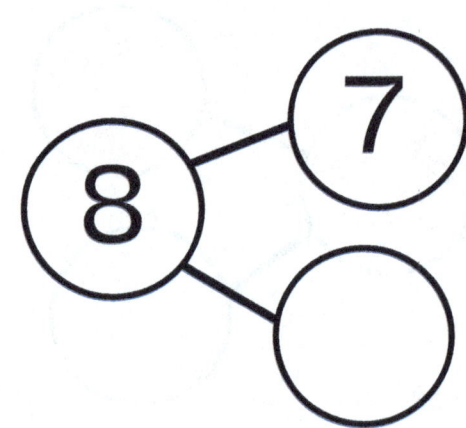

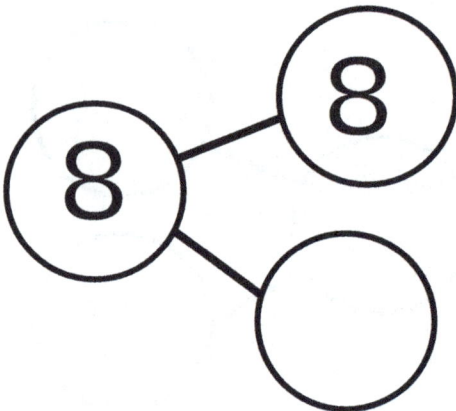

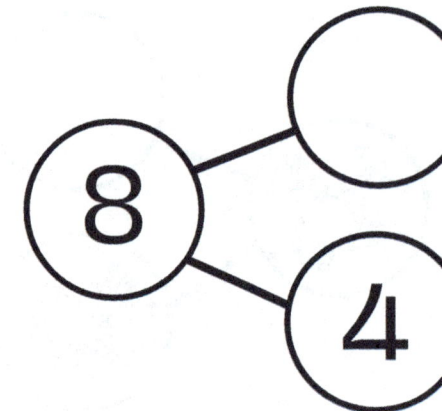

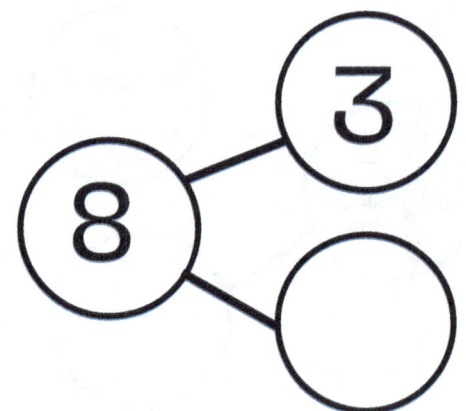

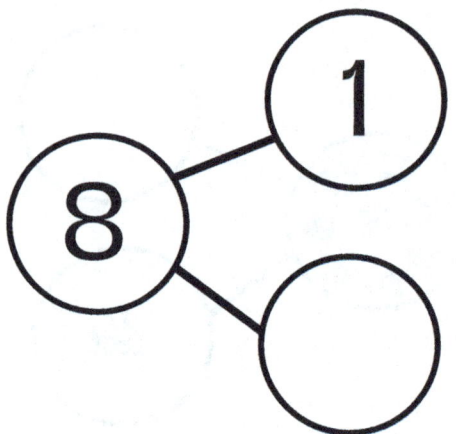

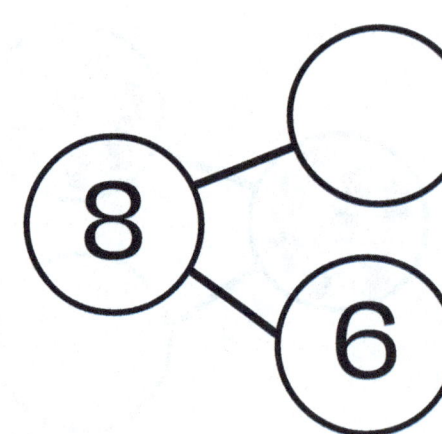

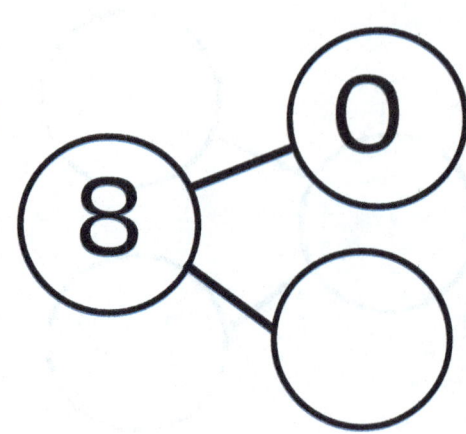

8s

9 — 8 / ( )

8 — ( ) / 5

8 — 1 / ( )

10 — 8 / ( )

8 — ( ) / 2

8 — 7 / ( )

8 — 8 / ( )

8 — ( ) / 4

8 — 3 / ( )

8 — 1 / ( )

8 — ( ) / 6

8 — 0 / ( )

Number Bonds Subtracting

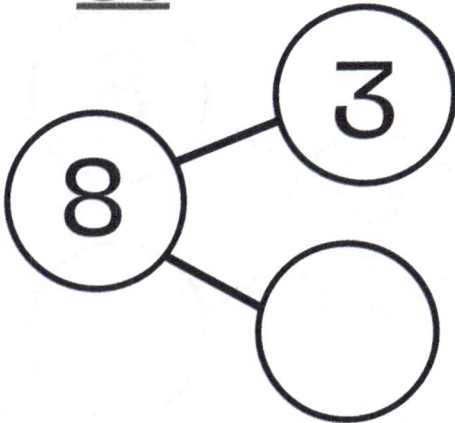

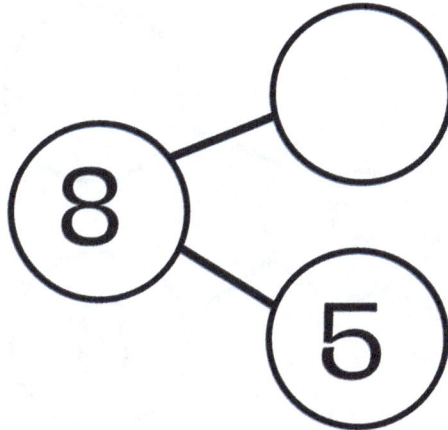

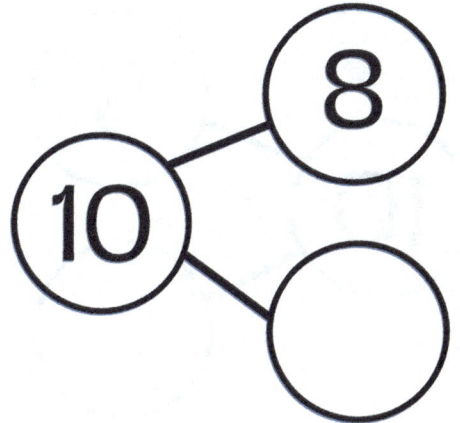

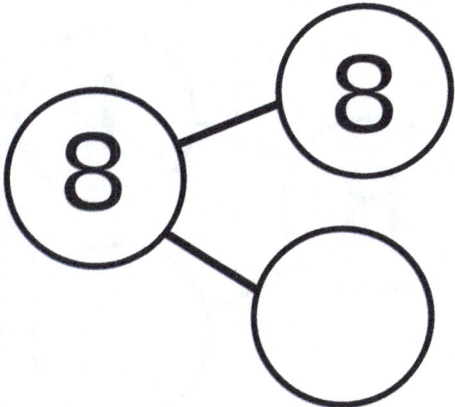

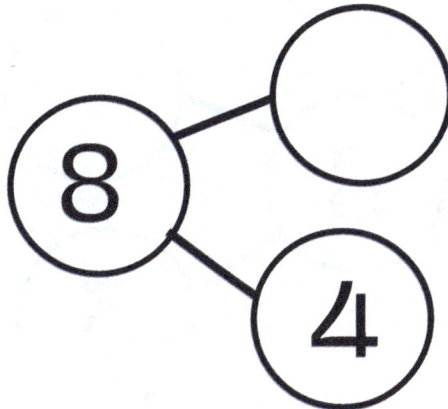

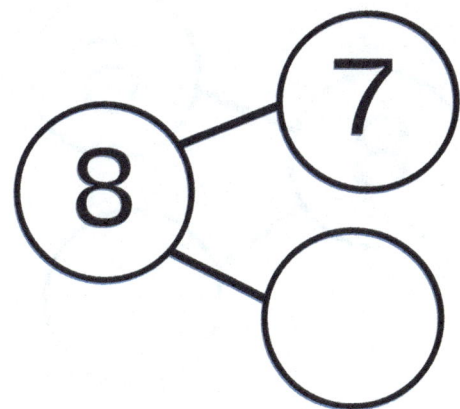

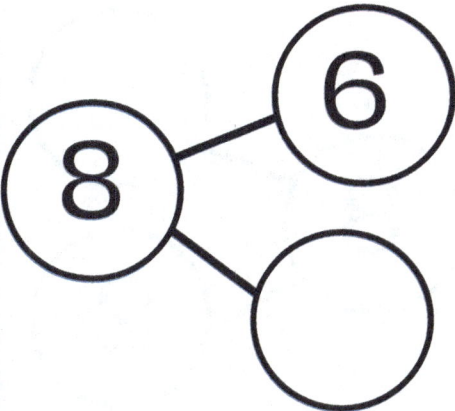

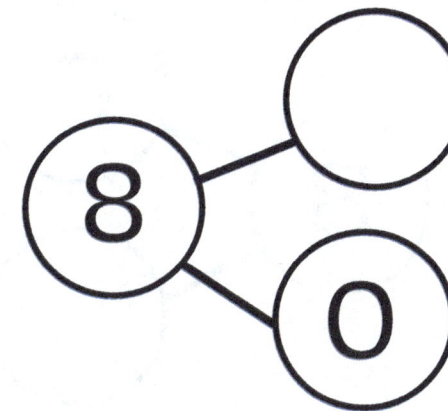

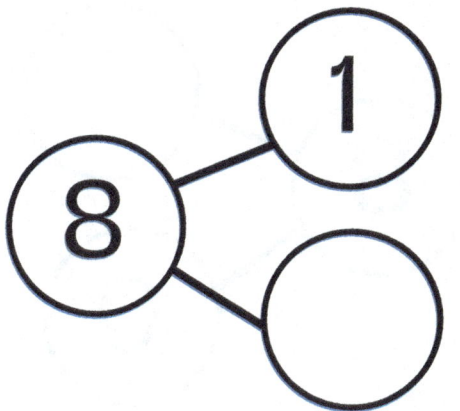

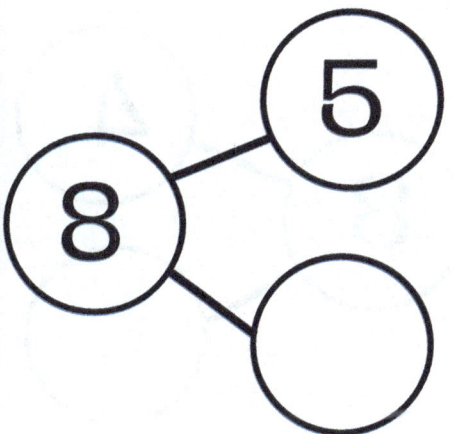

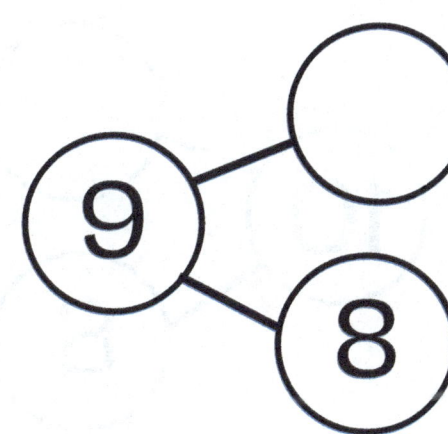

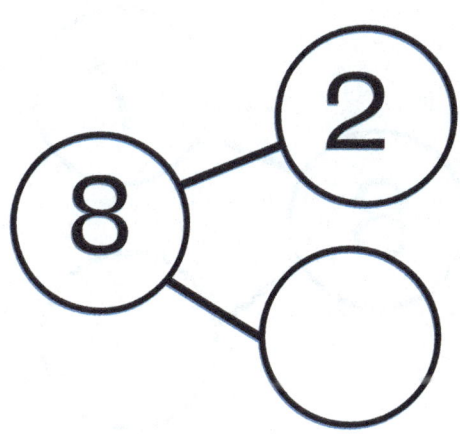

8s

8 — 3 — ◯

8 — ◯ — 5

10 — 8 — ◯

8 — 8 — ◯

8 — ◯ — 4

8 — 7 — ◯

8 — 6 — ◯

8 — ◯ — 0

8 — 1 — ◯

8 — 5 — ◯

9 — ◯ — 8

8 — 2 — ◯

Number Bonds Subtracting

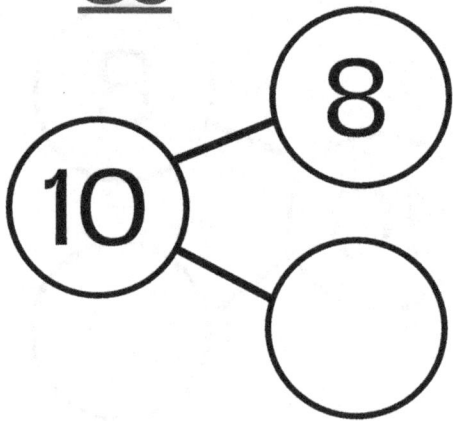
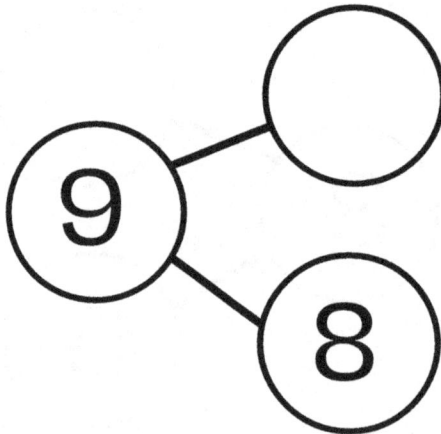
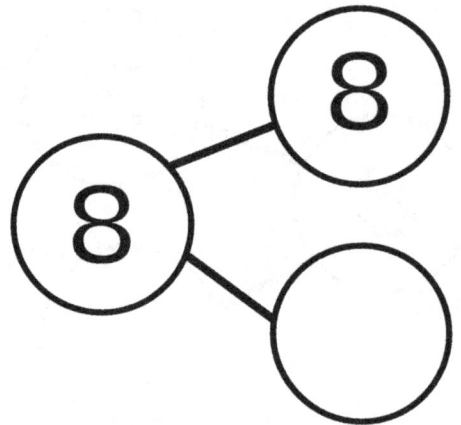
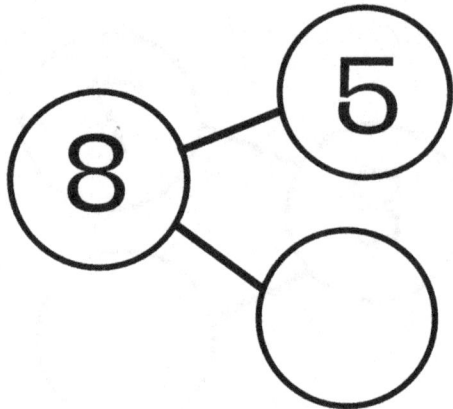
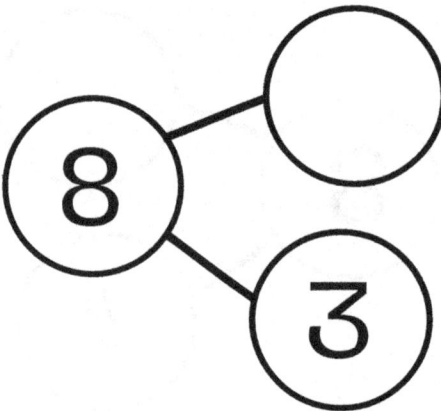
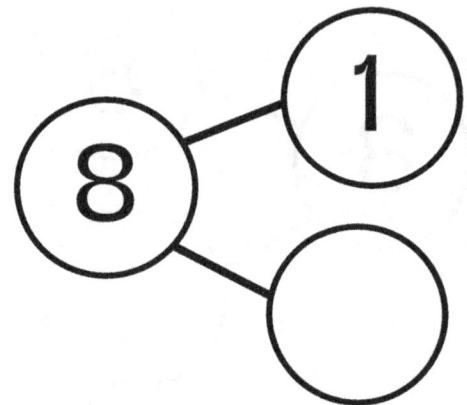
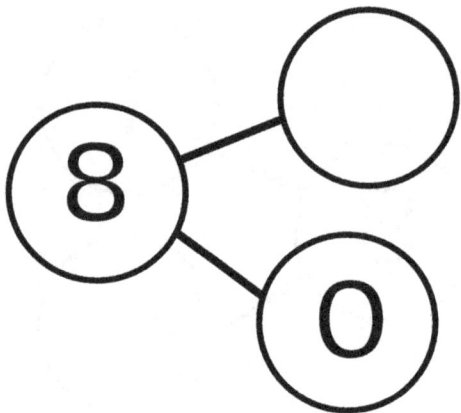
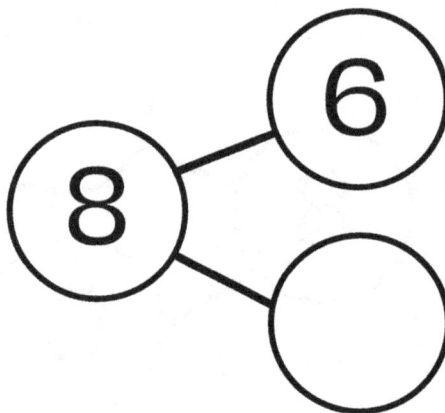
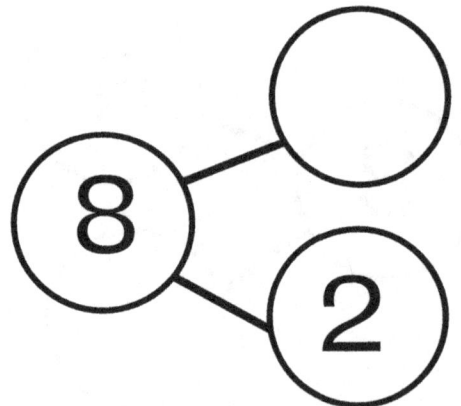
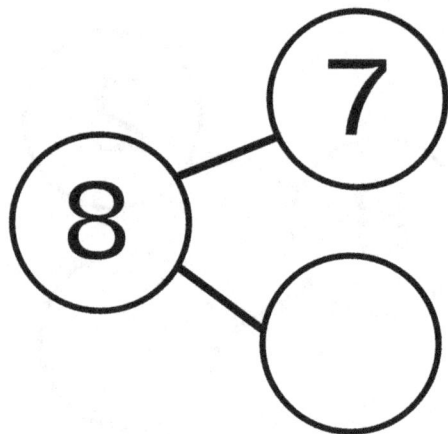
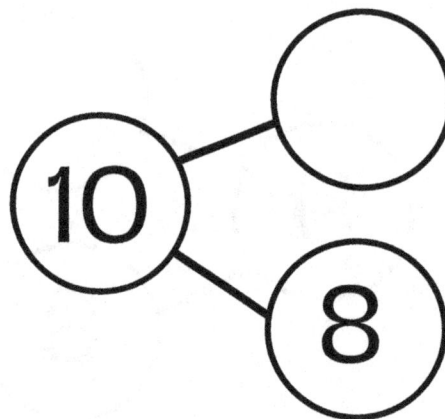
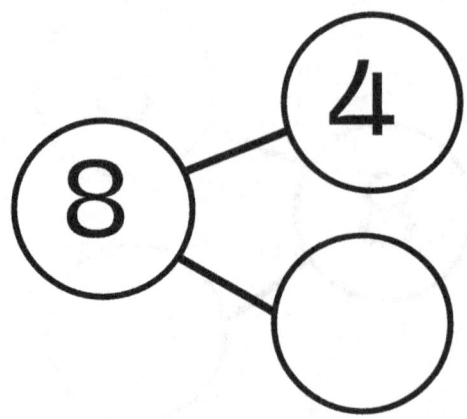

Number Bonds Subtracting

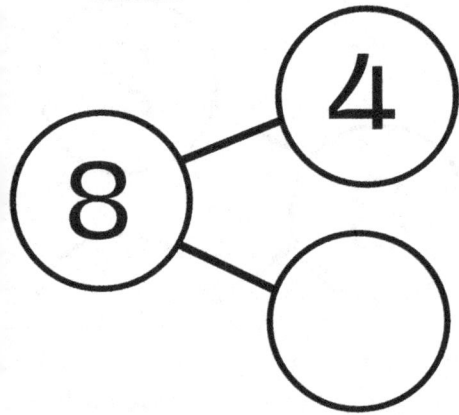

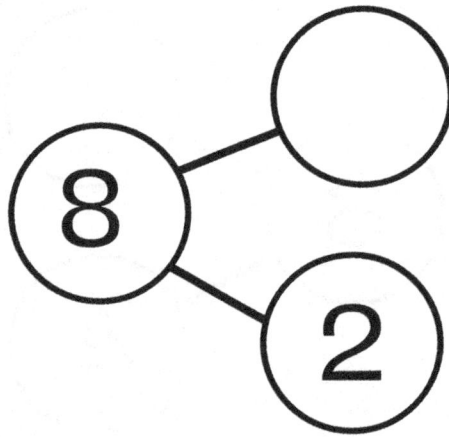

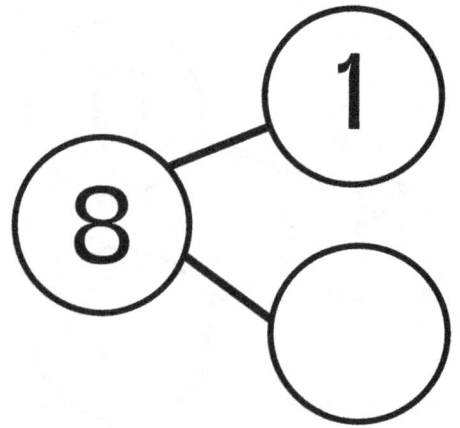

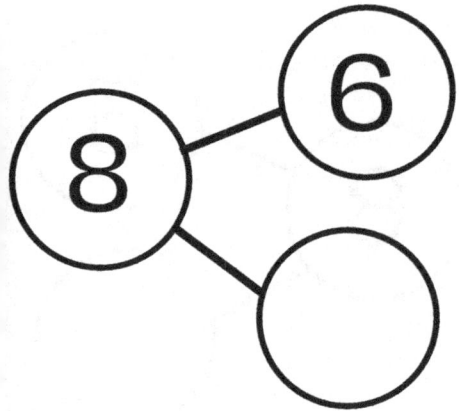

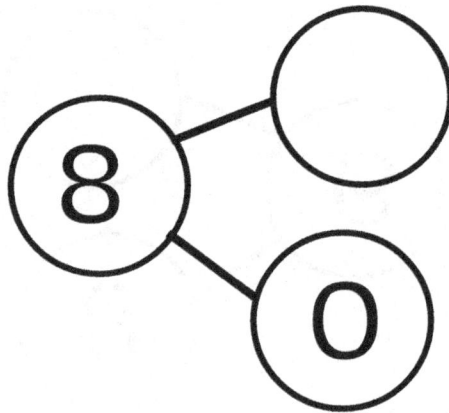

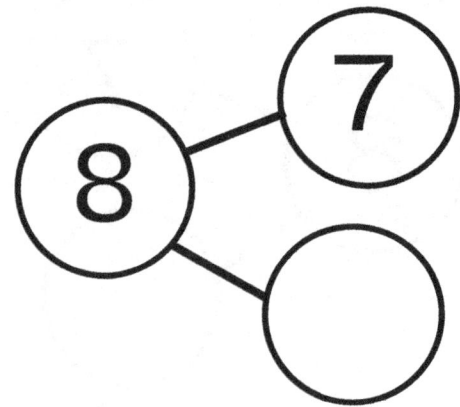

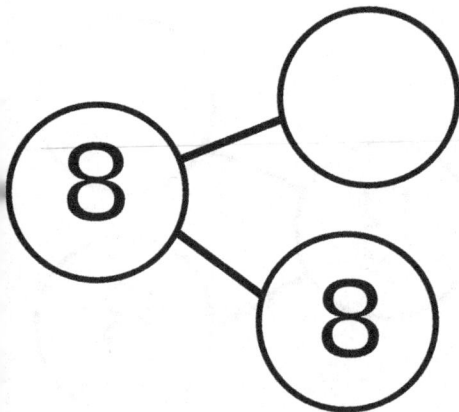

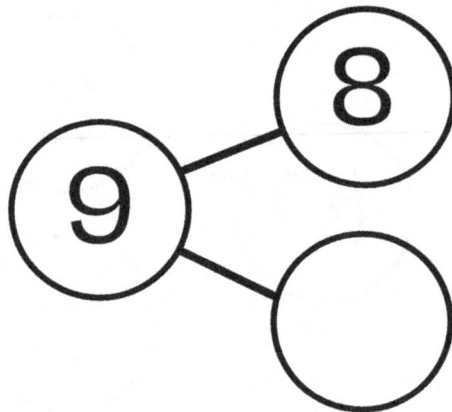

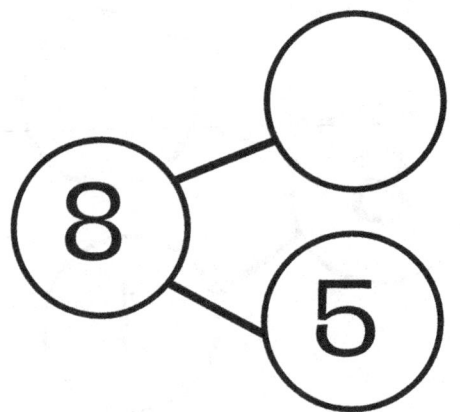

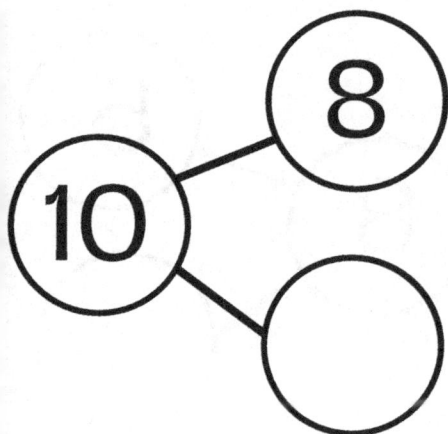

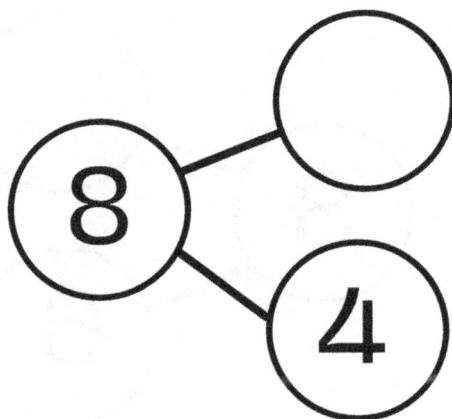

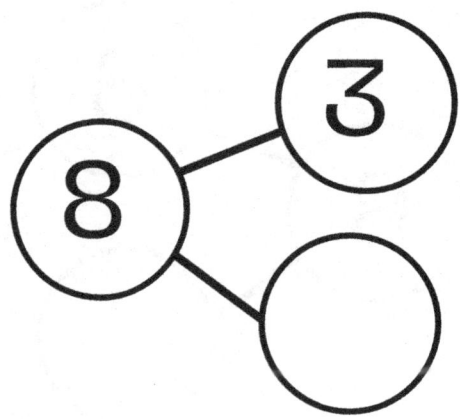

8s

8 — 4 — ( )

8 — ( ) — 2

8 — 1 — ( )

8 — 6 — ( )

8 — ( ) — 0

8 — 7 — ( )

8 — ( ) — 8

9 — 8 — ( )

8 — ( ) — 5

10 — 8 — ( )

8 — ( ) — 4

8 — 3 — ( )

Number Bonds Subtracting

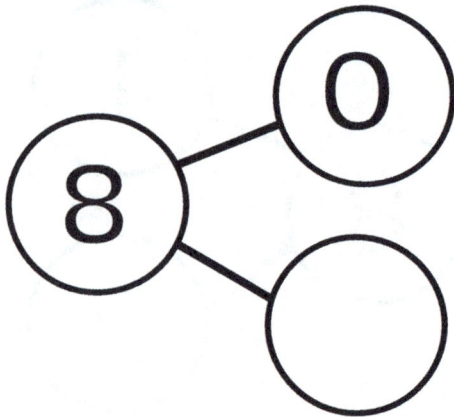

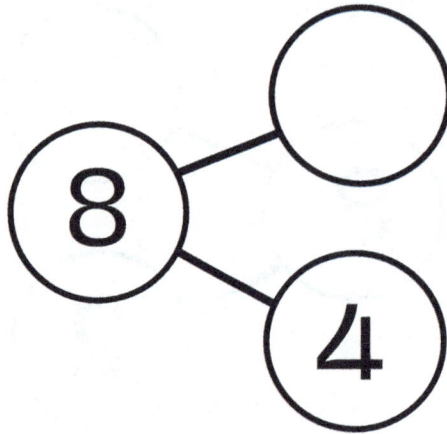

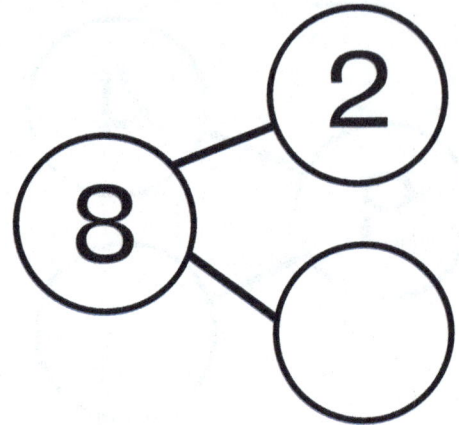

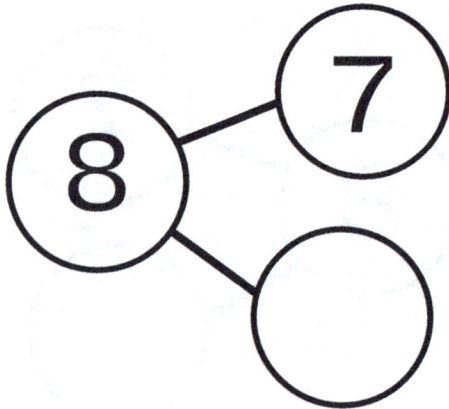

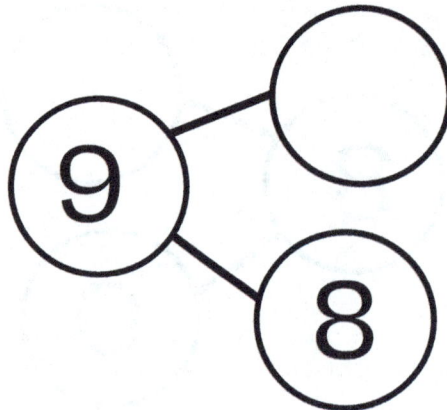

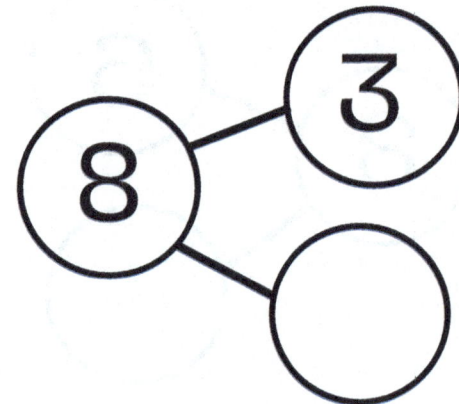

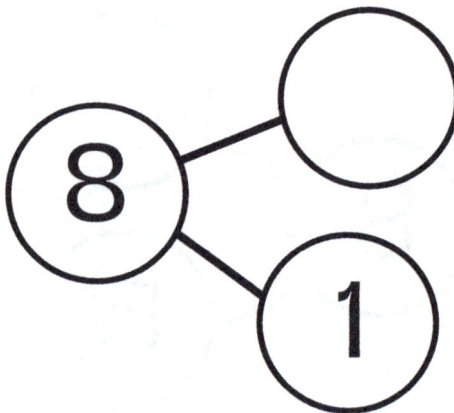

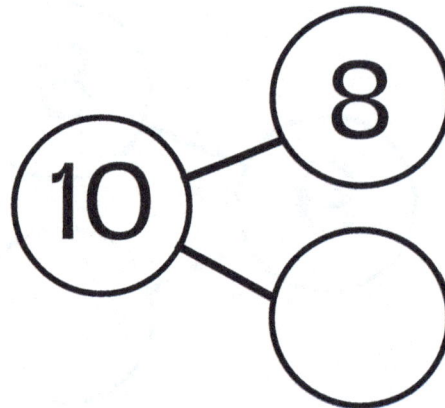

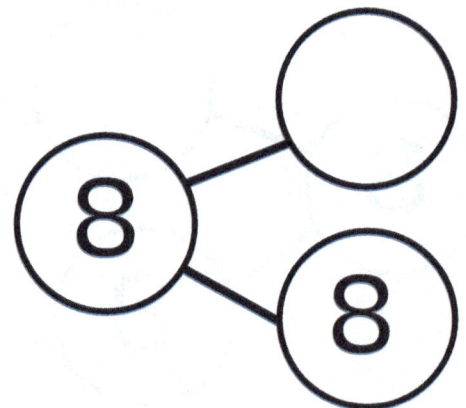

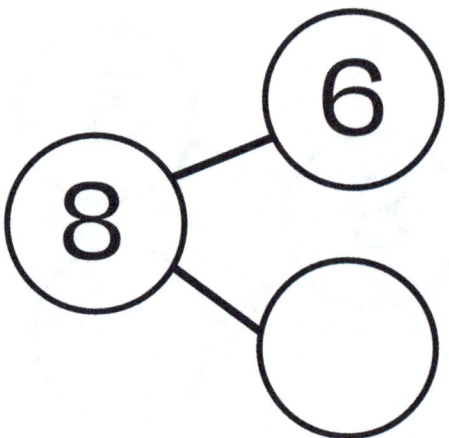

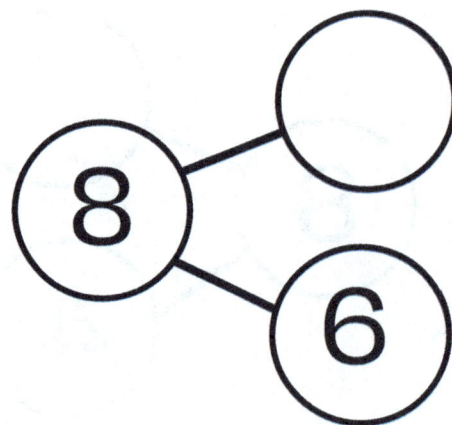

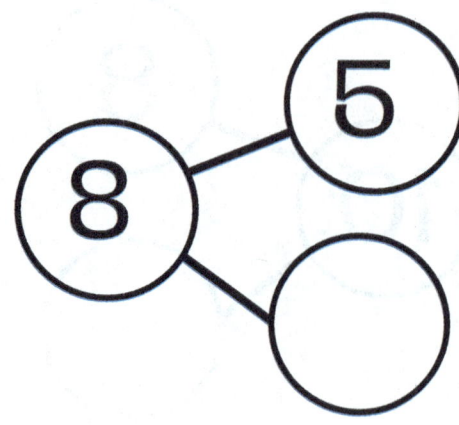

8s

8 — 0 — ( )

8 — ( ) — 4

8 — 2 — ( )

8 — 7 — ( )

9 — ( ) — 8

8 — 3 — ( )

8 — ( ) — 1

10 — 8 — ( )

8 — ( ) — 8

8 — 6 — ( )

8 — ( ) — 6

8 — 5 — ( )

Number Bonds Adding Activity

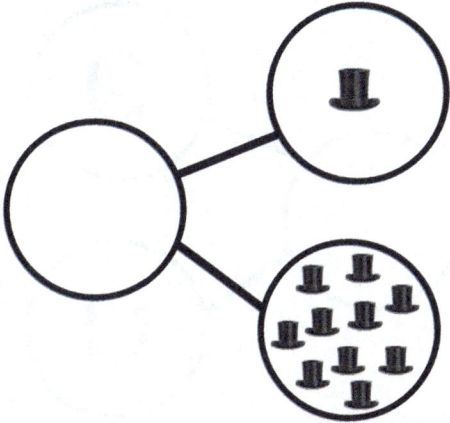

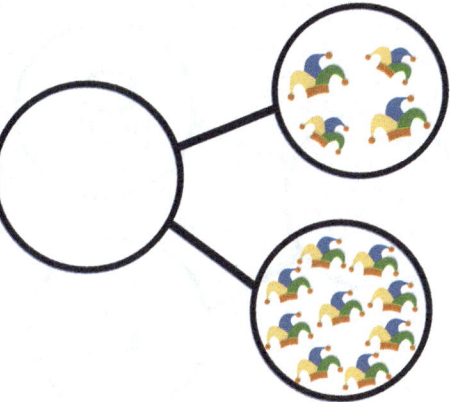

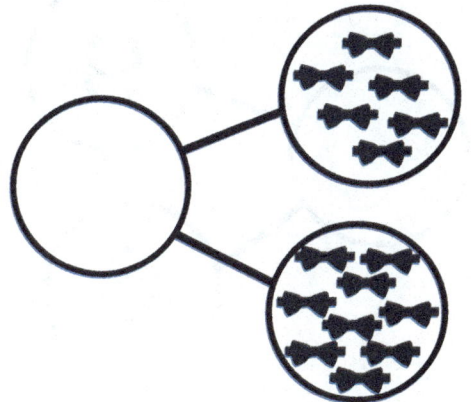

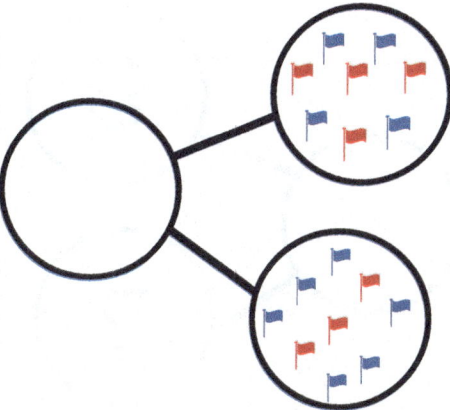

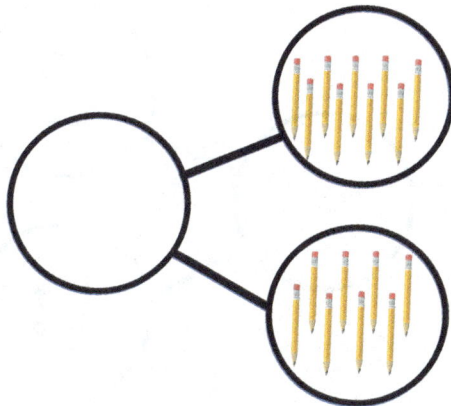

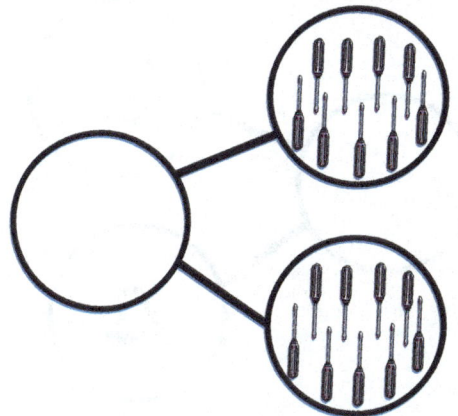

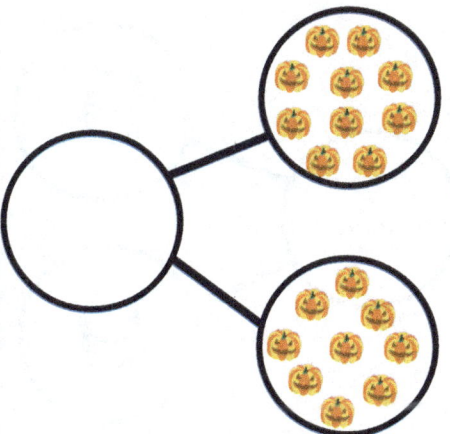

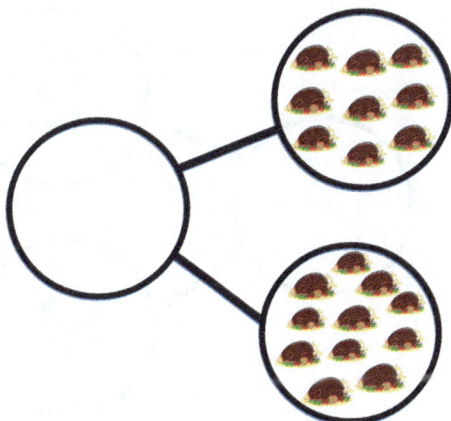

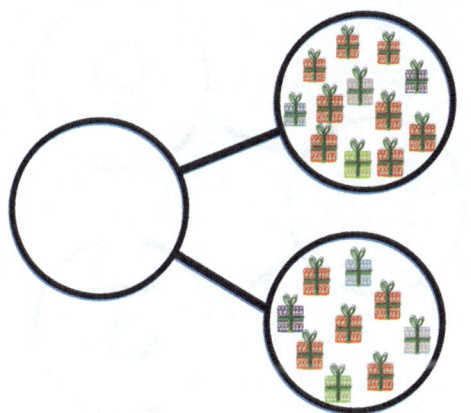

9s

Number Bonds Adding

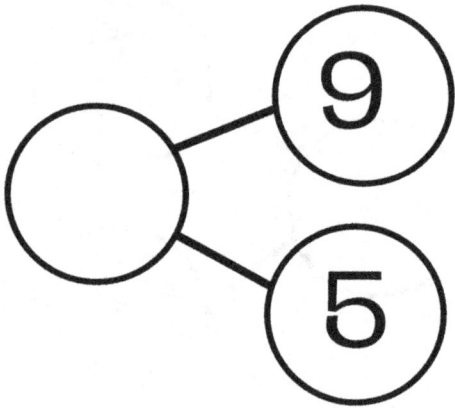

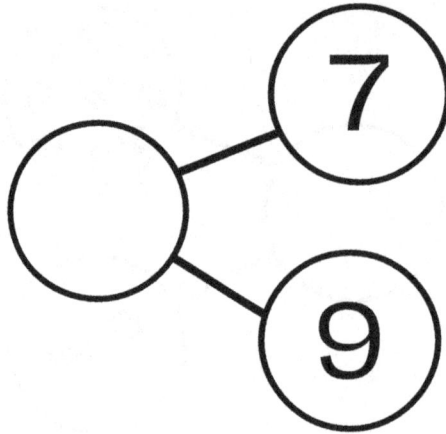

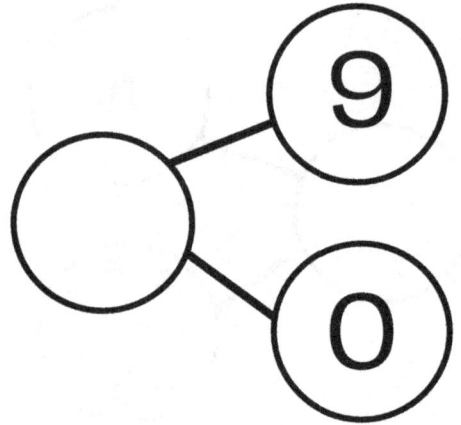

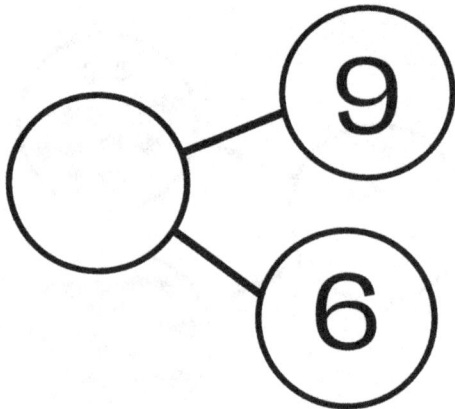

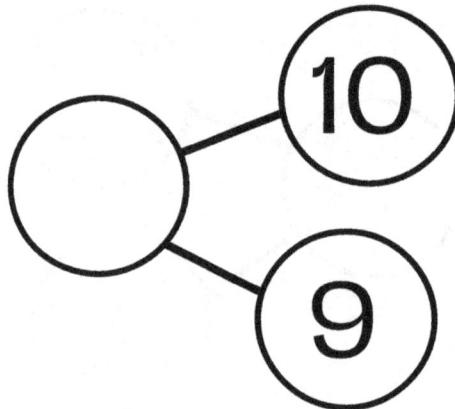

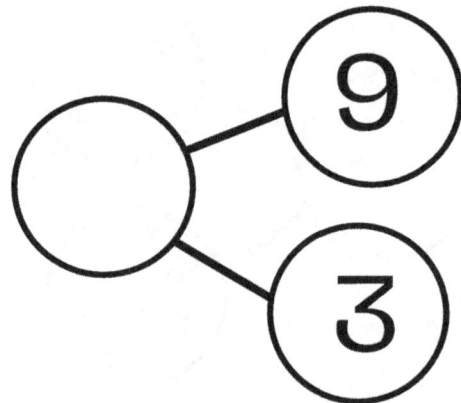

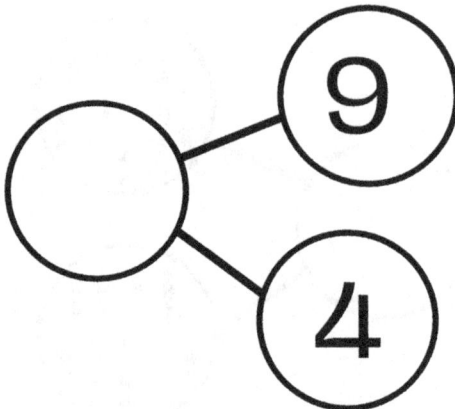

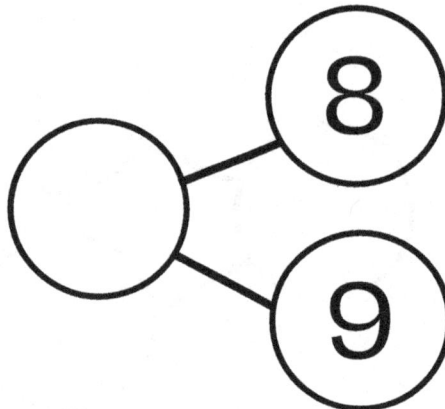

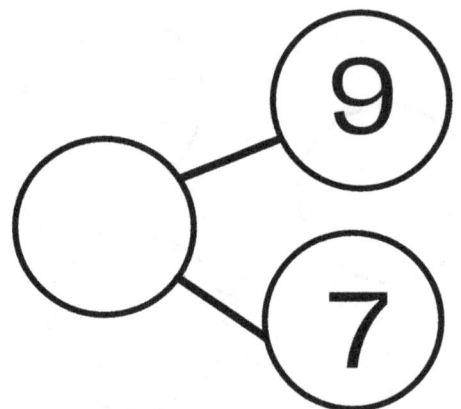

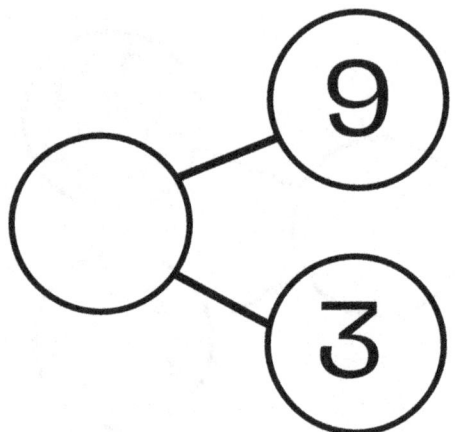

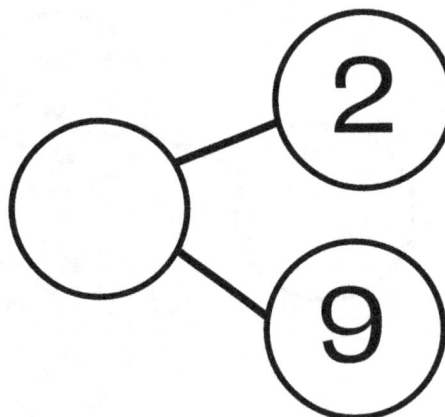

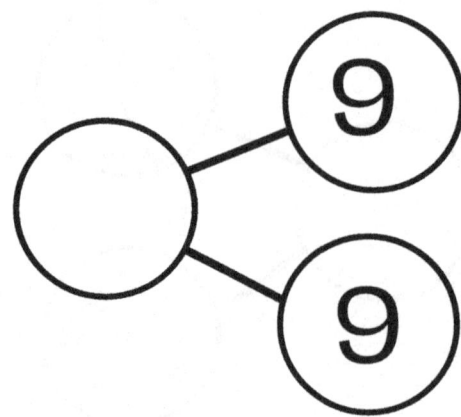

9s

( ) — 9 / 5

( ) — 7 / 9

( ) — 9 / 0

( ) — 9 / 6

( ) — 10 / 9

( ) — 9 / 3

( ) — 9 / 4

( ) — 8 / 9

( ) — 9 / 7

( ) — 9 / 3

( ) — 2 / 9

( ) — 9 / 9

Number Bonds Adding

9s

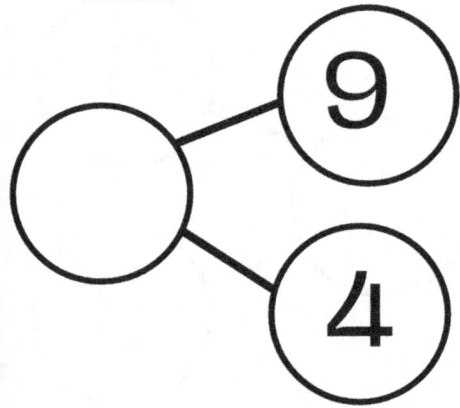
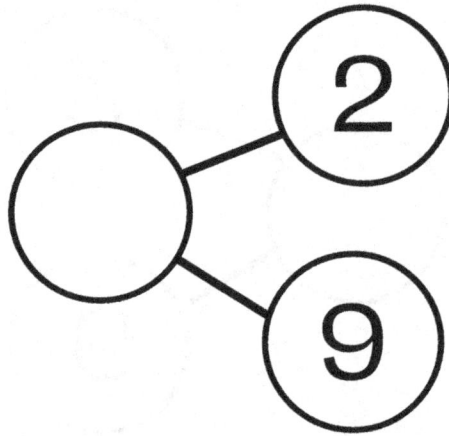
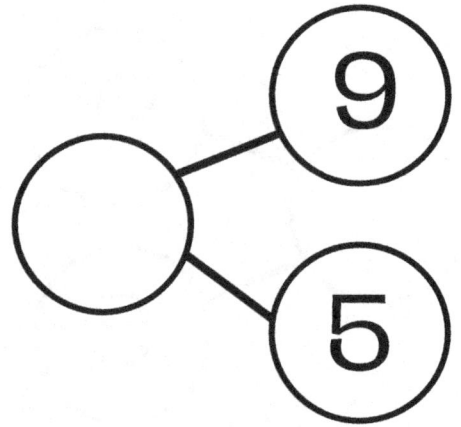

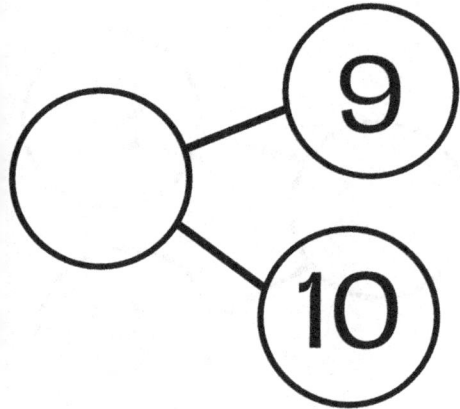
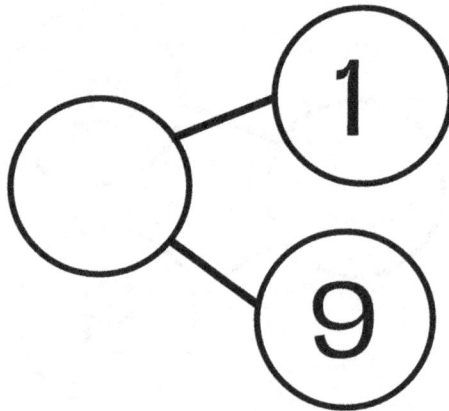
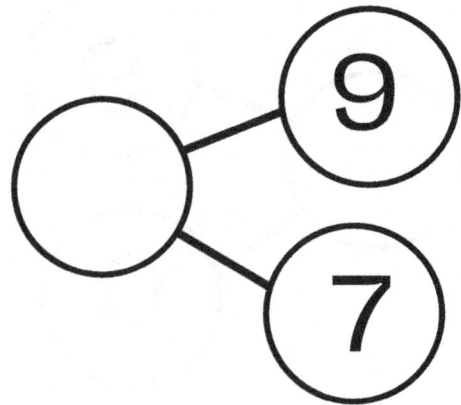

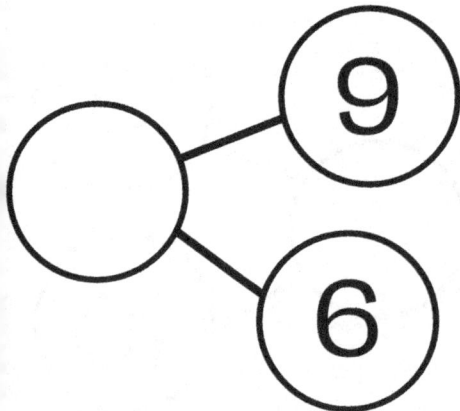
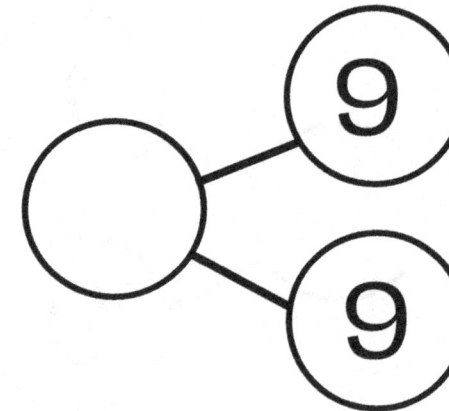
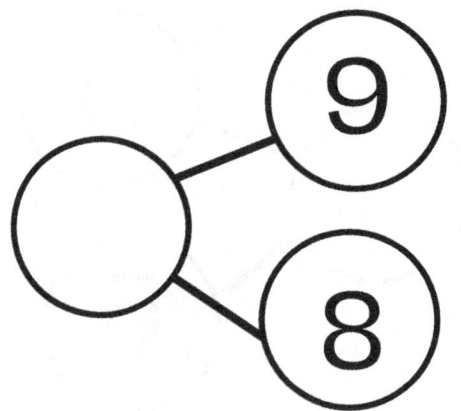

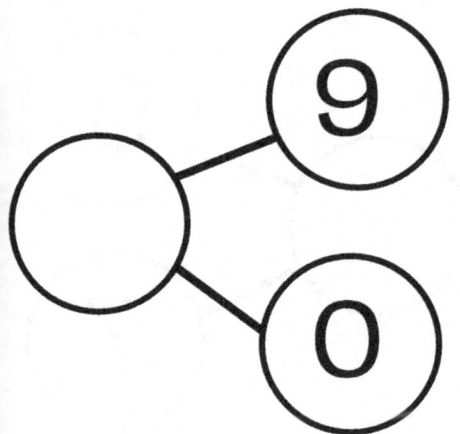
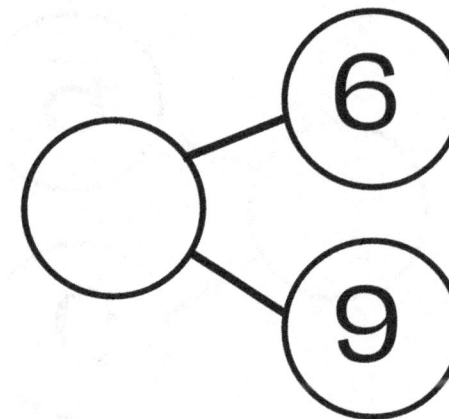
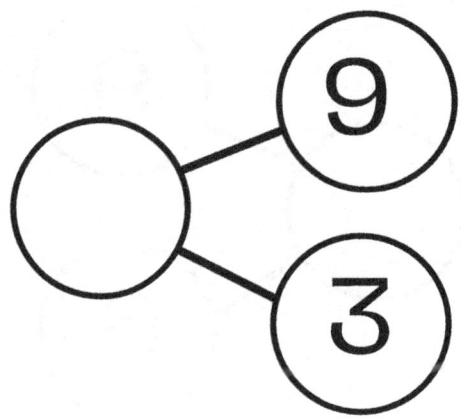

9s

Number Bonds Adding

( ) — 9 / 6

( ) — 3 / 9

( ) — 9 / 9

( ) — 9 / 0

( ) — 4 / 9

( ) — 9 / 8

( ) — 9 / 5

( ) — 1 / 9

( ) — 9 / 10

( ) — 9 / 6

( ) — 5 / 9

( ) — 9 / 7

Number Bonds Adding

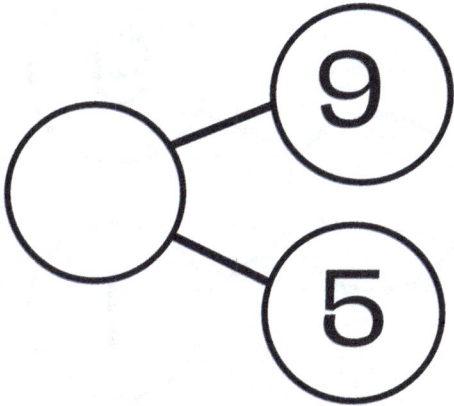

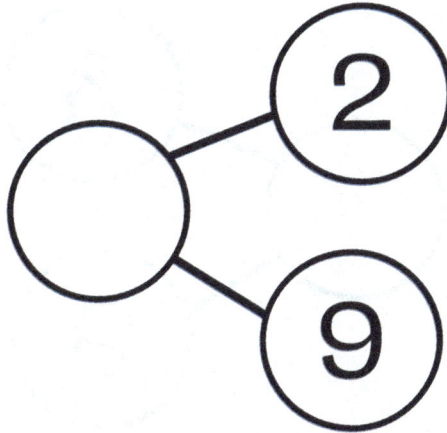

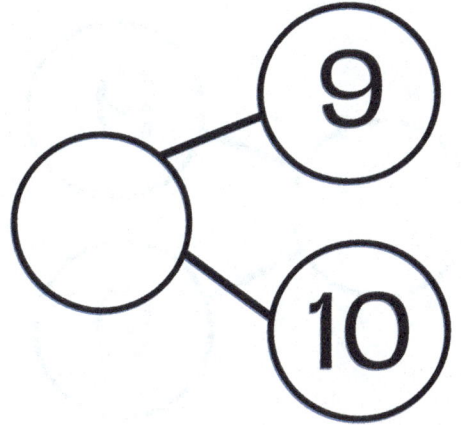

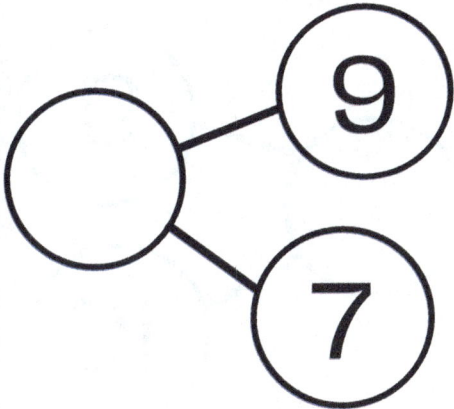

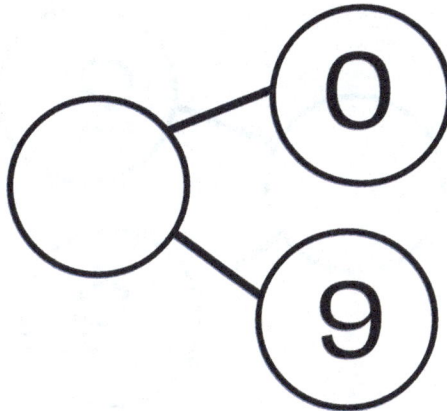

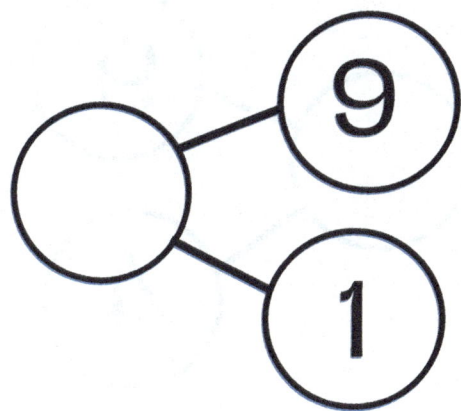

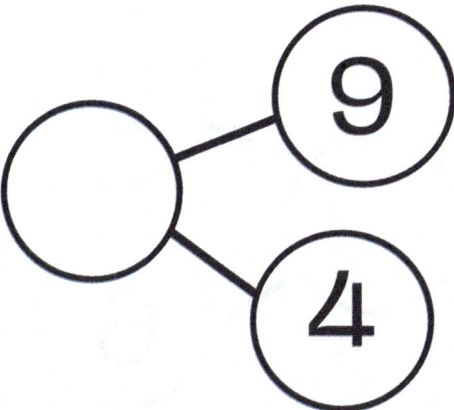

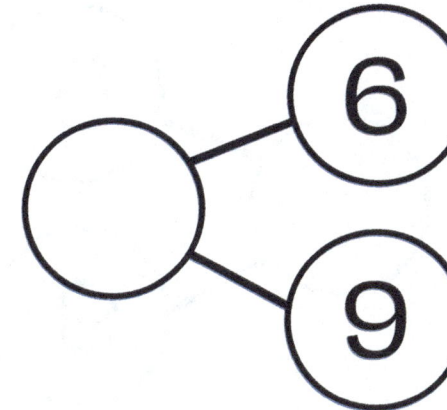

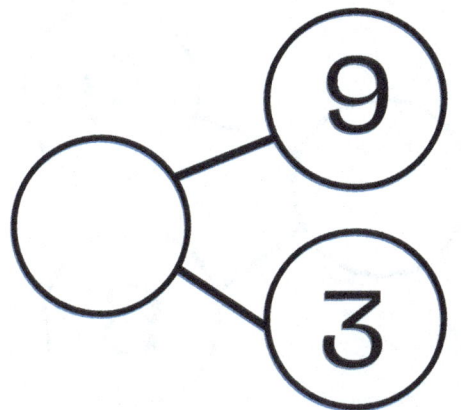

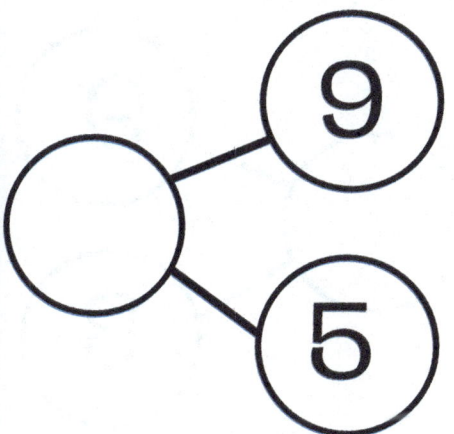

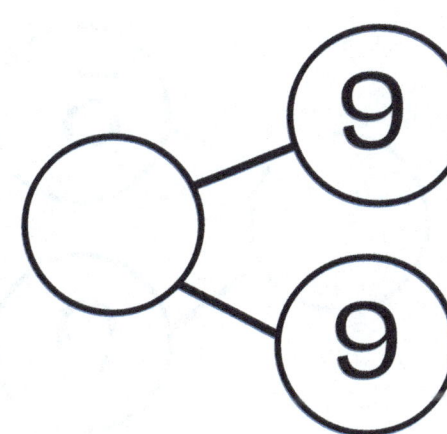

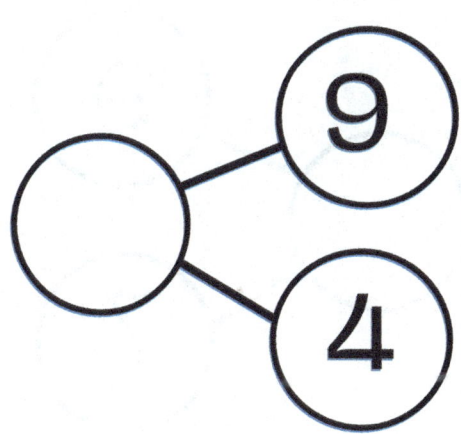

9s

( ) 9 / 5

( ) 2 / 9

( ) 9 / 10

( ) 9 / 7

( ) 0 / 9

( ) 9 / 1

( ) 9 / 4

( ) 6 / 9

( ) 9 / 3

( ) 9 / 5

( ) 9 / 9

( ) 9 / 4

Number Bonds Adding

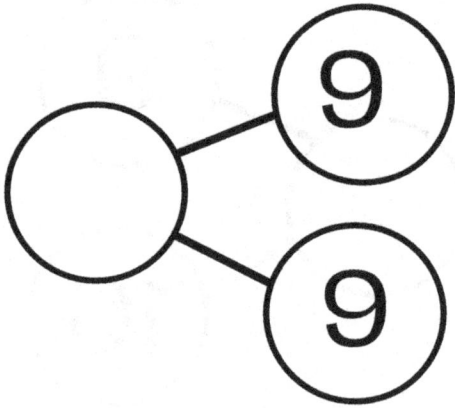

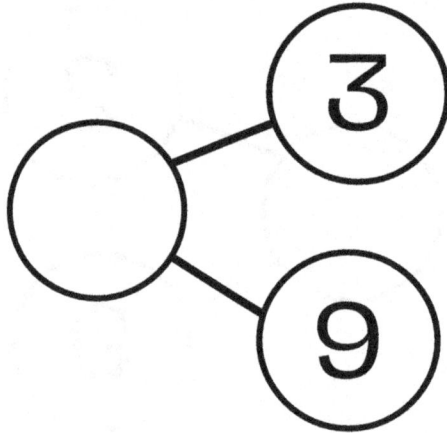

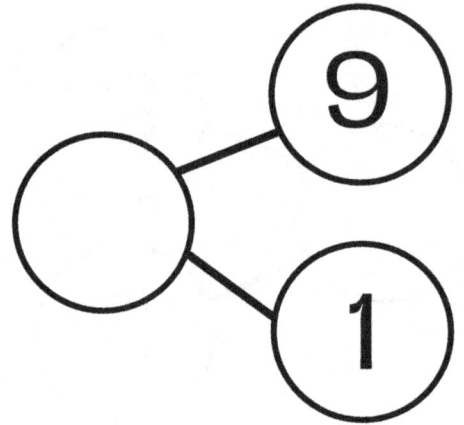

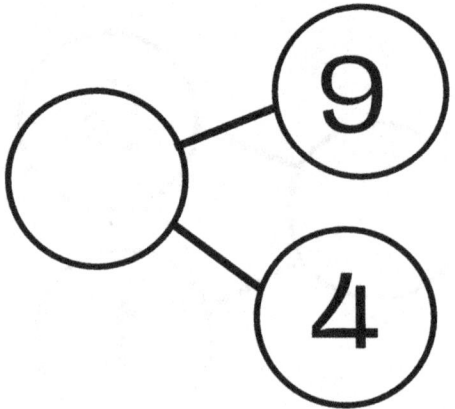

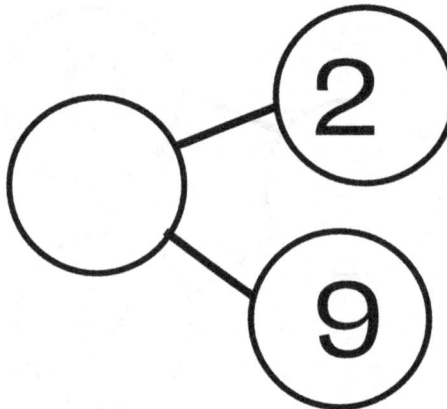

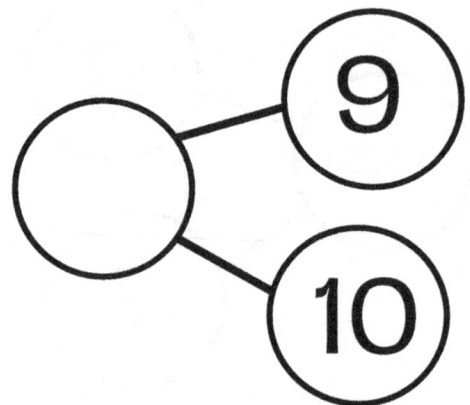

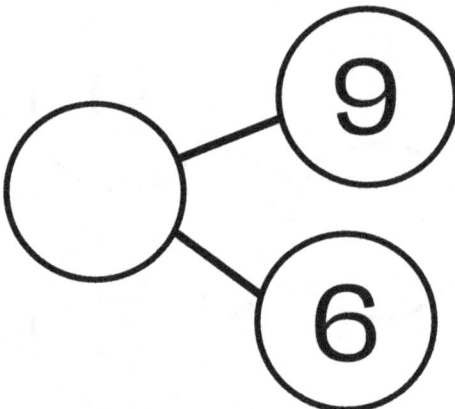

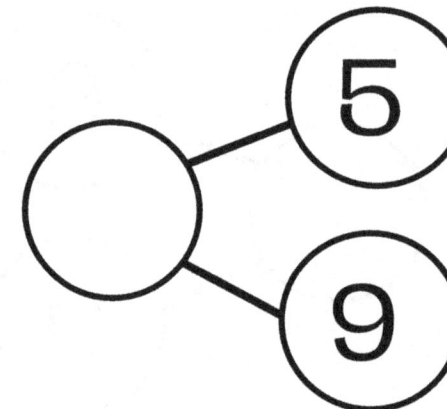

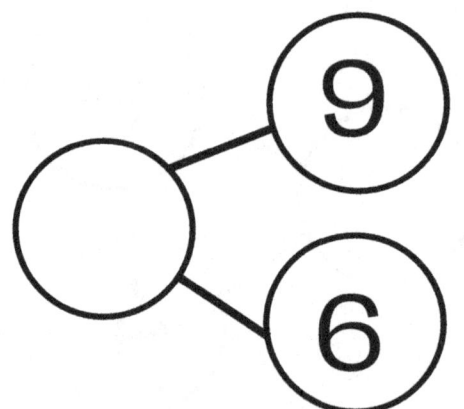

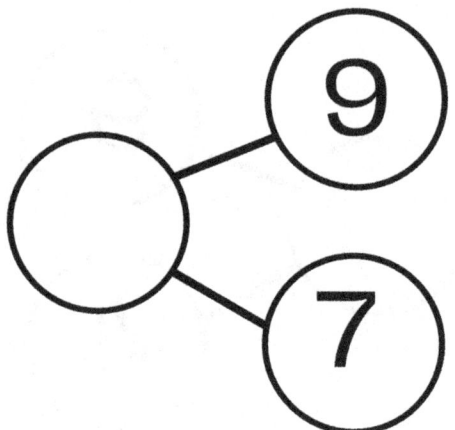

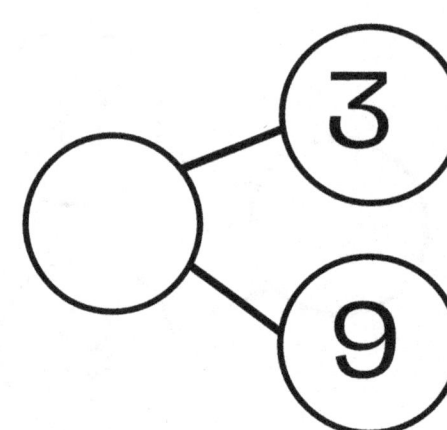

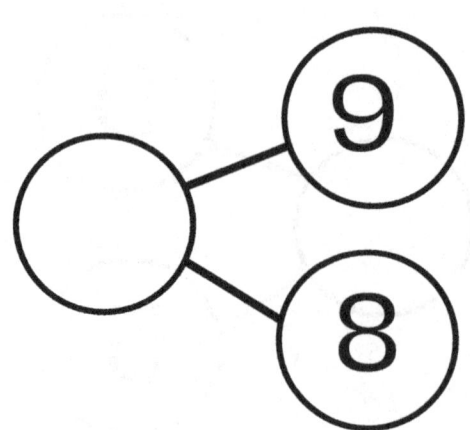

9s

( ) 9 / 9

( ) 3 / 9

( ) 9 / 1

( ) 9 / 4

( ) 2 / 9

( ) 9 / 10

( ) 9 / 6

( ) 5 / 9

( ) 9 / 6

( ) 9 / 7

( ) 3 / 9

( ) 9 / 8

Number Bonds Subtracting Activity

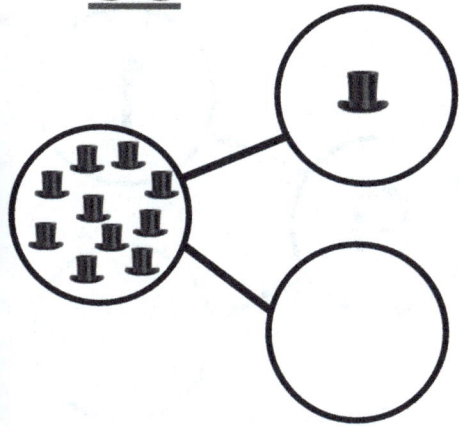

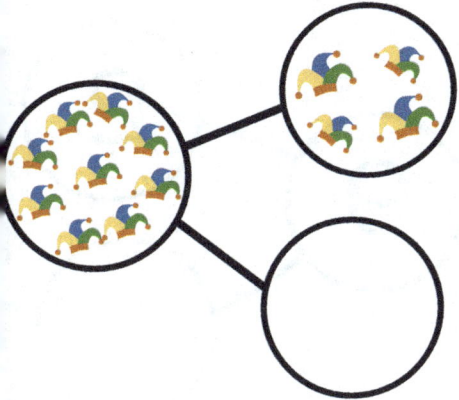

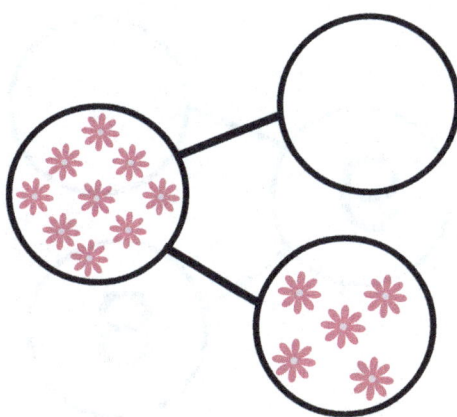

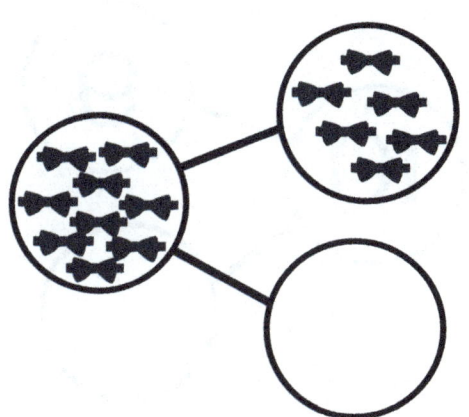

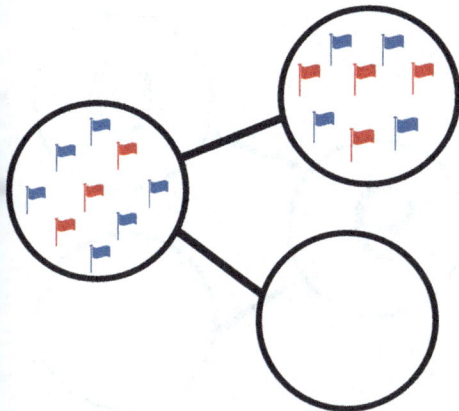

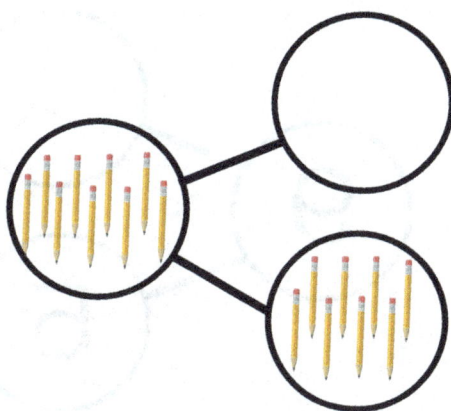

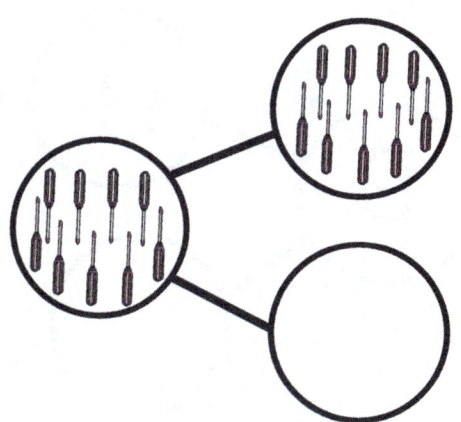

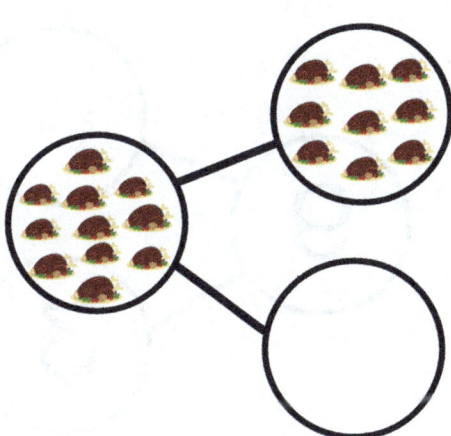

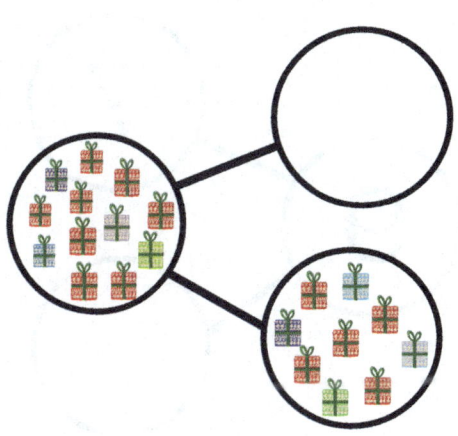

9s

Number Bonds Subtracting

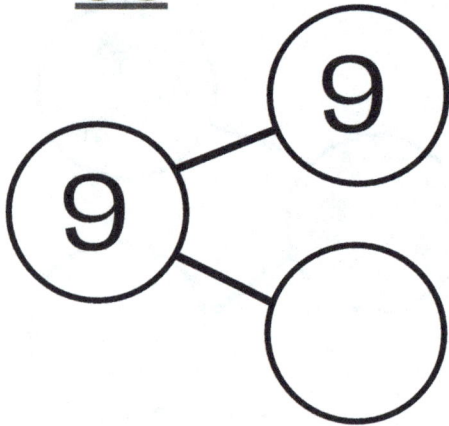

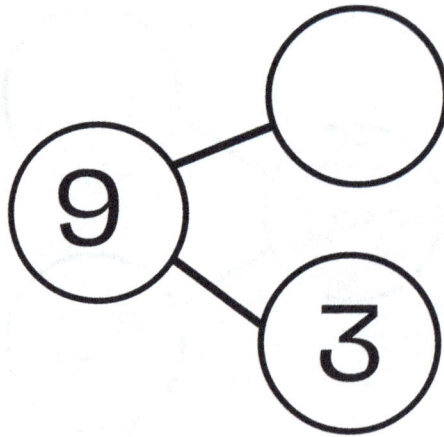

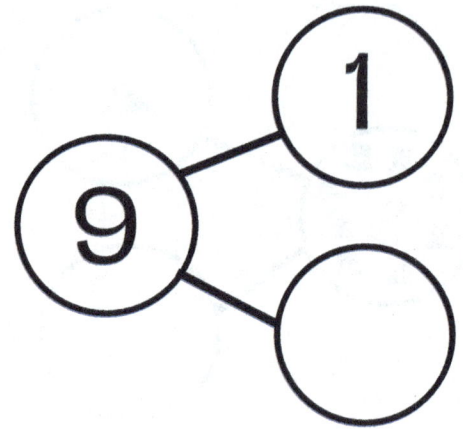

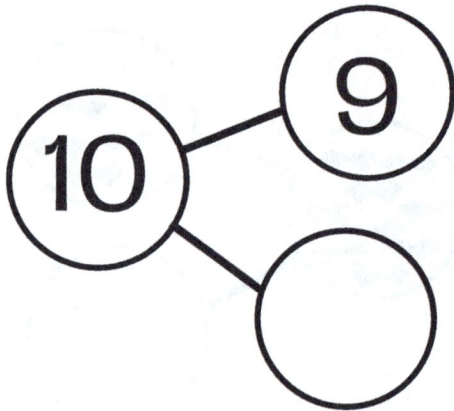

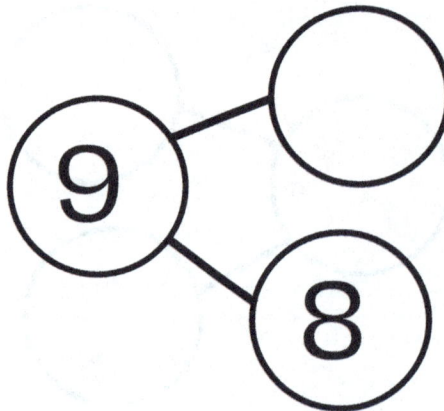

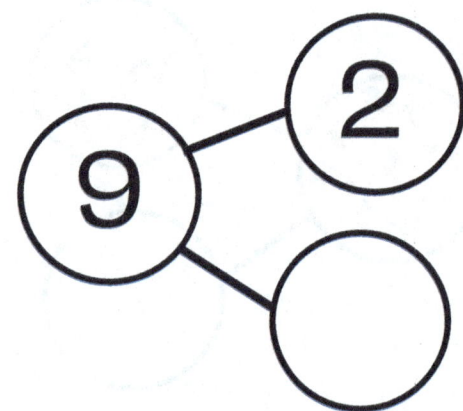

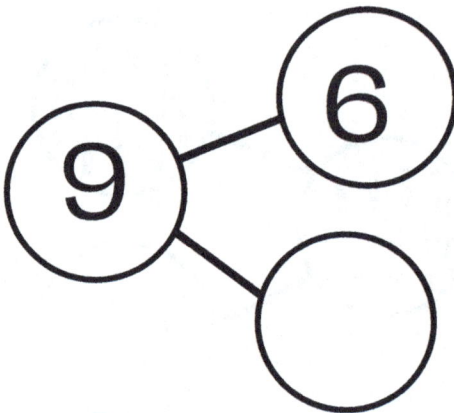

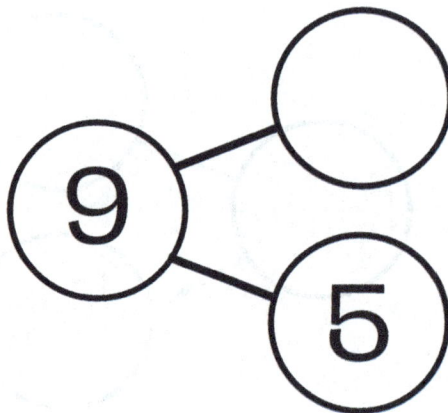

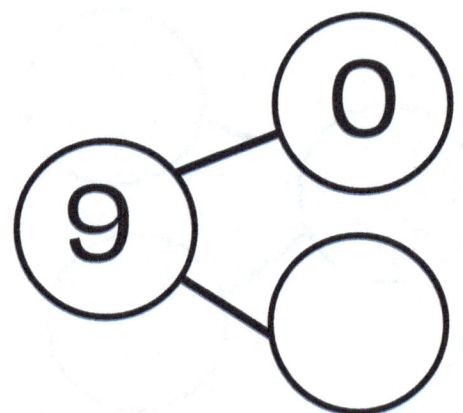

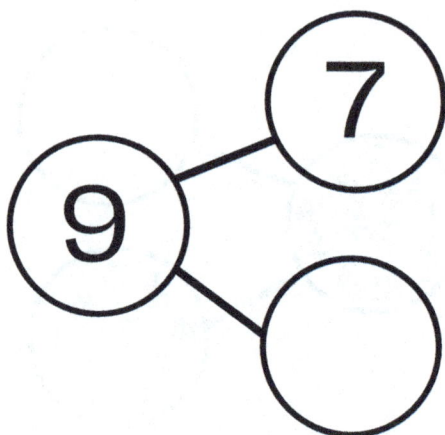

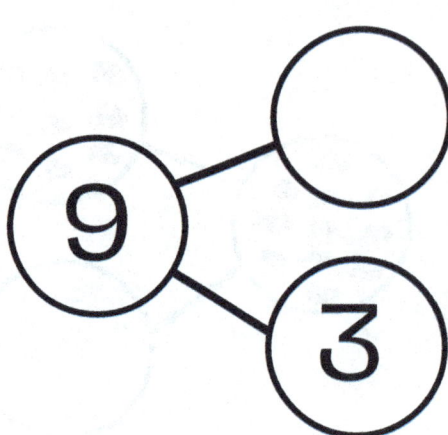

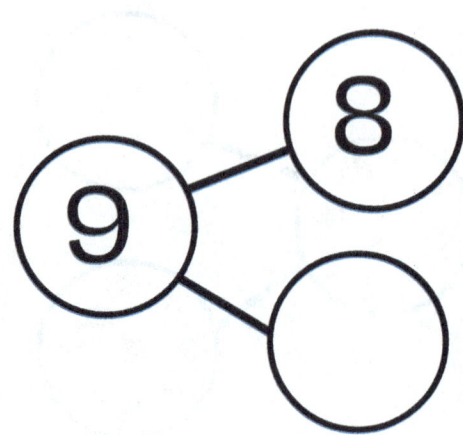

9s

9 — 9 → ( )

9 — ( ) → 3

9 — 1 → ( )

10 — 9 → ( )

9 — ( ) → 8

9 — 2 → ( )

9 — 6 → ( )

9 — ( ) → 5

9 — 0 → ( )

9 — 7 → ( )

9 — ( ) → 3

9 — 8 → ( )

Number Bonds Subtracting

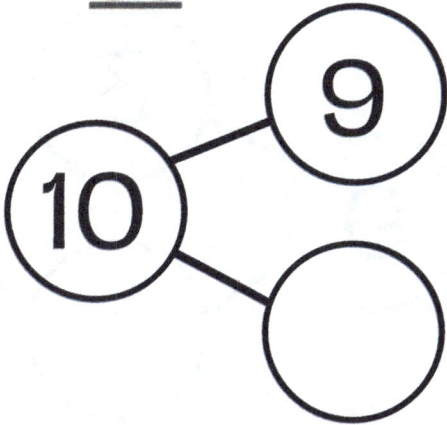

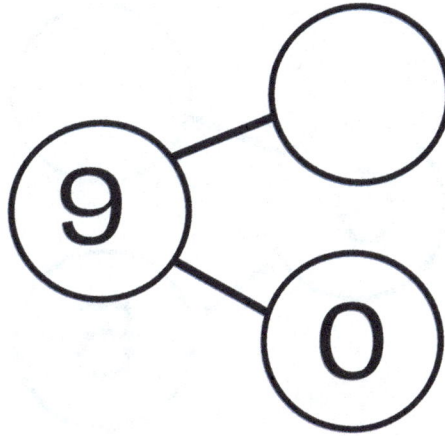

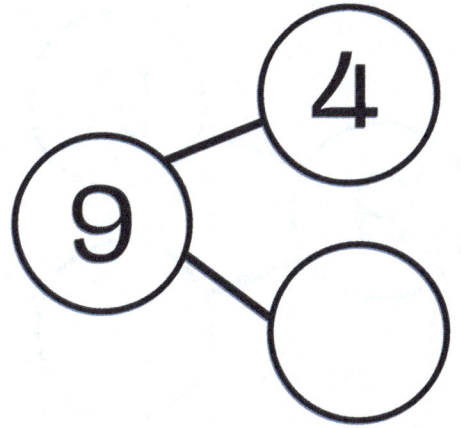

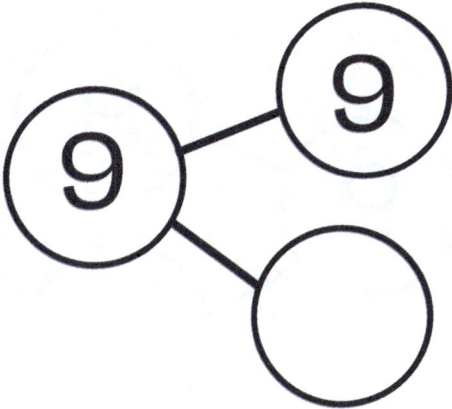

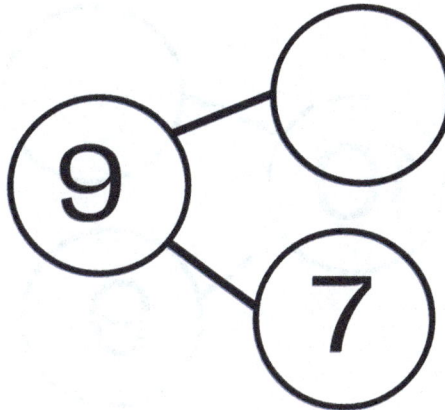

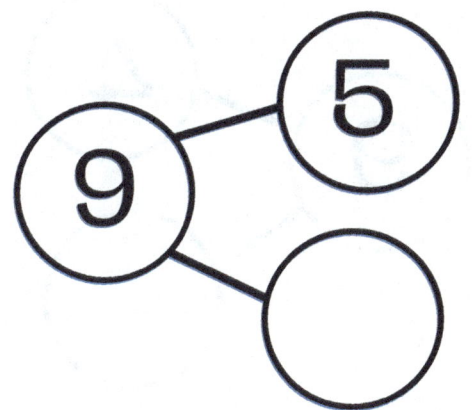

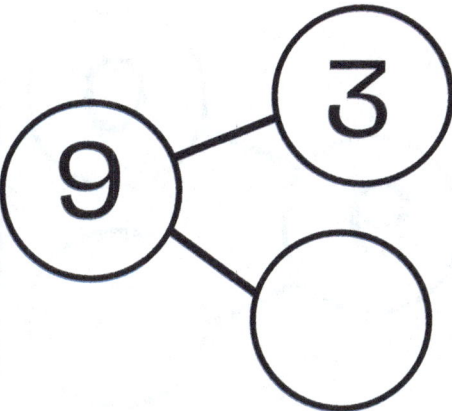

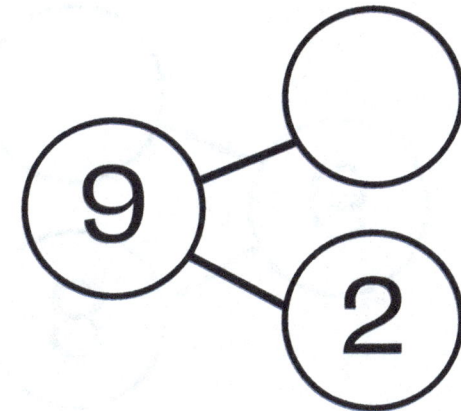

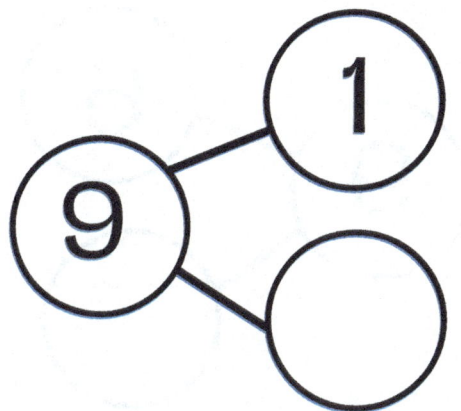

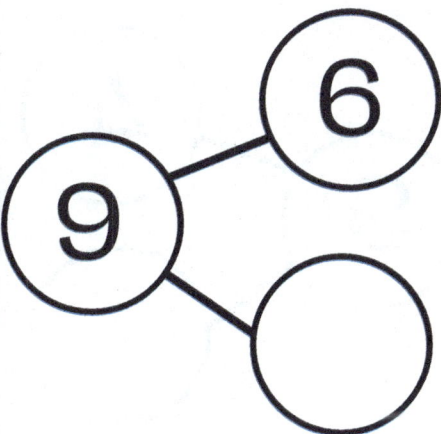

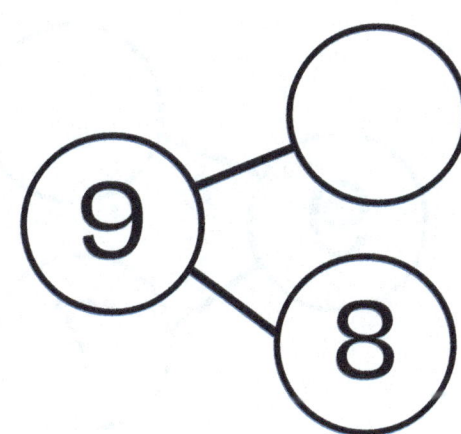

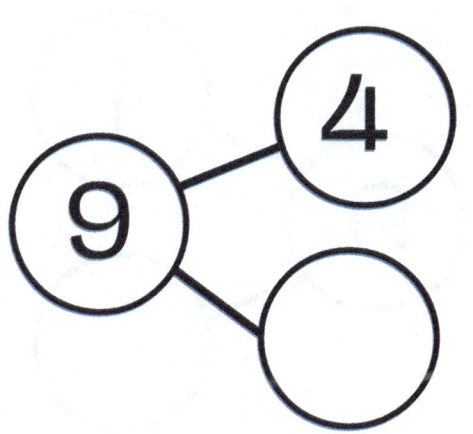

9s

10 — 9, ◯

9 — ◯, 0

9 — 4, ◯

9 — 9, ◯

9 — ◯, 7

9 — 5, ◯

9 — 3, ◯

9 — ◯, 2

9 — 1, ◯

9 — 6, ◯

9 — ◯, 8

9 — 4, ◯

Number Bonds Subtracting

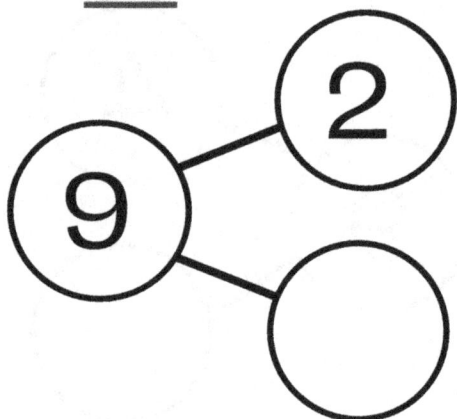

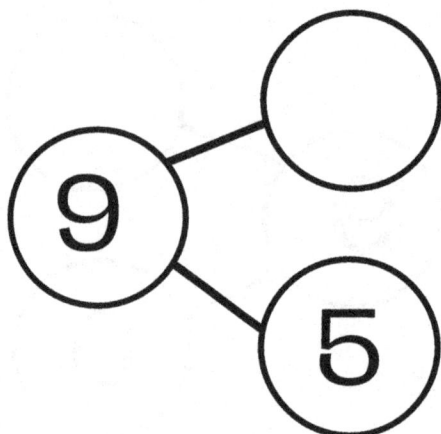

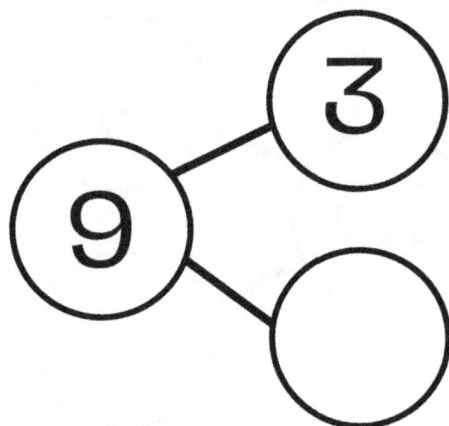

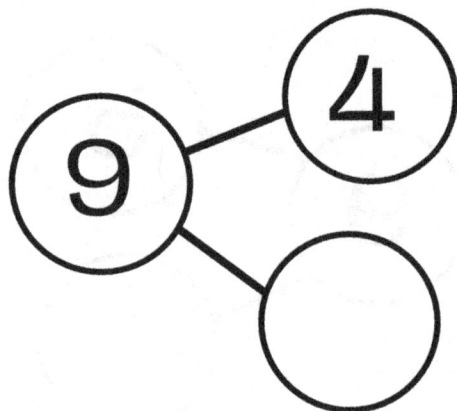

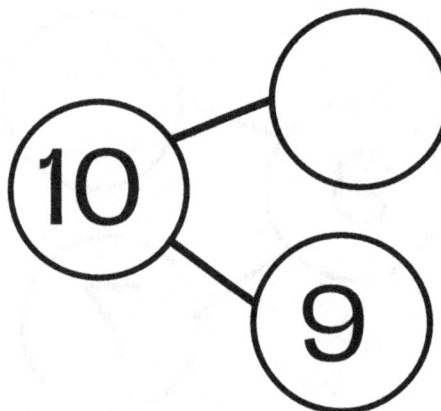

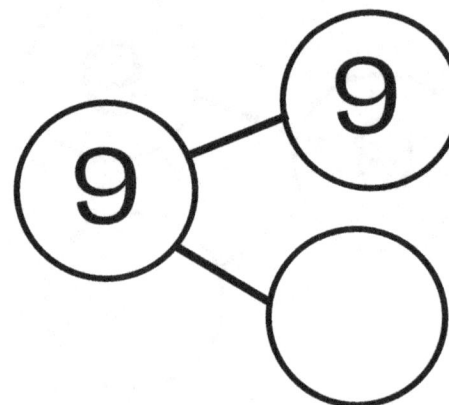

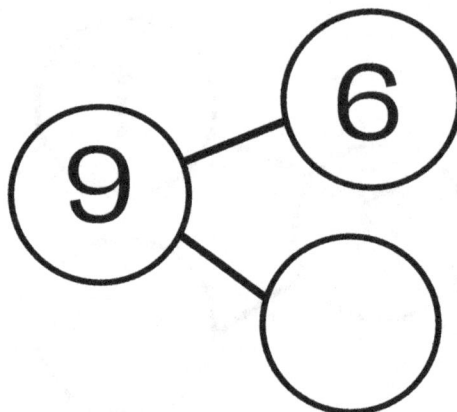

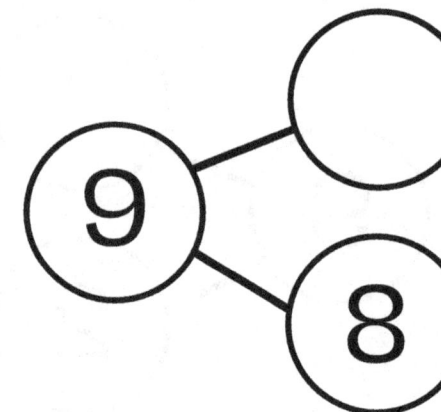

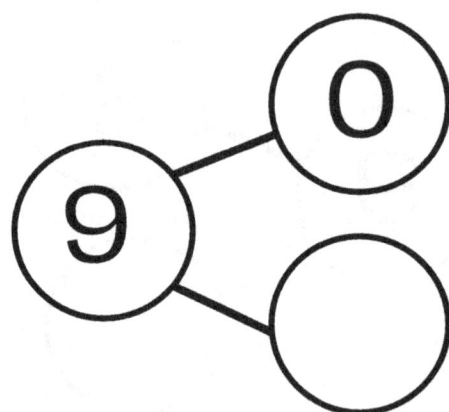

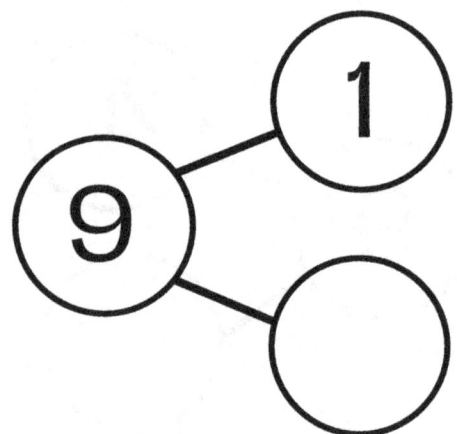

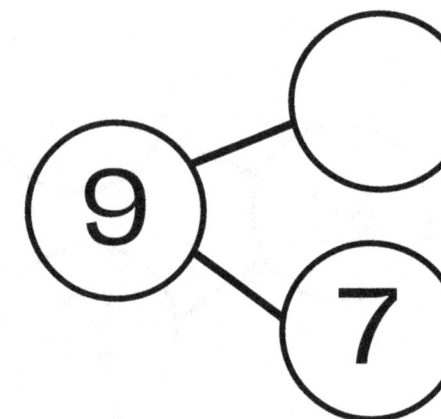

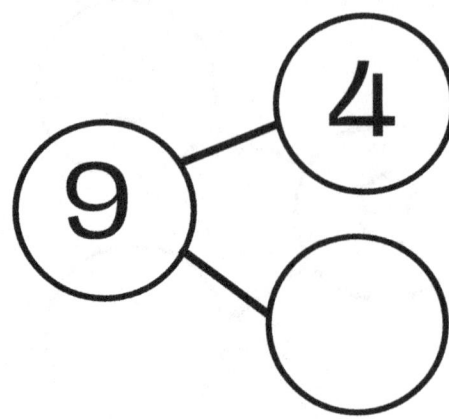

9s

9 — 2 / ◯

9 — ◯ / 5

9 — 3 / ◯

9 — 4 / ◯

10 — ◯ / 9

9 — 9 / ◯

9 — 6 / ◯

9 — ◯ / 8

9 — 0 / ◯

9 — 1 / ◯

9 — ◯ / 7

9 — 4 / ◯

Number Bonds Subtracting

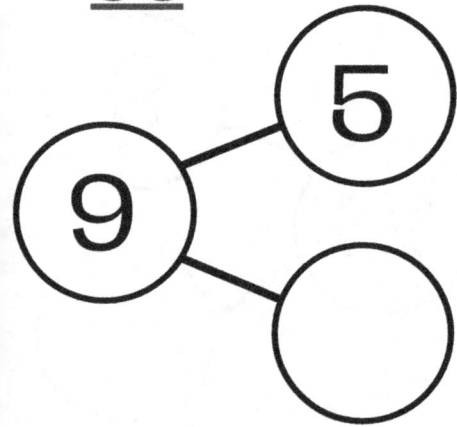

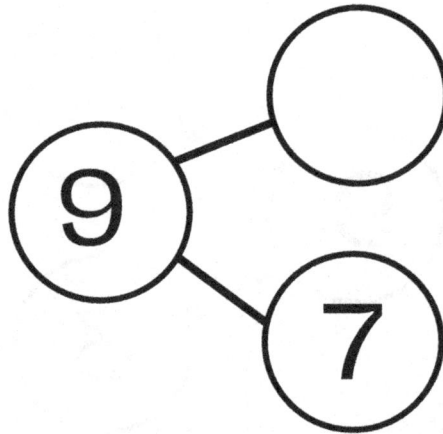

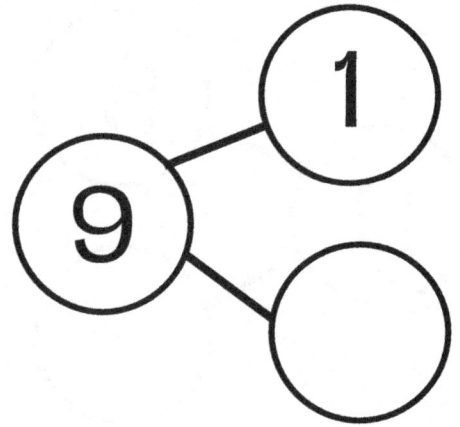

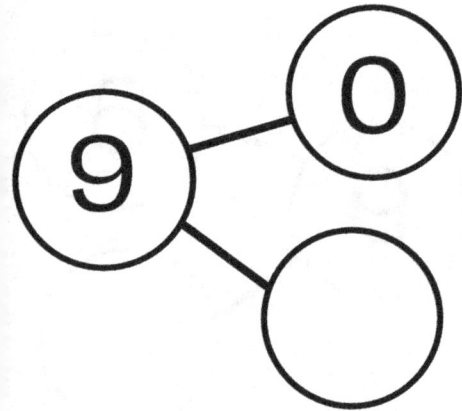

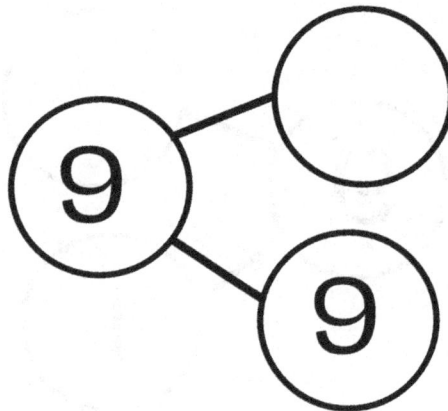

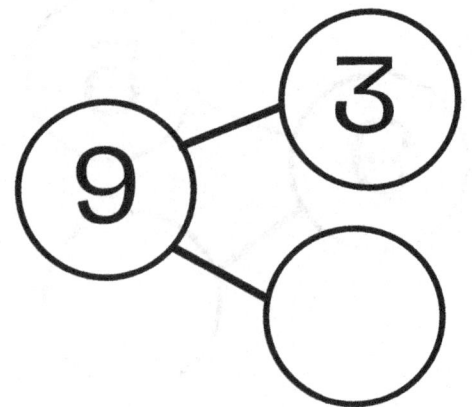

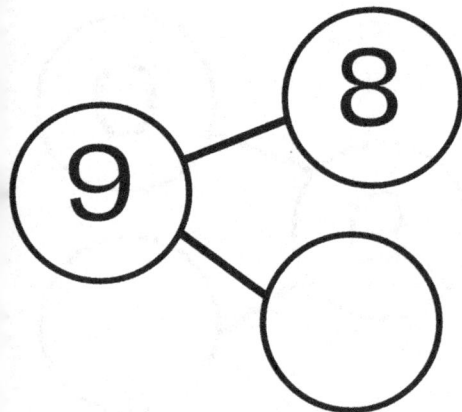

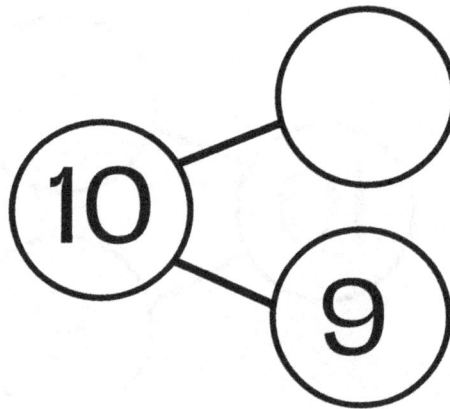

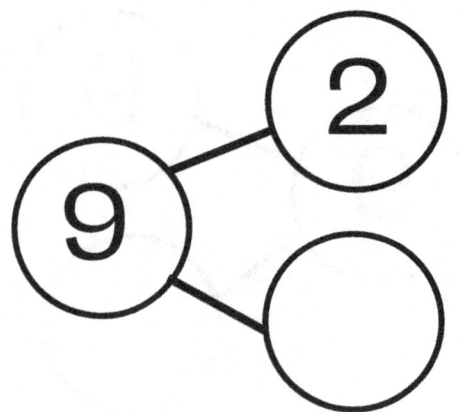

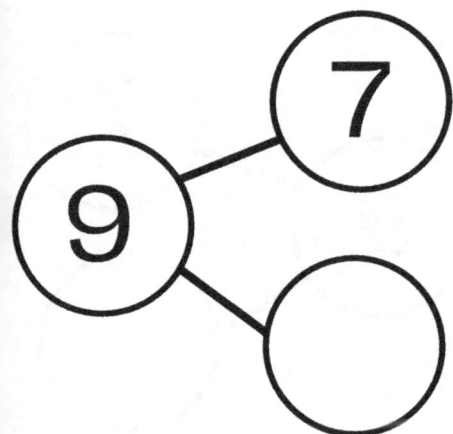

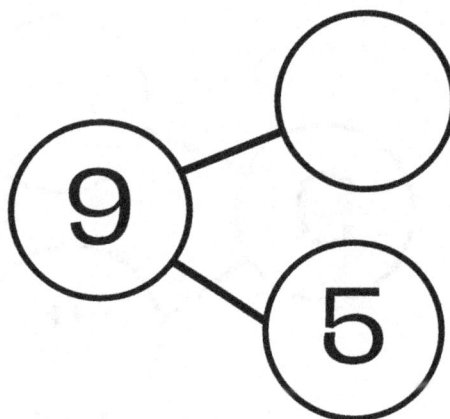

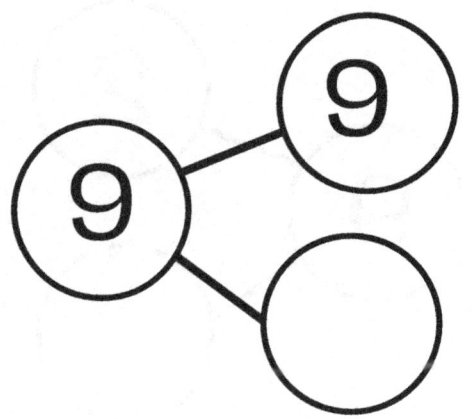

9s

9 — 5, ◯

9 — ◯, 7

9 — 1, ◯

9 — 0, ◯

9 — ◯, 9

9 — 3, ◯

9 — 8, ◯

10 — ◯, 9

9 — 2, ◯

9 — 7, ◯

9 — ◯, 5

9 — 9, ◯

Number Bonds Subtracting

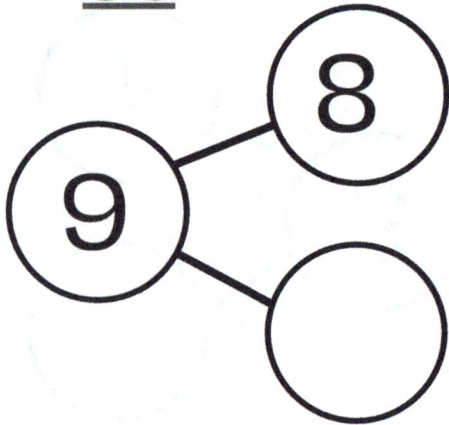

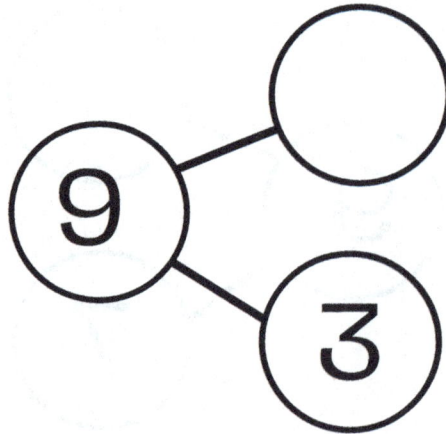

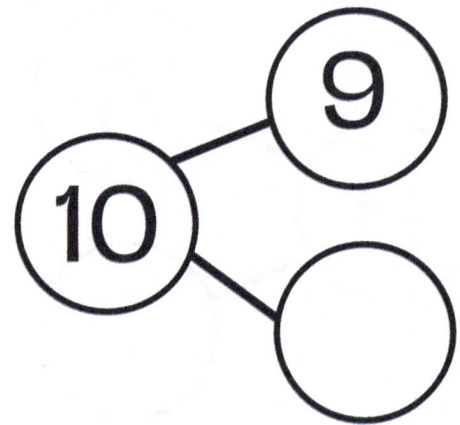

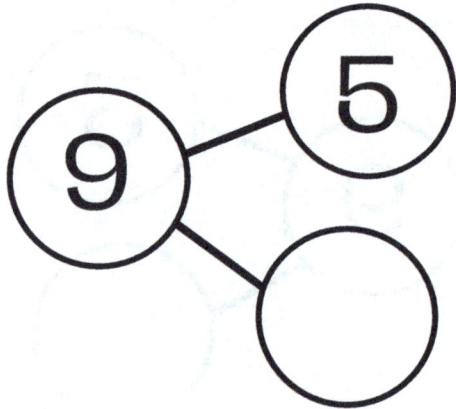

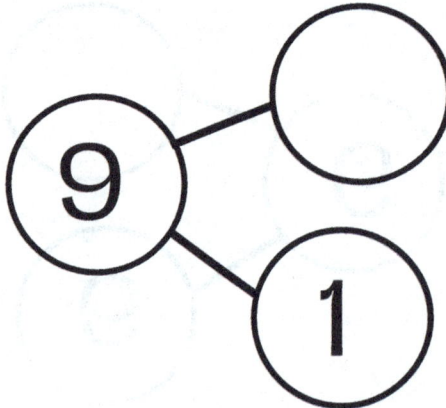

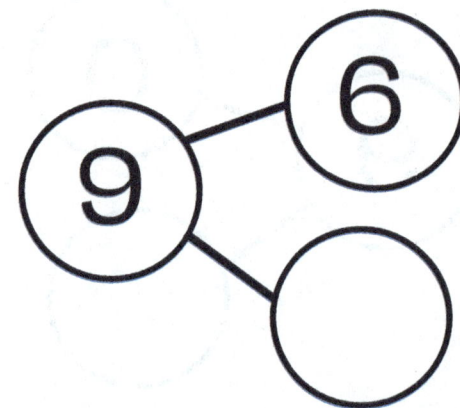

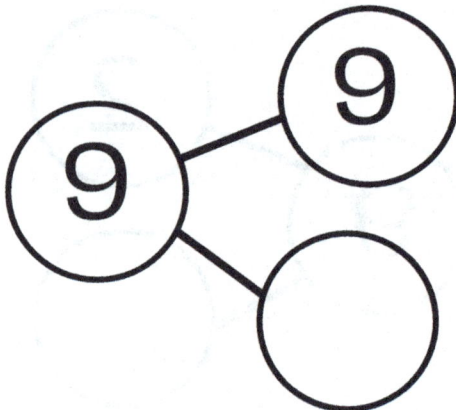

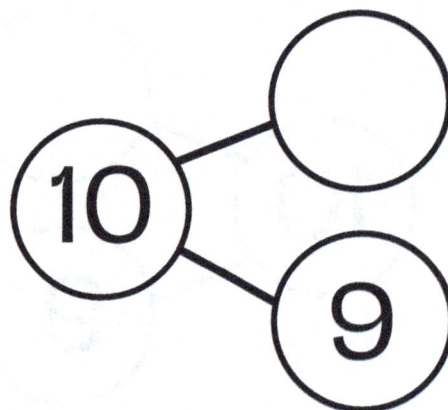

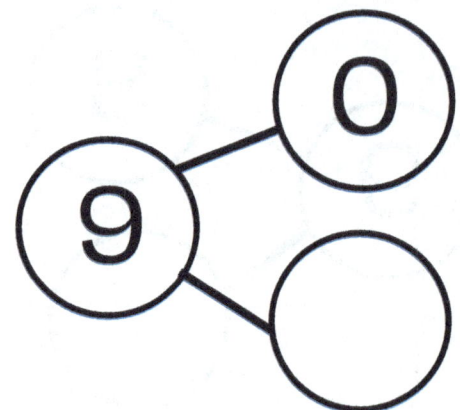

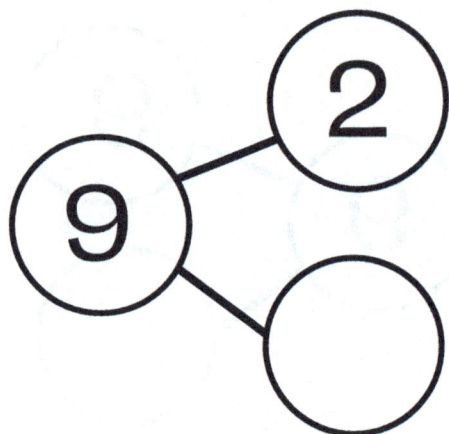

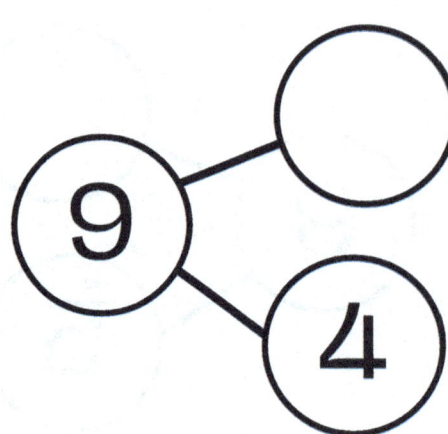

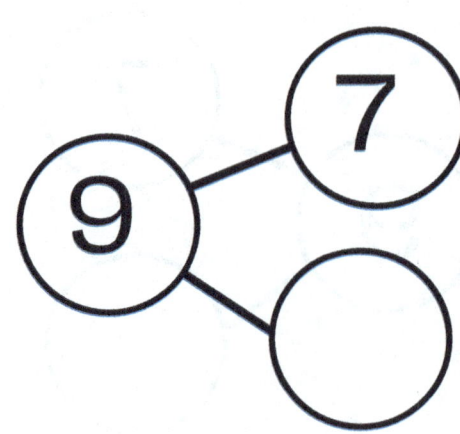

9s

9 — 8 — ( )

9 — ( ) — 3

10 — 9 — ( )

9 — 5 — ( )

9 — ( ) — 1

9 — 6 — ( )

9 — 9 — ( )

10 — ( ) — 9

9 — 0 — ( )

9 — 2 — ( )

9 — ( ) — 4

9 — 7 — ( )

Number Bonds Adding Activity

10s

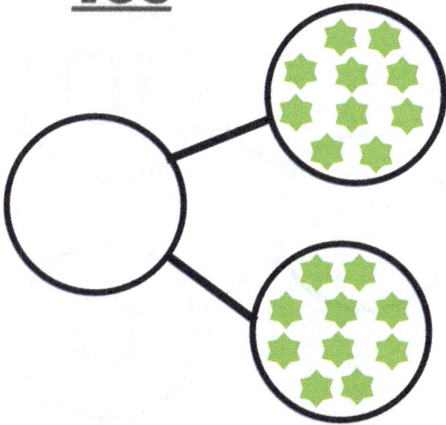
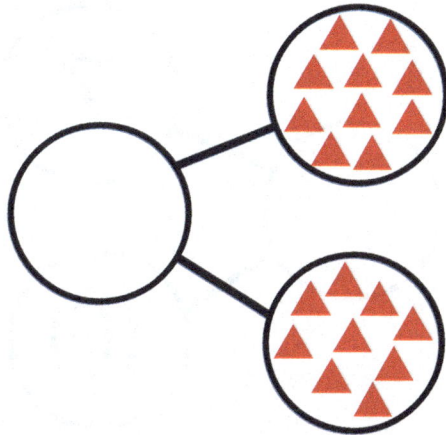
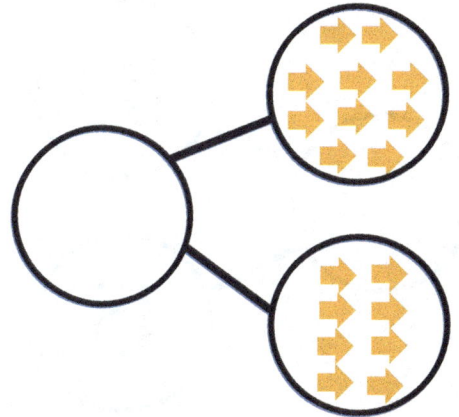
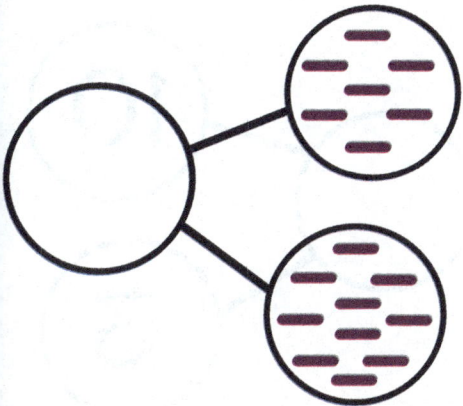
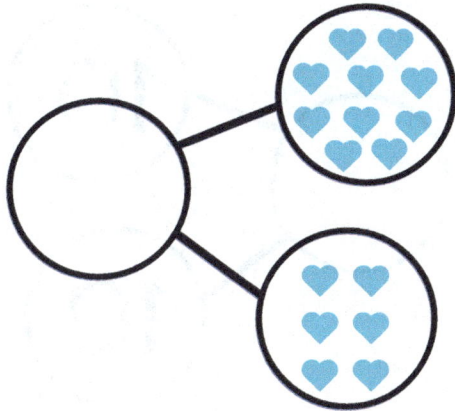
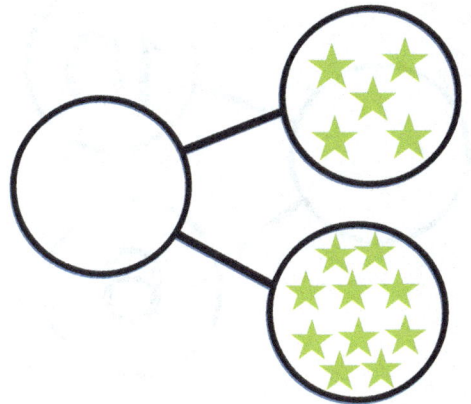
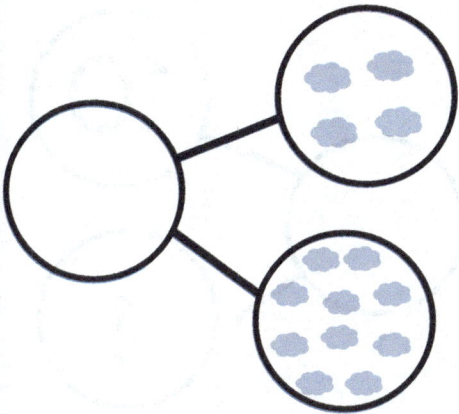
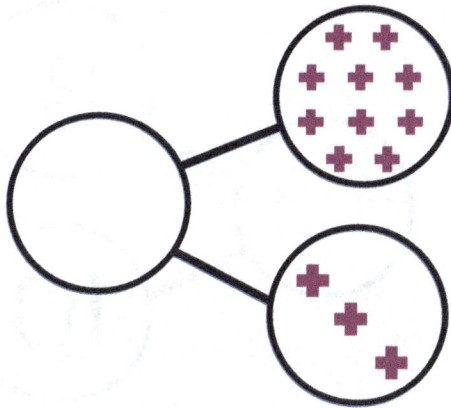
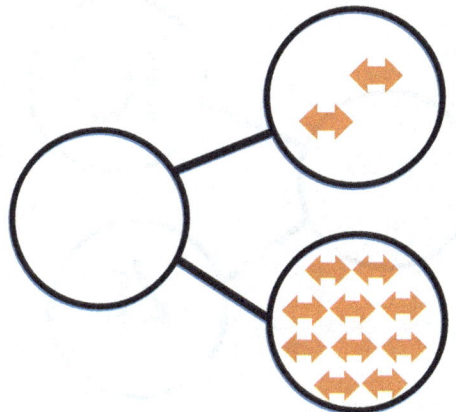
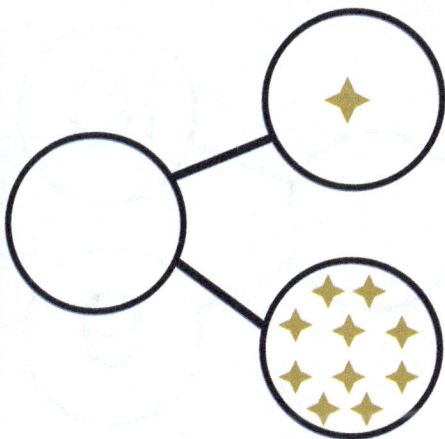
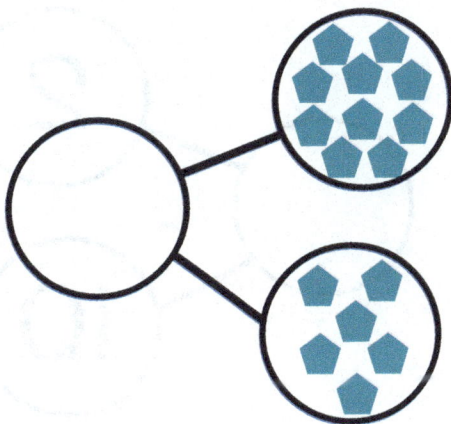
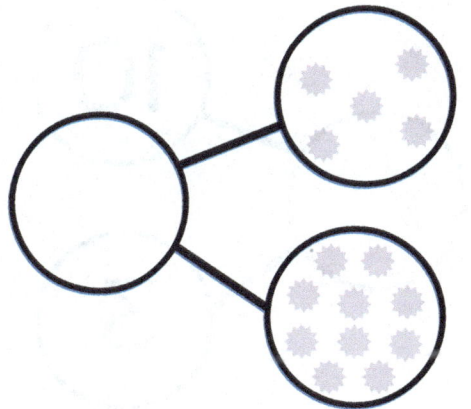

Number Bonds Adding

10s

( ) — 10 / 5

( ) — 7 / 10

( ) — 10 / 0

( ) — 10 / 6

( ) — 10 / 10

( ) — 10 / 3

( ) — 10 / 4

( ) — 8 / 10

( ) — 10 / 1

( ) — 10 / 3

( ) — 2 / 10

( ) — 10 / 9

Number Bonds Adding

10s

Number Bonds Adding

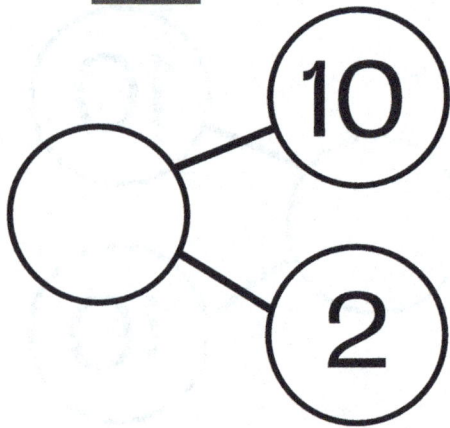

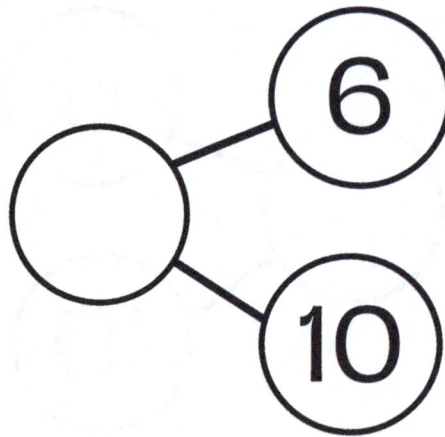

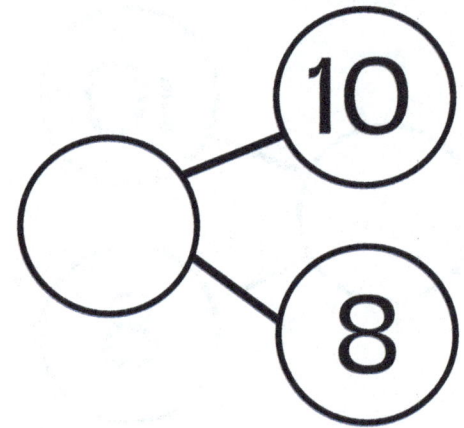

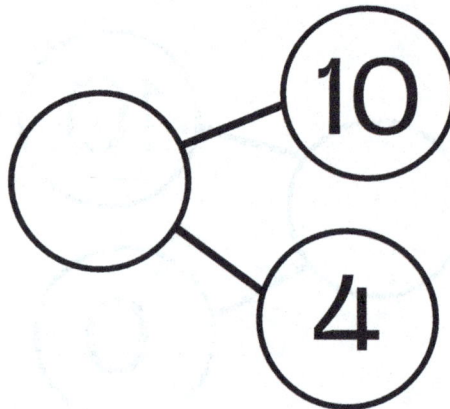

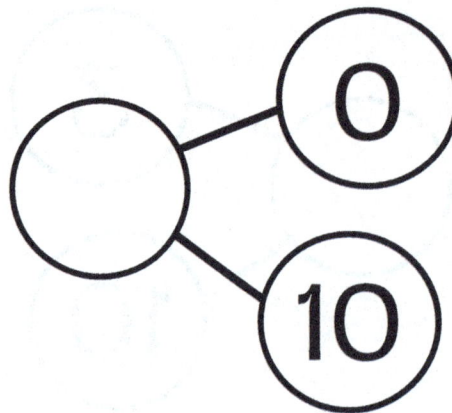

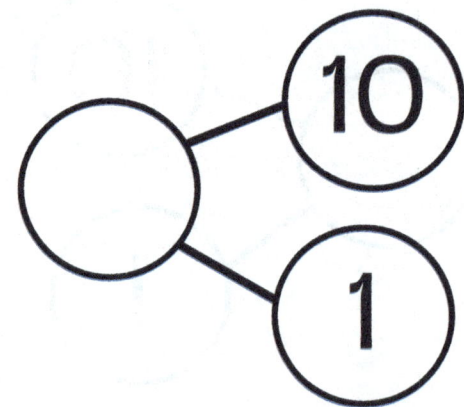

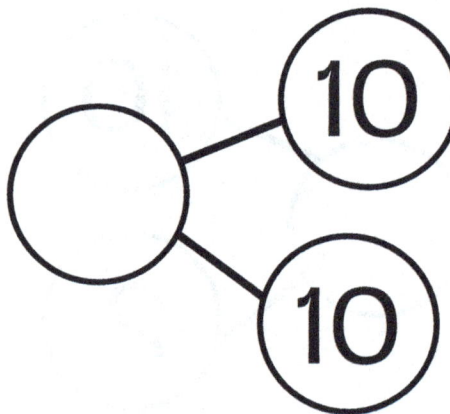

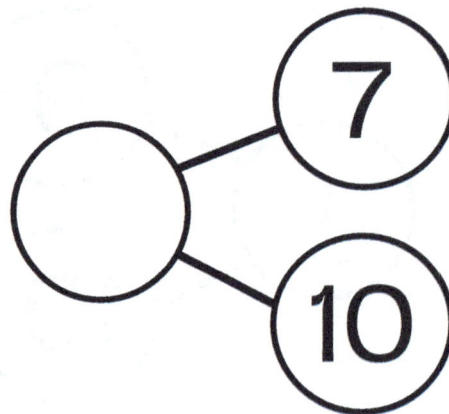

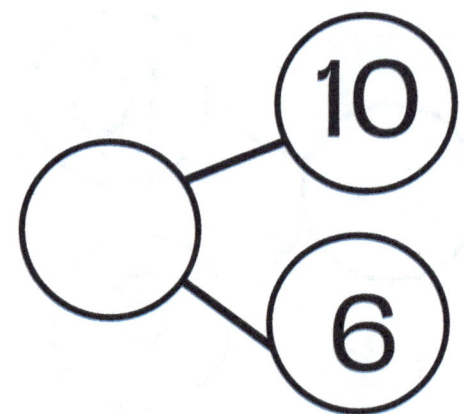

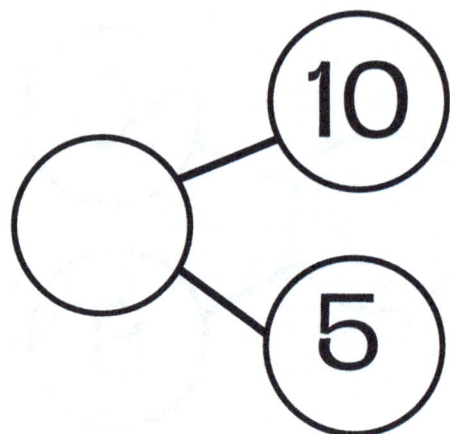

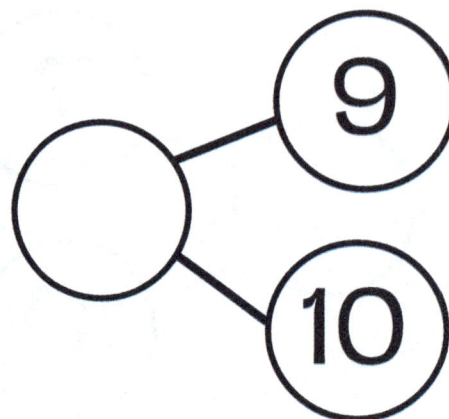

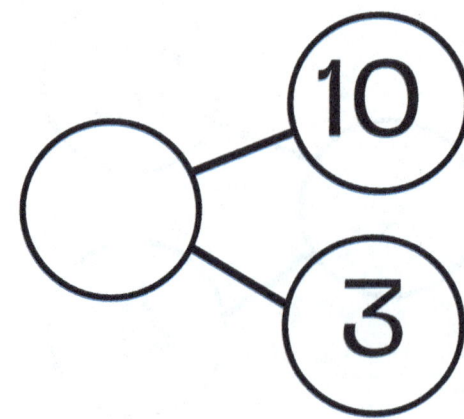

10s

10 | 2

6 | 10

10 | 8

10 | 4

0 | 10

10 | 1

10 | 10

7 | 10

10 | 6

10 | 5

9 | 10

10 | 3

Number Bonds Adding

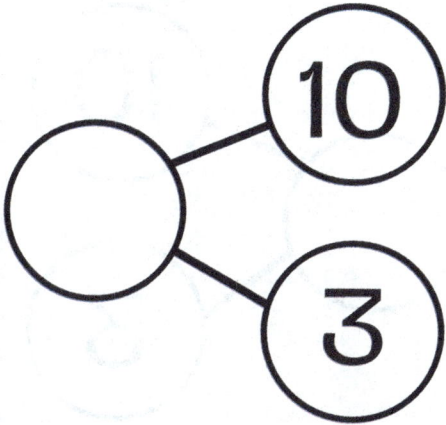

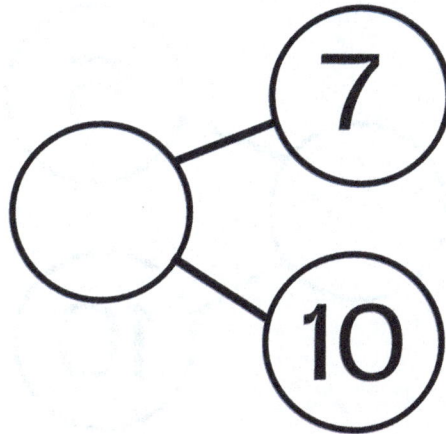

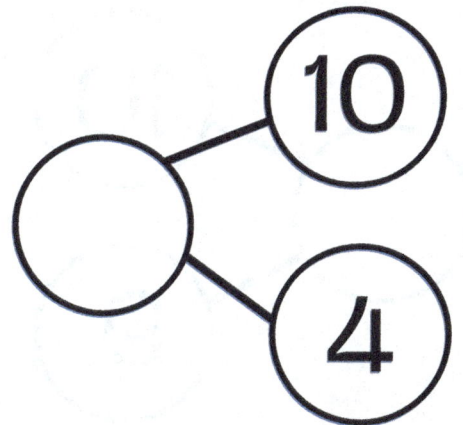

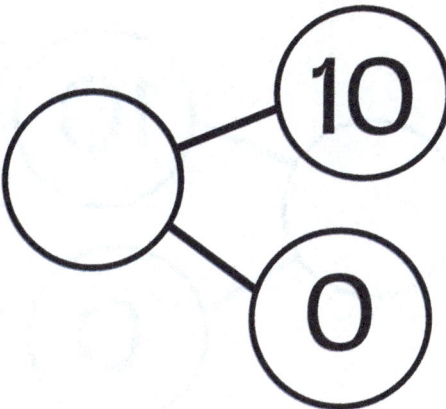

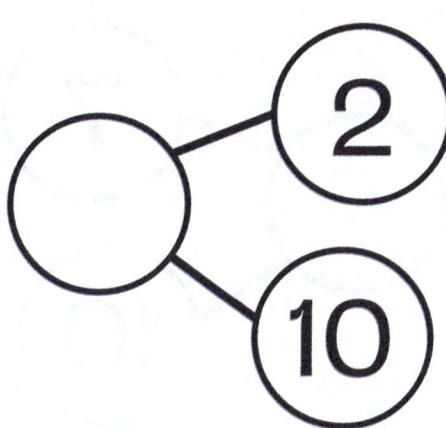

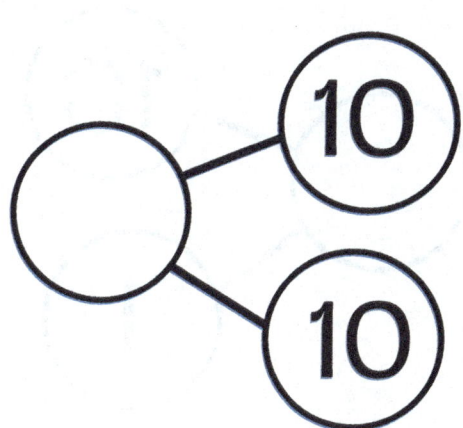

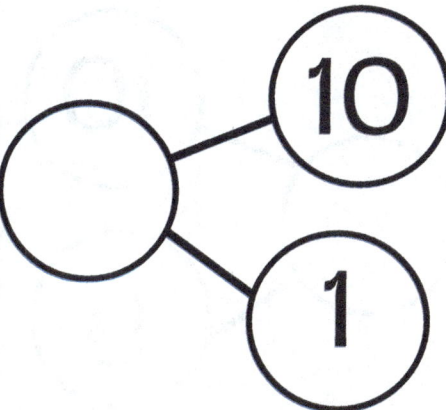

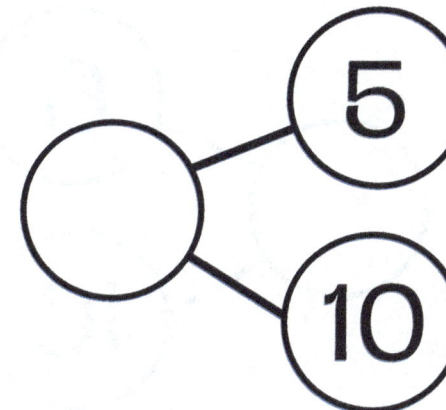

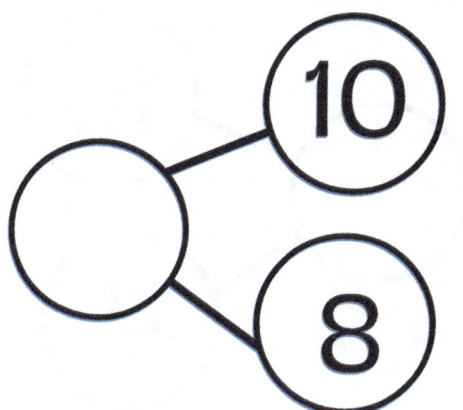

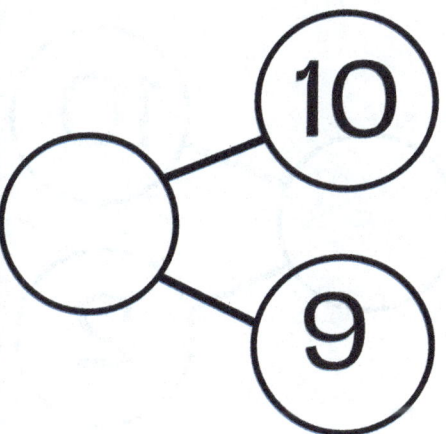

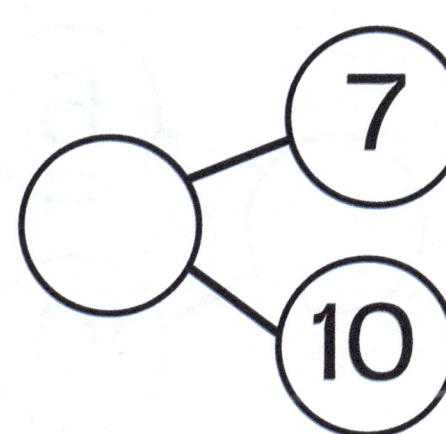

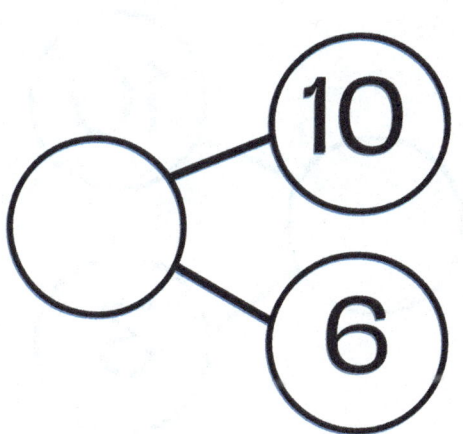

10s

( ) — 10, 3

( ) — 7, 10

( ) — 10, 4

( ) — 10, 0

( ) — 2, 10

( ) — 10, 10

( ) — 10, 1

( ) — 5, 10

( ) — 10, 8

( ) — 10, 9

( ) — 7, 10

( ) — 10, 6

Number Bonds Adding

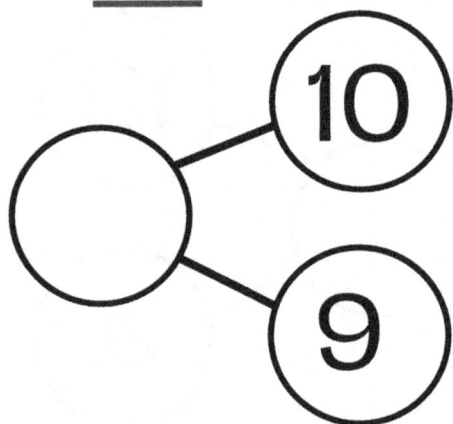
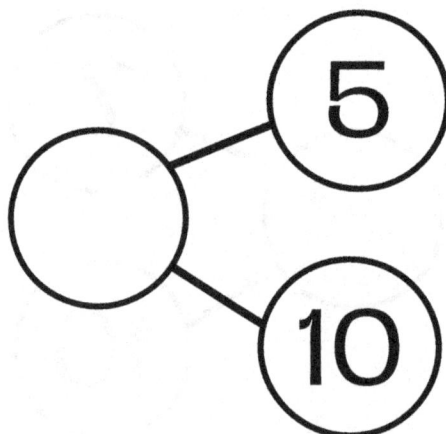
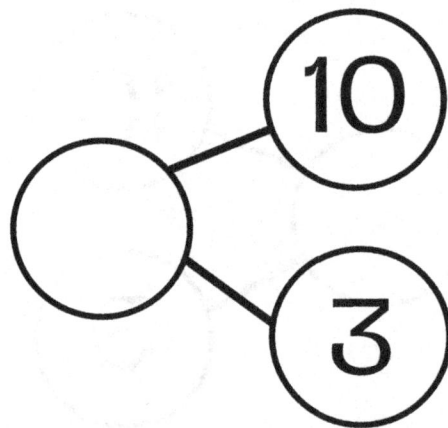
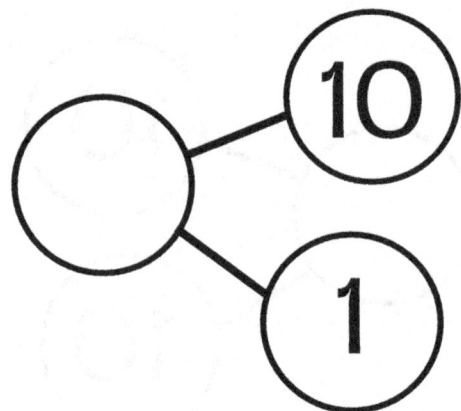
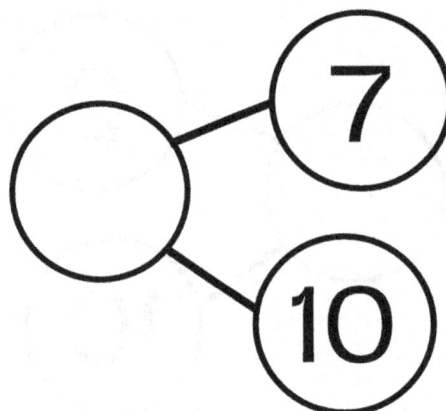
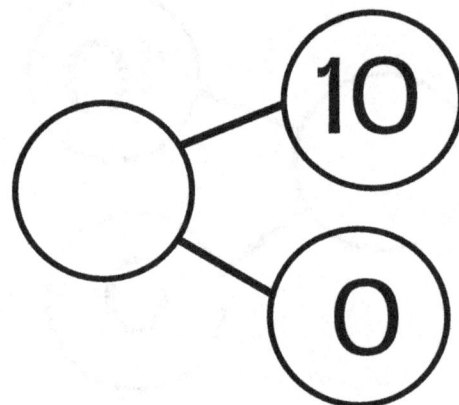
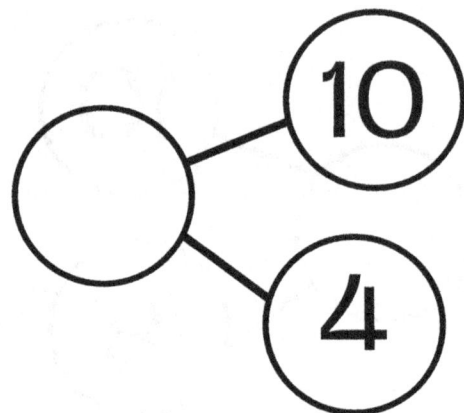
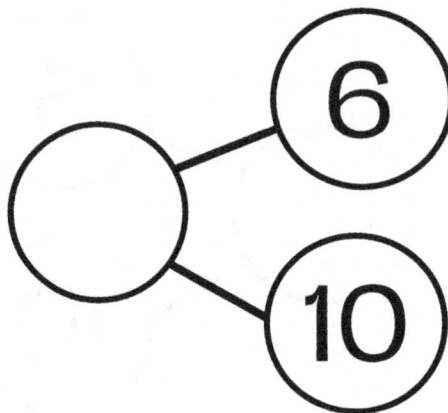
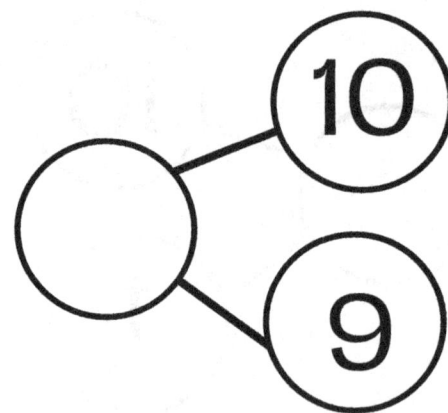
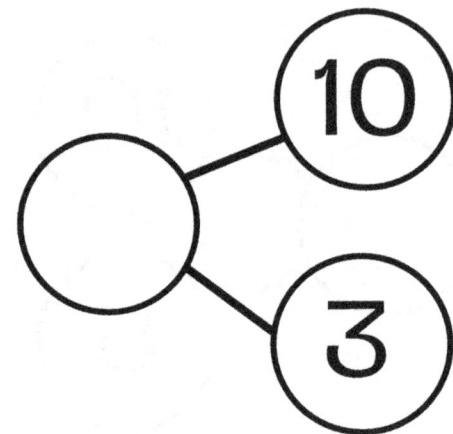
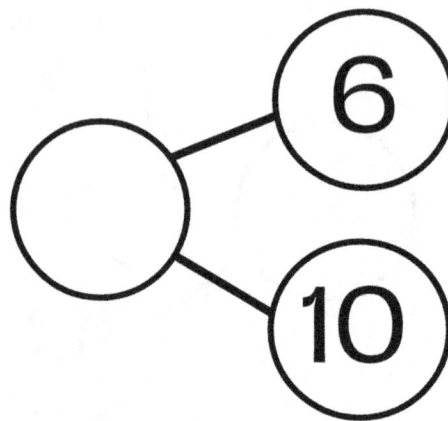
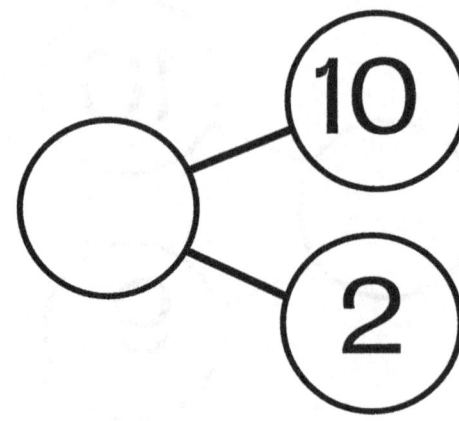

Number Bonds Subtracting Activity

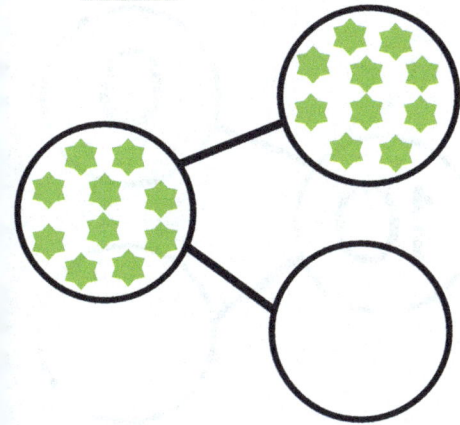

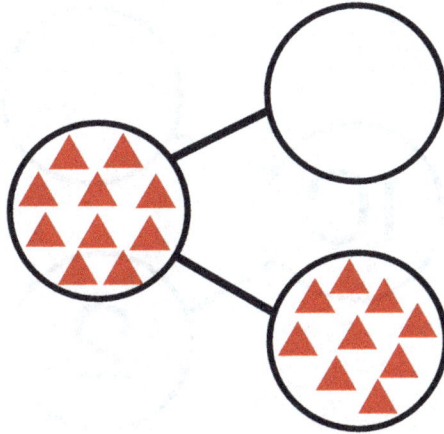

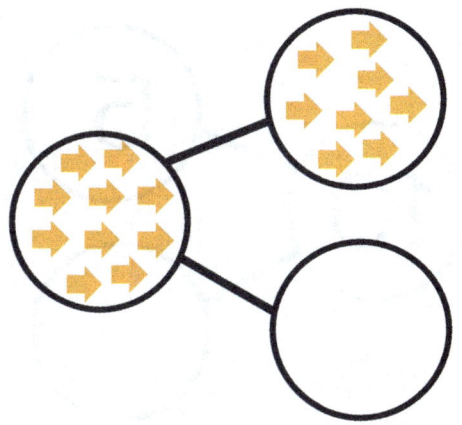

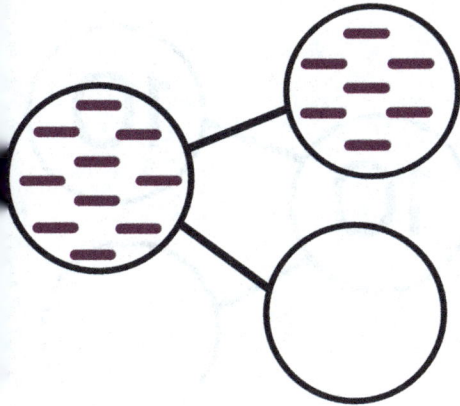

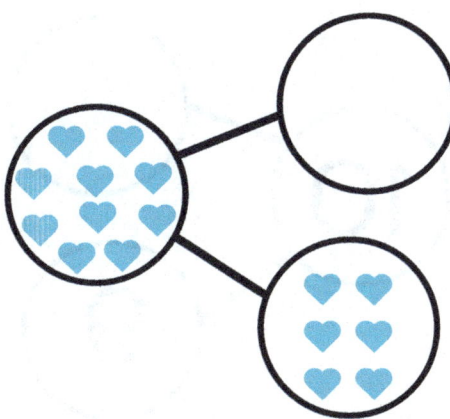

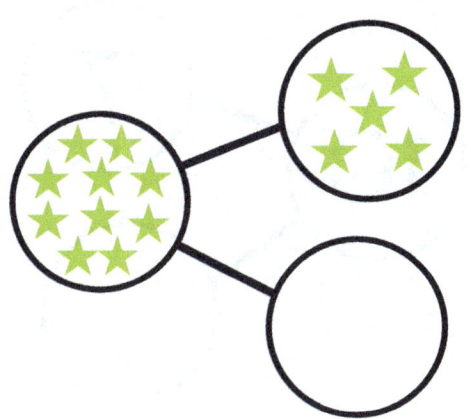

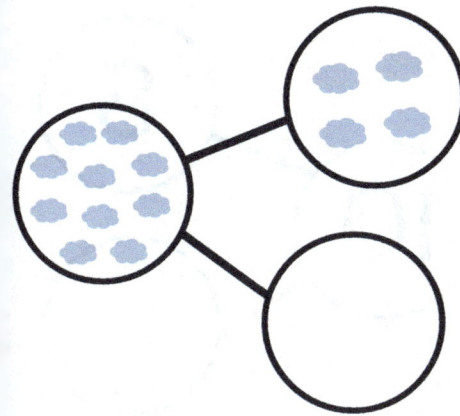

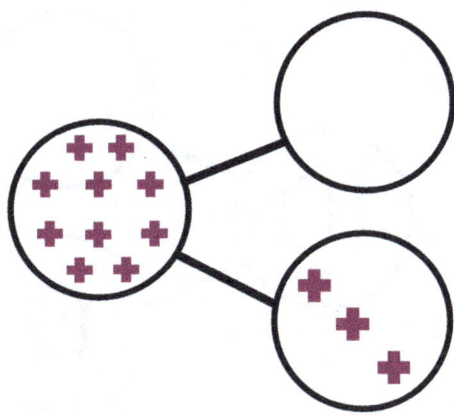

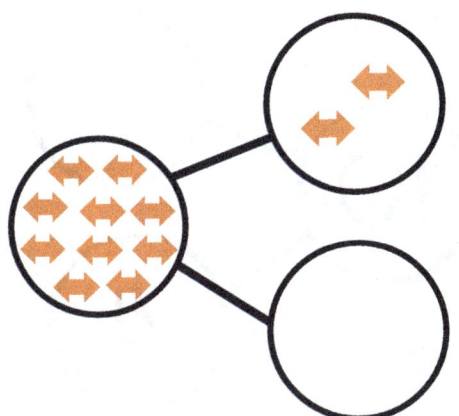

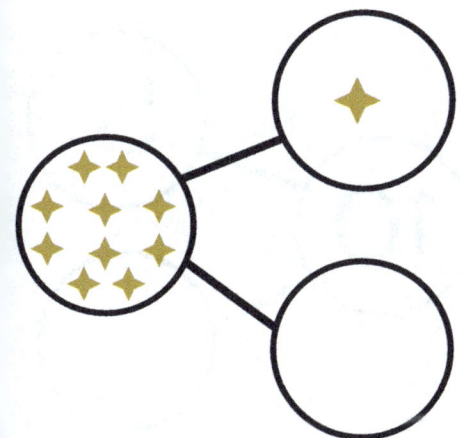

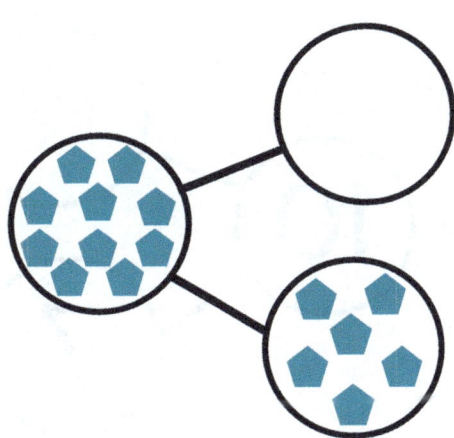

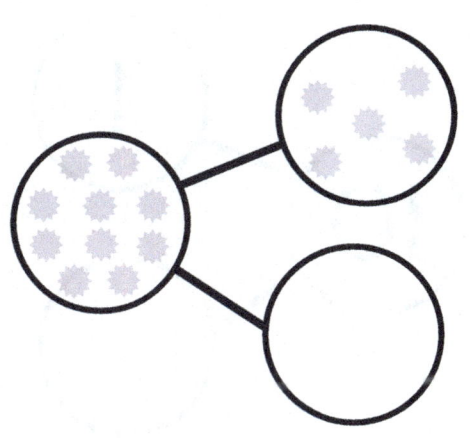

10s

Number Bonds Subtracting

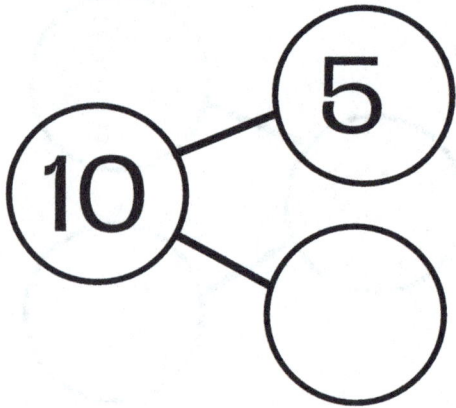

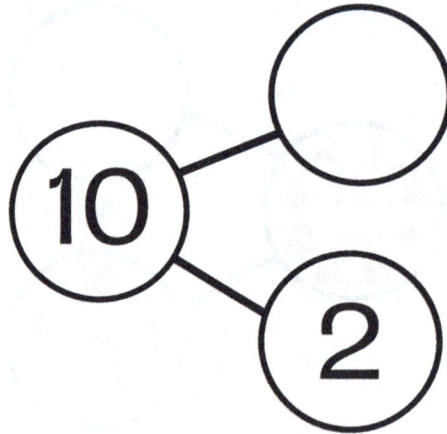

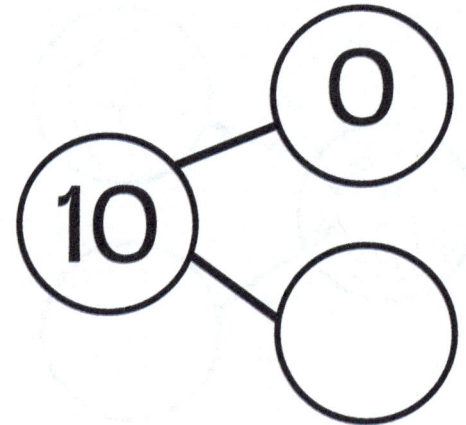

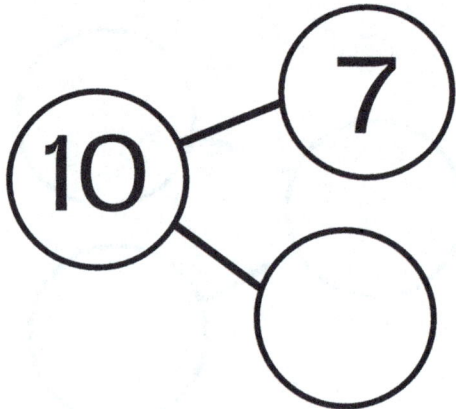

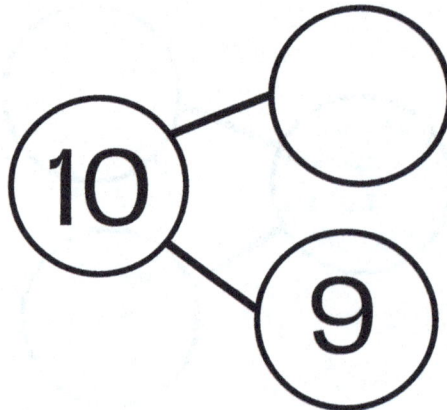

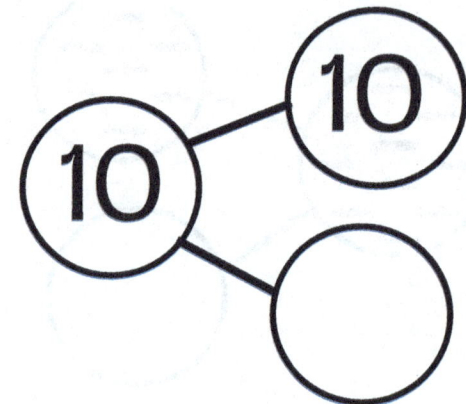

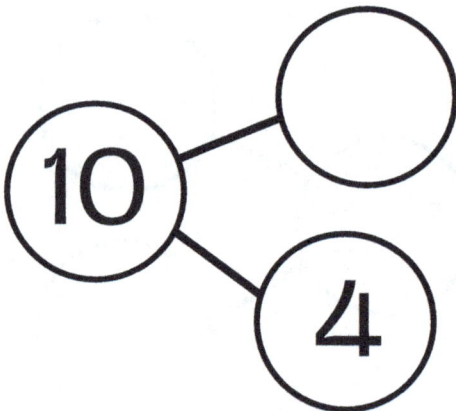

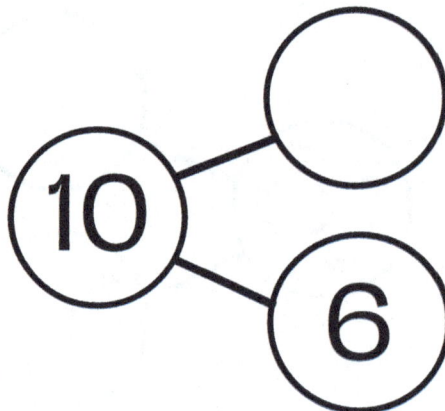

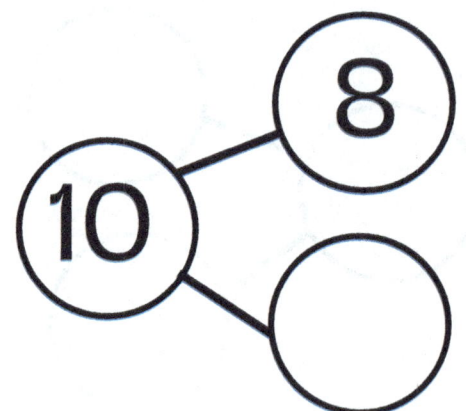

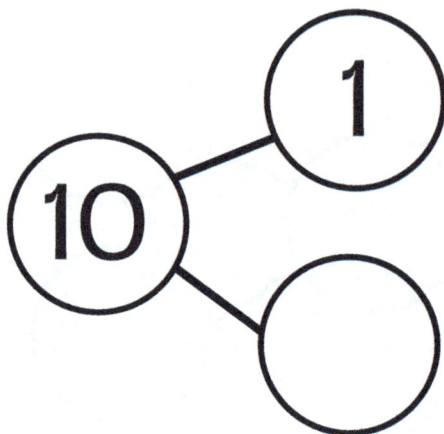

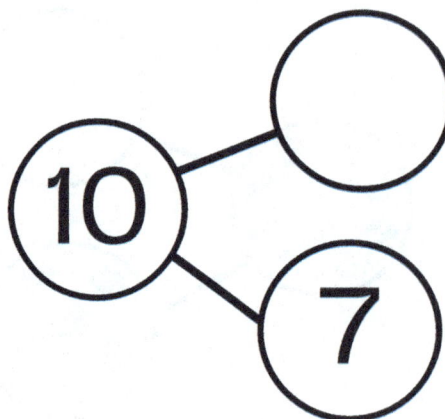

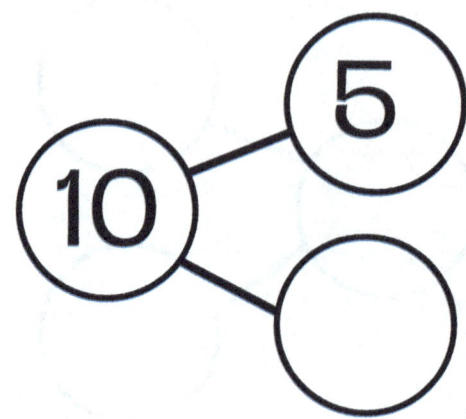

10s

10 — 5, ◯

10 — ◯, 2

10 — 0, ◯

10 — 7, ◯

10 — ◯, 9

10 — 10, ◯

10 — ◯, 4

10 — ◯, 6

10 — 8, ◯

10 — 1, ◯

10 — ◯, 7

10 — 5, ◯

Number Bonds Subtracting

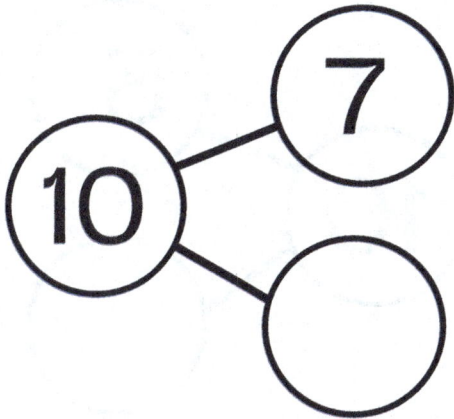

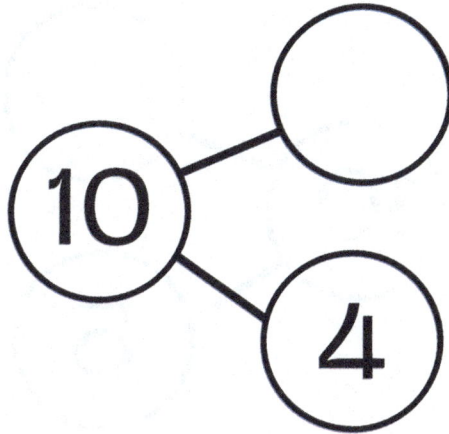

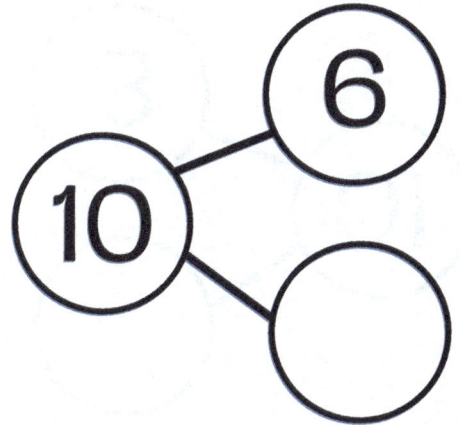

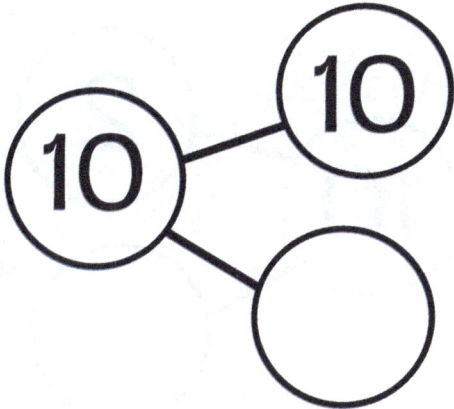

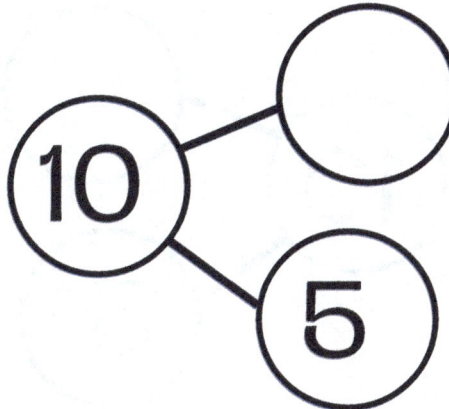

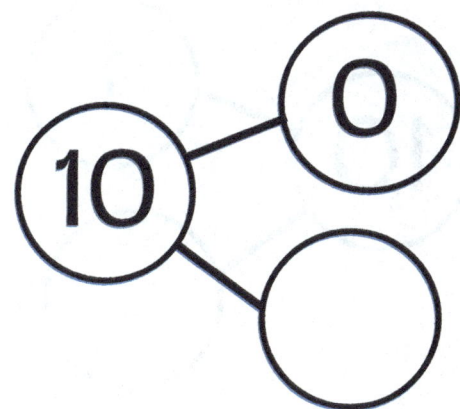

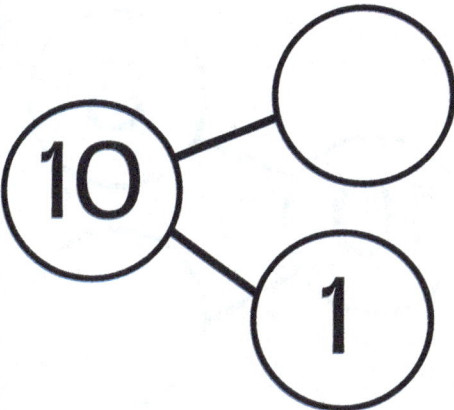

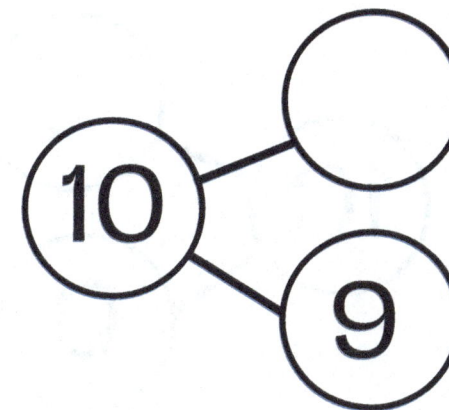

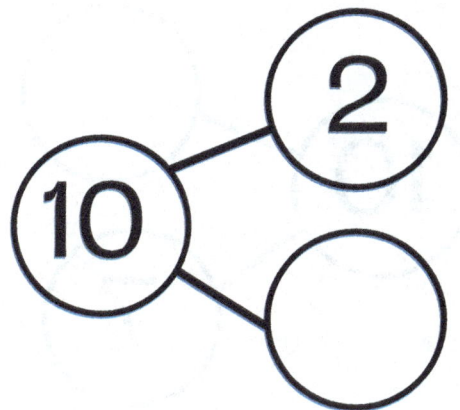

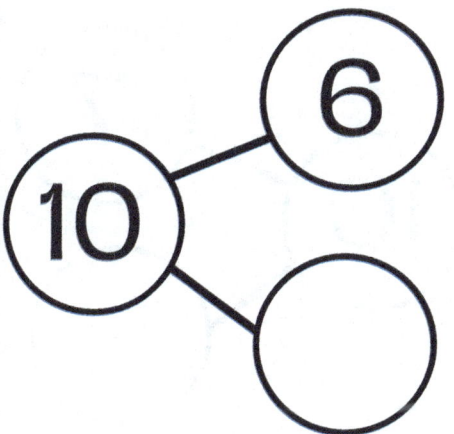

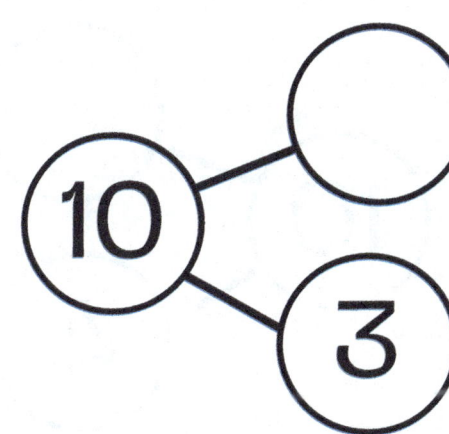

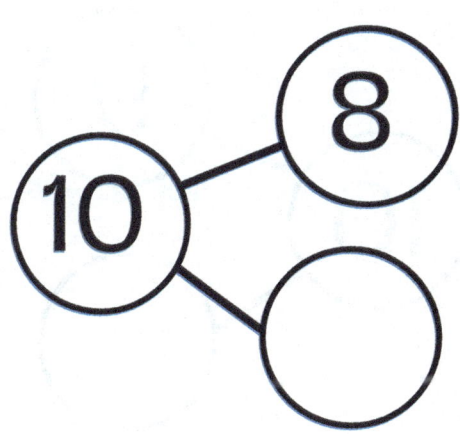

10s

10 — 7 — ( )

10 — ( ) — 4

10 — 6 — ( )

10 — 10 — ( )

10 — ( ) — 5

10 — 0 — ( )

10 — ( ) — 1

10 — ( ) — 9

10 — 2 — ( )

10 — 6 — ( )

10 — ( ) — 3

10 — 8 — ( )

Number Bonds Subtracting

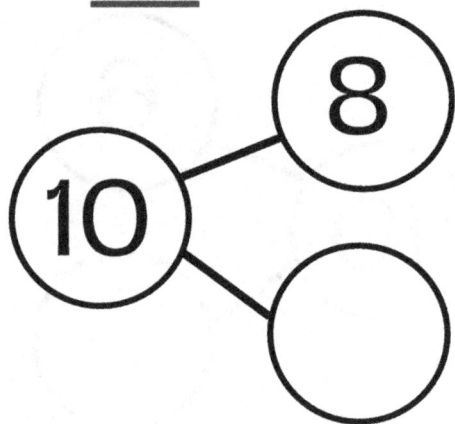

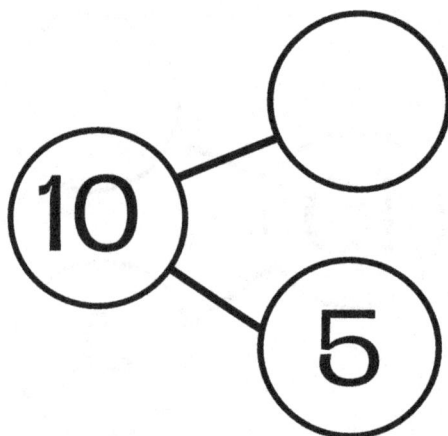

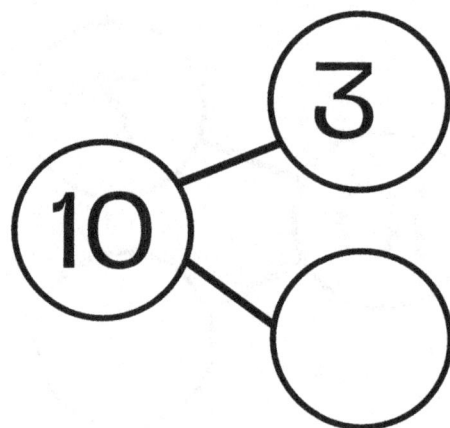

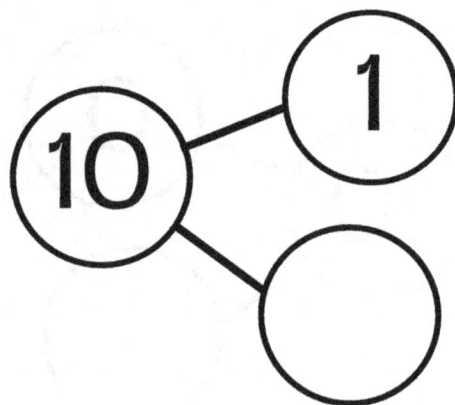

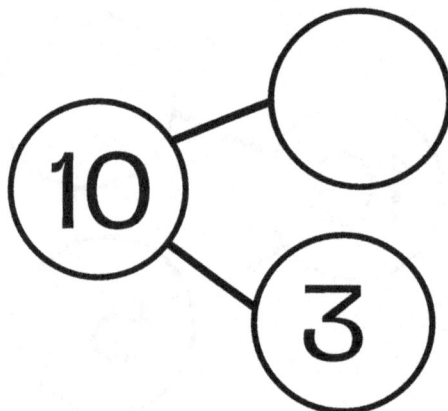

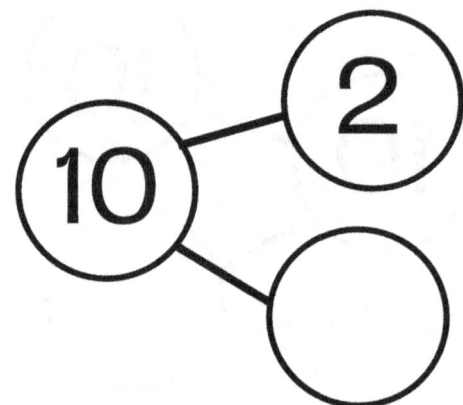

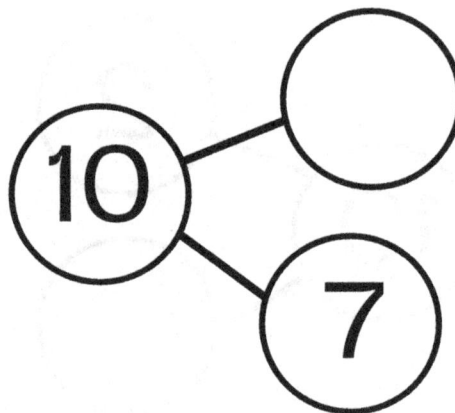

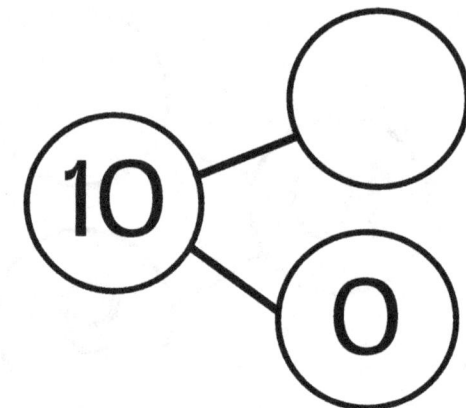

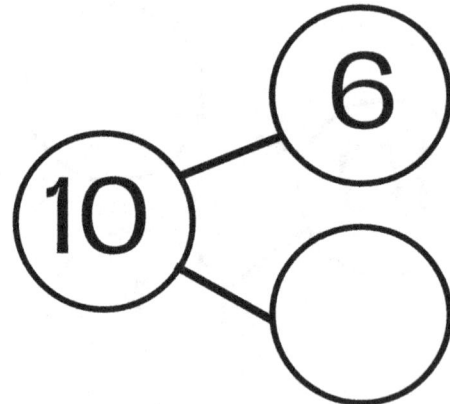

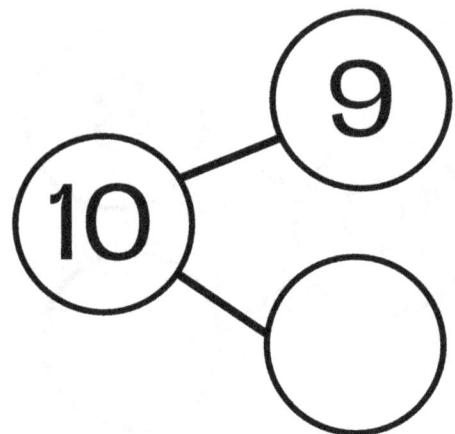

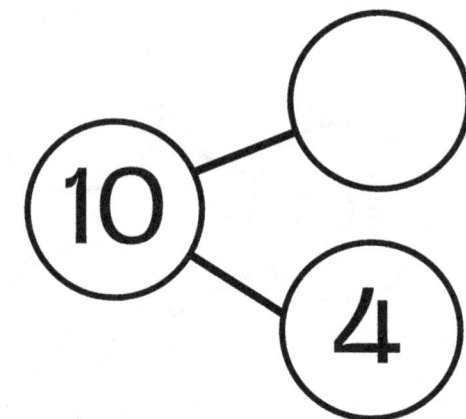

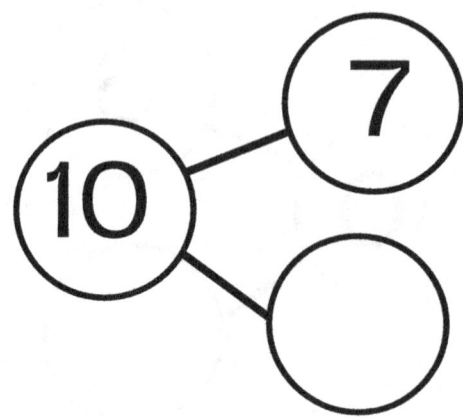

10s

10 — 8 — ◯

10 — ◯ — 5

10 — 3 — ◯

10 — 1 — ◯

10 — ◯ — 3

10 — 2 — ◯

10 — ◯ — 7

10 — ◯ — 0

10 — 6 — ◯

10 — 9 — ◯

10 — ◯ — 4

10 — 7 — ◯

Number Bonds Subtracting

10s

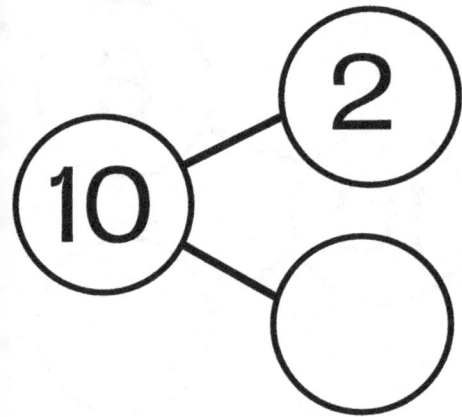 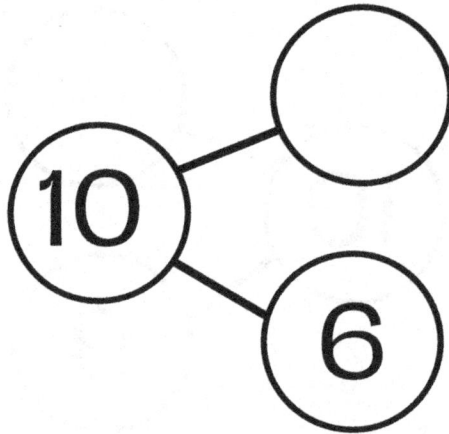 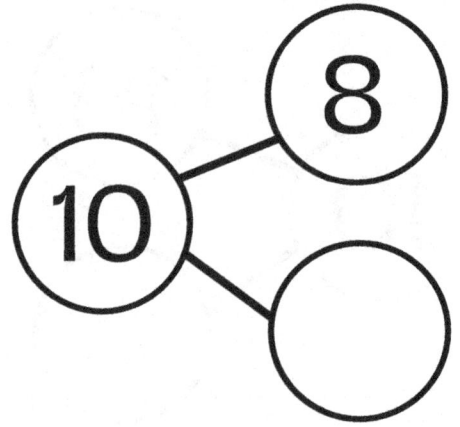

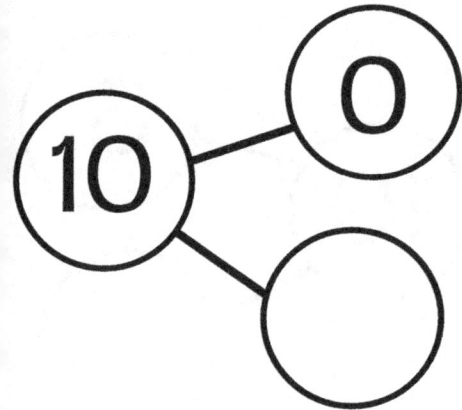 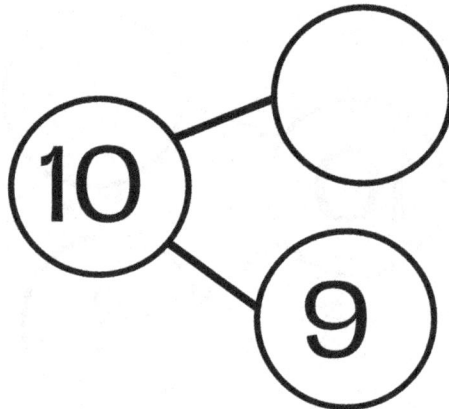 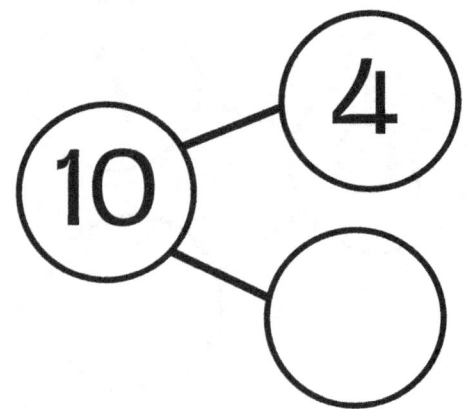

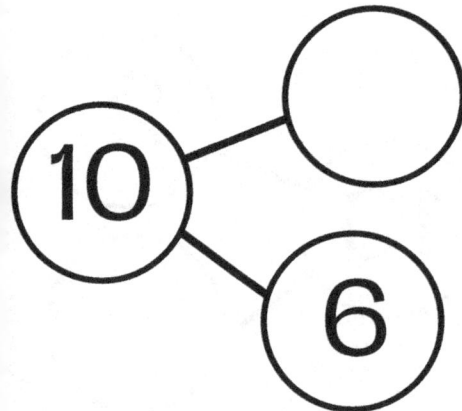 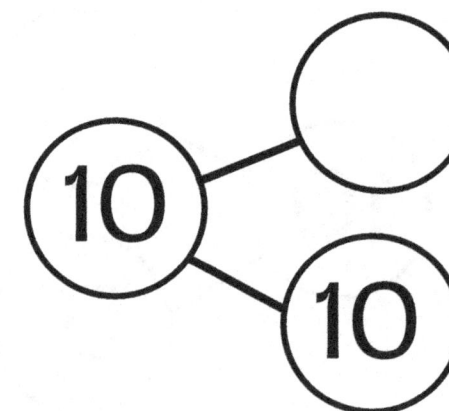 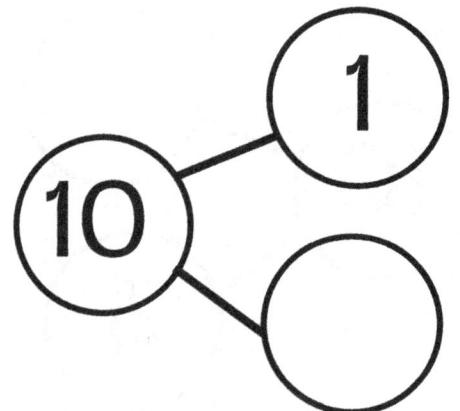

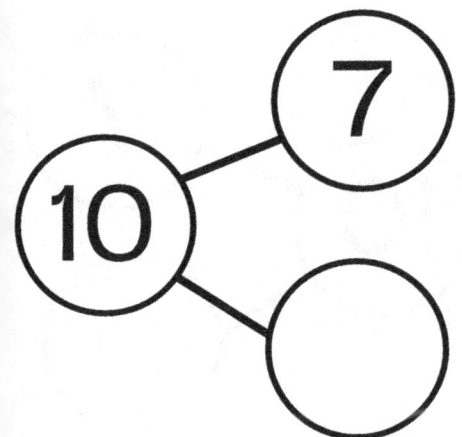 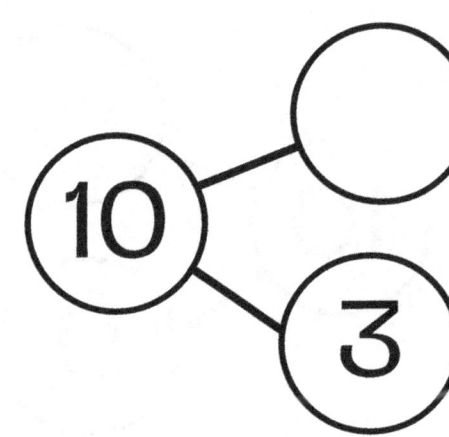 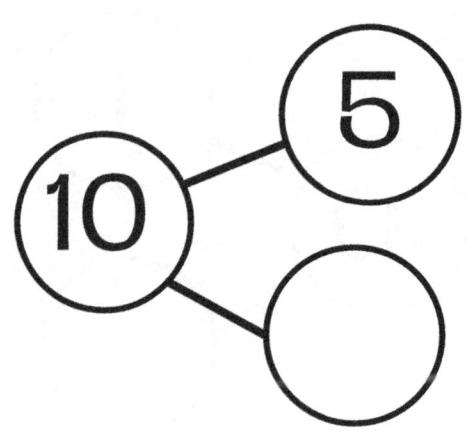

Number Bonds Subtracting

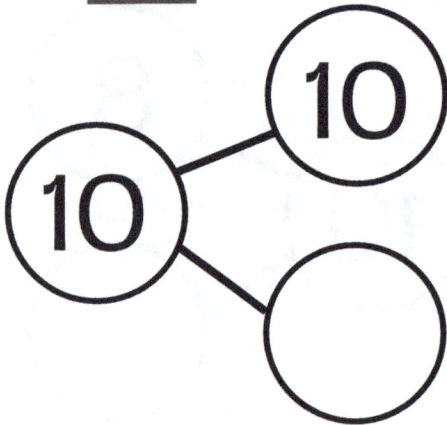
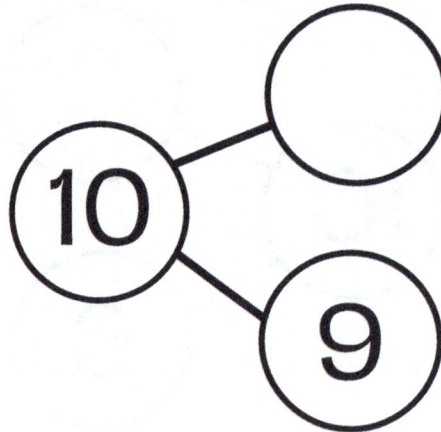
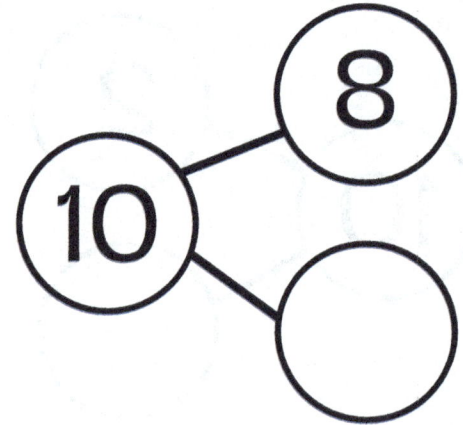

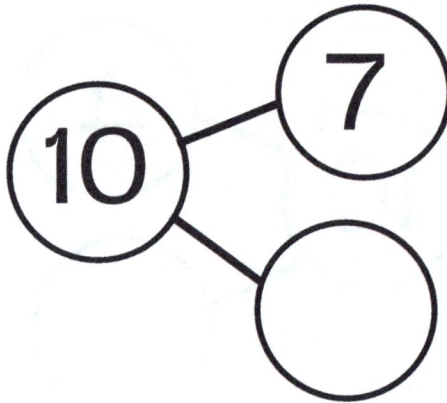
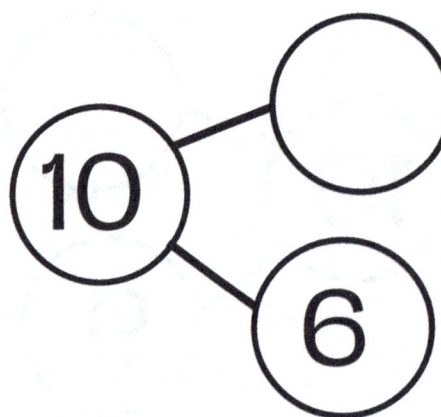
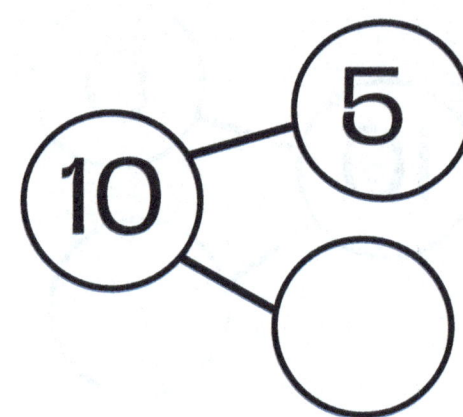

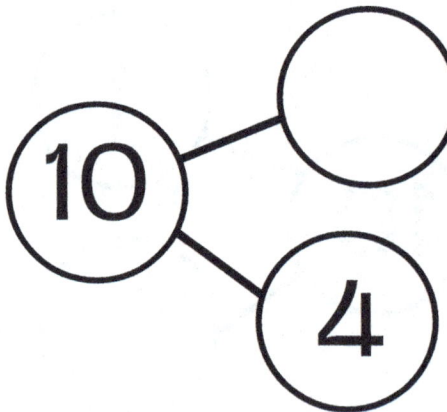
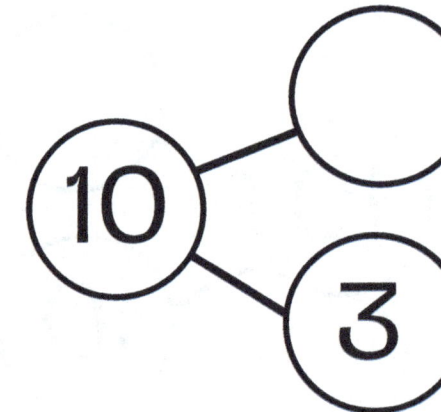
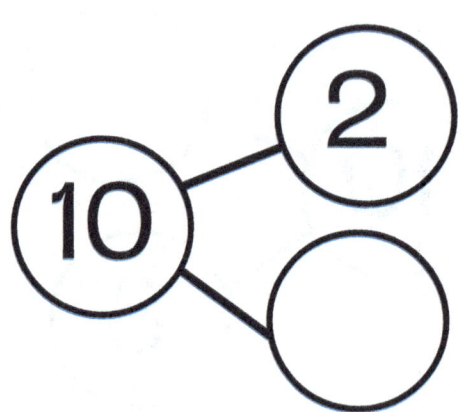

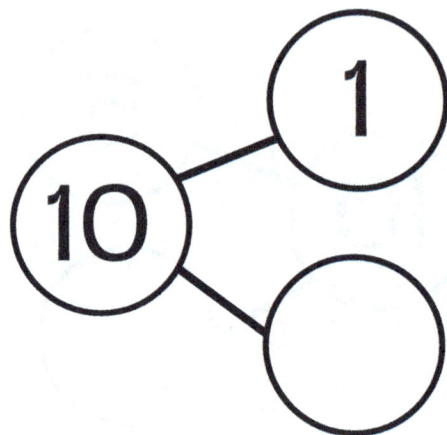
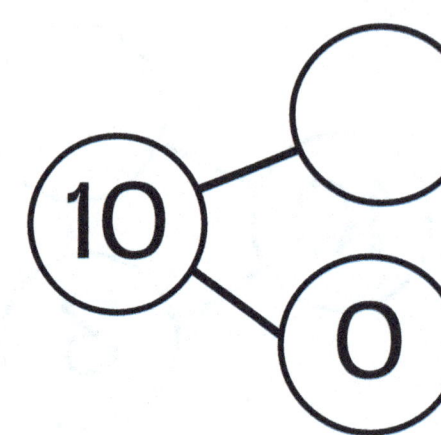
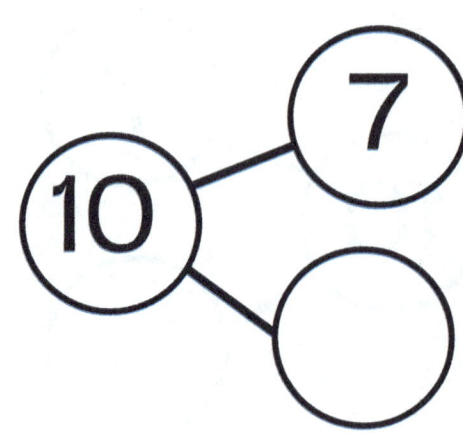

Addition Answer Guide

One

1 + 1 = **2**
1 + 2 = **3**
1 + 3 = **4**
1 + 4 = **5**
1 + 5 = **6**
1 + 6 = **7**
1 + 7 = **8**
1 + 8 = **9**
1 + 9 = **10**
1 + 10 = **11**
1 + 11 = **12**
1 + 12 = **13**

Two

2 + 1 = **3**
2 + 2 = **4**
2 + 3 = **5**
2 + 4 = **6**
2 + 5 = **7**
2 + 6 = **8**
2 + 7 = **9**
2 + 8 = **10**
2 + 9 = **11**
2 + 10 = **12**
2 + 11 = **13**
2 + 12 = **14**

Three

3 + 1 = **4**
3 + 2 = **5**
3 + 3 = **6**
3 + 4 = **7**
3 + 5 = **8**
3 + 6 = **9**
3 + 7 = **10**
3 + 8 = **11**
3 + 9 = **12**
3 + 10 = **13**
3 + 11 = **14**
3 + 12 = **15**

Four

4 + 1 = **5**
4 + 2 = **6**
4 + 3 = **7**
4 + 4 = **8**
4 + 5 = **9**
4 + 6 = **10**
4 + 7 = **11**
4 + 8 = **12**
4 + 9 = **13**
4 + 10 = **14**
4 + 11 = **15**
4 + 12 = **16**

Five

5 + 1 = **6**
5 + 2 = **7**
5 + 3 = **8**
5 + 4 = **9**
5 + 5 = **10**
5 + 6 = **11**
5 + 7 = **12**
5 + 8 = **13**
5 + 9 = **14**
5 + 10 = **15**
5 + 11 = **16**
5 + 12 = **17**

Six

6 + 1 = **7**
6 + 2 = **8**
6 + 3 = **9**
6 + 4 = **10**
6 + 5 = **11**
6 + 6 = **12**
6 + 7 = **13**
6 + 8 = **14**
6 + 9 = **15**
6 + 10 = **16**
6 + 11 = **17**
6 + 12 = **18**

Seven

7 + 1 = **8**
7 + 2 = **9**
7 + 3 = **10**
7 + 4 = **11**
7 + 5 = **12**
7 + 6 = **13**
7 + 7 = **14**
7 + 8 = **15**
7 + 9 = **16**
7 + 10 = **17**
7 + 11 = **18**
7 + 12 = **19**

Eight

8 + 1 = **9**
8 + 2 = **10**
8 + 3 = **11**
8 + 4 = **12**
8 + 5 = **13**
8 + 6 = **14**
8 + 7 = **15**
8 + 8 = **16**
8 + 9 = **17**
8 + 10 = **18**
8 + 11 = **19**
8 + 12 = **20**

Nine

9 + 1 = **10**
9 + 2 = **11**
9 + 3 = **12**
9 + 4 = **13**
9 + 5 = **14**
9 + 6 = **15**
9 + 7 = **16**
9 + 8 = **17**
9 + 9 = **18**
9 + 10 = **19**
9 + 11 = **20**
9 + 12 = **21**

Ten

10 + 1 = **11**
10 + 2 = **12**
10 + 3 = **13**
10 + 4 = **14**
10 + 5 = **15**
10 + 6 = **16**
10 + 7 = **17**
10 + 8 = **18**
10 + 9 = **19**
10 + 10 = **20**
10 + 11 = **21**
10 + 12 = **22**

Eleven

11 + 1 = **12**
11 + 2 = **13**
11 + 3 = **14**
11 + 4 = **15**
11 + 5 = **16**
11 + 6 = **17**
11 + 7 = **18**
11 + 8 = **19**
11 + 9 = **20**
11 + 10 = **21**
11 + 11 = **22**
11 + 12 = **23**

Twelve

12 + 1 = **13**
12 + 2 = **14**
12 + 3 = **15**
12 + 4 = **16**
12 + 5 = **17**
12 + 6 = **18**
12 + 7 = **19**
12 + 8 = **20**
12 + 9 = **21**
12 + 10 = **22**
12 + 11 = **23**
12 + 12 = **24**

Completion
Certificate

Name

Congratulation

SUPER STAR

GREAT JOB ON YOUR
COMPLETION YOU'VE
RECEIVED FIVE STARS FOR
ALL YOUR HARD WORK.

★★★★★

#1

GRADE

DATE

Bonus!!! Blank Addition Sheet

One
1 + 1 =
1 + 2 =
1 + 3 =
1 + 4 =
1 + 5 =
1 + 6 =
1 + 7 =
1 + 8 =
1 + 9 =
1 + 10 =
1 + 11 =
1 + 12 =

Two
2 + 1 =
2 + 2 =
2 + 3 =
2 + 4 =
2 + 5 =
2 + 6 =
2 + 7 =
2 + 8 =
2 + 9 =
2 + 10 =
2 + 11 =
2 + 12 =

Three
3 + 1 =
3 + 2 =
3 + 3 =
3 + 4 =
3 + 5 =
3 + 6 =
3 + 7 =
3 + 8 =
3 + 9 =
3 + 10 =
3 + 11 =
3 + 12 =

Four
4 + 1 =
4 + 2 =
4 + 3 =
4 + 4 =
4 + 5 =
4 + 6 =
4 + 7 =
4 + 8 =
4 + 9 =
4 + 10 =
4 + 11 =
4 + 12 =

Five
5 + 1 =
5 + 2 =
5 + 3 =
5 + 4 =
5 + 5 =
5 + 6 =
5 + 7 =
5 + 8 =
5 + 9 =
5 + 10 =
5 + 11 =
5 + 12 =

Six
6 + 1 =
6 + 2 =
6 + 3 =
6 + 4 =
6 + 5 =
6 + 6 =
6 + 7 =
6 + 8 =
6 + 9 =
6 + 10 =
6 + 11 =
6 + 12 =

Seven
7 + 1 =
7 + 2 =
7 + 3 =
7 + 4 =
7 + 5 =
7 + 6 =
7 + 7 =
7 + 8 =
7 + 9 =
7 + 10 =
7 + 11 =
7 + 12 =

Eight
8 + 1 =
8 + 2 =
8 + 3 =
8 + 4 =
8 + 5 =
8 + 6 =
8 + 7 =
8 + 8 =
8 + 9 =
8 + 10 =
8 + 11 =
8 + 12 =

Nine
9 + 1 =
9 + 2 =
9 + 3 =
9 + 4 =
9 + 5 =
9 + 6 =
9 + 7 =
9 + 8 =
9 + 9 =
9 + 10 =
9 + 11 =
9 + 12 =

Ten
10 + 1 =
10 + 2 =
10 + 3 =
10 + 4 =
10 + 5 =
10 + 6 =
10 + 7 =
10 + 8 =
10 + 9 =
10 + 10 =
10 + 11 =
10 + 12 =

Eleven
11 + 1 =
11 + 2 =
11 + 3 =
11 + 4 =
11 + 5 =
11 + 6 =
11 + 7 =
11 + 8 =
11 + 9 =
11 + 10 =
11 + 11 =
11 + 12 =

Twelve
12 + 1 =
12 + 2 =
12 + 3 =
12 + 4 =
12 + 5 =
12 + 6 =
12 + 7 =
12 + 8 =
12 + 9 =
12 + 10 =
12 + 11 =
12 + 12 =

Extra Practice Workbooks. By: Relle Jones

Check out some of our other beginners math workbook collection for grades Pre-K up to 1st grade students.

Hand Math 2 — Adding & Subtracting Using your Hands — 2nd Edition — Ages 4-6 Grades K-1st — Hands ARE Numbered on pages — Math Practice — 8-3= — 2+3=

Old School Adding — No Carrying — Traditional Adding — Place Value Adding — Ages 5-6 — 2:2 — 3:3 — 2:1 — 3:2

1st Grade — Place Value — Ones-Hundreds — Added Bonus — Introduction to Thousands Place — Expanded Form — Adding & Subtractin — Place Value — Place Value Workbook

Made in the USA
Las Vegas, NV
20 August 2024

94139359R00059